les CACAHUÈTES NE POUSSENT PAS sur les cacahuètiers

Marjorie Garçon

À vous qui me lisez depuis 2016 lorsqu'*Une Minnie à New York* est née, ou depuis 2019 pour la parution d'*Un Croc dans la Grosse Pomme*, ou pour la toute première fois en ouvrant ce livre : merci.

Sans lecteurs, il n'y aurait pas d'histoire.

Prologue

Tu me manques. C'est aussi simple que ça. Nos chemins se sont séparés, temporairement ou... Je ne veux pas finir cette phrase. J'espère que tu reviendras. J'espère qu'au bout du tunnel, tu seras là. Les amis partent, les vrais s'attendent. Et si tu rentres ? Qu'importe où tu iras la prochaine fois. Parce que je te connais, tu vas repartir, c'est sûr ! Qu'importe, car la prochaine fois, *je pars avec toi* !

Leaving (Lettre de l'ami) - Un Croc dans la Grosse Pomme

Afrique

Neuf mois s'étaient écoulés depuis mon retour de New York. Neuf mois, à l'échelle d'une vie, ce n'est pas grand-chose. Mais à l'échelle de l'humanité, c'est tout le temps qu'il faut à un bébé pour se développer, devenir un être humain avec des facultés motrices, une conscience, des émotions et que sais-je encore ; à partir de rien. À mon échelle, en tant qu'individu noyé dans une masse d'autres individus qui prennent des chemins qui se suivent, se recoupent et se séparent, l'image est pour le moins semblable... Dans le sens inverse. Comme si j'étais redevenue une graine, après une vie de nourrisson heureuse. J'avais passé seulement quelques mois dans la Grosse Pomme, expatriée le temps d'un stage, dans le cadre de mes études. Rien de très original. La vie aurait dû suivre son cours. Mais voilà, il n'y a pas eu de continuité.

Il y a eu un avant et un après New York. Là-bas, j'étais née une seconde fois. Partir seule à l'inconnu laisse des traces indélébiles, quelle que soit la destination. Je me souvenais comme si c'était hier de mon départ, et de ces aurevoirs à l'aéroport. Ceux qui déchirent le cœur, que même le temps n'arrive jamais trop à reconstruire. Mon cœur ce jour-là, je le sentais serré par la peur et l'excitation, à la conquête de la ville qui ne dort jamais. New York ! Les Américains rêvent de Paris et de sa tour Eiffel ; moi, je rêvais de Broadway et de ses gratte-ciels. Je ne fus pas déçue.

Je vécus sept mois de frénésie. Mais au bout du tunnel, la ville qui ne dort jamais eut raison de moi, et je fus soulagée de retrouver mon lit. L'excitation du retour fut de courte durée ; et le réveil, douloureux. Depuis neuf mois, je regardais passer la vie comme un film au ralenti, flou, dont l'intrigue m'échappait. Plus je luttais pour noyer cette sensation, plus ma vie devenait désagréable. Pourtant, je n'avais rien laissé là-bas. J'avais embarqué le plus important, que sont les amitiés grandissantes, dans mes valises, au milieu d'une montagne de souvenirs. Mais il me manquait quelque chose, je le sentais. Comme un bout de moi que j'avais abandonné au vol, qui planait toujours dans les airs, scintillant parmi les étoiles, visible par temps clair, mais caché par l'esprit trouble. J'y pensais souvent, en regardant le ciel.

Ce n'était pas seulement de la nostalgie. Je ressentais une grande frustration, un acte manqué, une chose oubliée, comme le titre d'une chanson qu'on ne retrouve plus, mais qui nous casse le crâne. Depuis mon retour, le temps avait filé à la vitesse que la vie veut bien lui donner. C'est-à-dire à toute allure. Je venais de finir la dernière année qui clôturait ma vie d'étudiante. À vingt-quatre ans, le monde des adultes m'ouvrait les bras. Et je courais le rejoindre à reculons. Quand j'avais cinq ans, je pensais que les personnes de mon âge étaient bien accomplies. Avec un travail, une maison, des enfants, et un chien qui court derrière une balle dans un jardin. Je me voyais ainsi, épanouie, avec ce qu'il faut pour être heureuse, sans surplus. Car à cet âge, la notion de *gagner sa vie* n'existe pas. On ne doit pas mériter sa vie, elle nous attend, et c'est facile. Mais là aussi, il y avait eu un trou noir dans l'espace temporel. Mon train était resté en gare. À dix ans, j'avais fermé les yeux, et, au moment de les ouvrir à nouveau, j'avais vingt-quatre ans. J'avais passé les dix premières années de ma vie à rêver d'un plan, et les quatorze d'après à en douter, sans toutefois en forger un autre. J'étais retournée vivre chez mes parents, et je ne savais toujours pas ce que je voulais faire de ma vie.

Comme la plupart de mes semblables qui cherchent

leur voie, je me confortais dans l'idée que j'étais encore jeune, et que tout était possible. Je gribouillais des lettres de motivation pour décrire les prémices de toutes sortes de carrières. Peu importe le visage que prendrait mon avenir, l'important était qu'il soit *marquant*. Qu'il vaille *le coup d'être vécu*. Je me trouvais dans un entre-deux qu'il me fallait saisir avant le reste de la vie. Ou le reste de l'ennui. Ce moment avant de basculer me paraissait très court. La pression de la recherche d'emploi était bien là. Associée à la pression de la *réussite de sa vie*. Parce qu'à vingt-quatre ans, même si on est encore jeune, on a déjà dû faire des choix. On est déjà lancé dans une voie, en théorie. Une voie dont j'avais besoin de m'écarter avant qu'elle ne me mange toute crue. J'avais des envies d'autre chose, d'inattendu, de farfelu. J'avais même pensé aller passer les castings d'été pour jouer une princesse dans la parade de Disneyland. Mais toujours, la raison me rattrapait. *À ton âge ? Diplôme de commerce en poche ? T'es trop vieille pour les jobs d'été ! Ça serait du gâchis. En plus, tu n'as pas le coucou princier.* Voilà, comme tous les jeunes de mon âge, j'étais tiraillée entre vivre sa vie et penser au long terme. Je ne savais plus où je devais aller. Voyager à nouveau ? Je n'en avais pas envie. Dire au revoir à tout le monde une nouvelle fois, manquer des événements, perdre des amitiés… À trop partir, on risque de se perdre. J'avais le cœur trop sensible pour ça. Dans chaque départ, il y a un prix à payer. Mais dans chaque retour aussi. Et apparemment, je n'avais pas fini de payer le mien.

*
* *

Vendredi 5 mai 2017, 13h47, Limours-en-Hurepoix
Domicile familial

Chaque réveil avait sa routine. Avant de me lever, je devais réfléchir à mon *challenge* du jour. J'avais d'abord eu cette idée saugrenue pour cadrer ma journée, tenter de construire un début de chemin que je pouvais suivre. Chaque matin, j'avais entamé un nouveau chapitre avec une illumination, pensant avoir trouvé la voie à suivre. Et chaque soir, l'illumination du matin n'était plus qu'un vague souvenir. L'énergie que j'y mettais s'était fanée au gré des désillusions. Même le réveil qui sonnait à huit heures n'avait plus d'énergie pour me secouer cinq heures plus tard. Le problème est que, à force de réfléchir, je me retrouvais à ne plus rien faire du tout. J'avais la motivation semblable à celle d'un oisillon écrasé. Les réflexions du matin s'étaient transformées en remise en question de toute une vie, paralysantes. Je broyais du noir, alors que la lumière d'un été naissant et prometteur s'infiltrait en dessous de mes volets, tentant de se frayer un chemin pour m'extraire de ma morosité.

Mes réflexions n'avaient pas de limite, mais elles furent obligées de cesser lorsque mon téléphone portable vibra sur la table de chevet. En soupirant, je l'attrapai. Le nom de Barney s'affichait sur l'écran. Je soupirai davantage. Je n'avais pas la force de me confronter au monde aujourd'hui. Même s'il s'agissait de mon meilleur ami. Barney possédait son cabinet de kinésithérapie depuis deux ans déjà. Un monde entier nous séparait, lui et moi. Après une longue hésitation, je décrochai.

— Allô ?

— Tu as une voix bizarre. Tu dormais ou quoi ? Il est 14 heures ! Viens à la maison, il faut que je te parle.

Le rythme mouvementé de sa voix suffisait à me taper sur le crâne.

— Bonjour Barney, c'est toujours un plaisir de t'entendre.

— Oui pardon, bonjour. Allez, magne-toi ! C'est urgent.

— Urgent comment ?

— Urgent comme : tu devrais déjà être partie !

Il raccrocha. Je tentai de déposer à tâtons mon téléphone sur la table de chevet. Manqué. Le téléphone tomba et je l'entendis faire deux rebonds. Quelques exercices de yoga facial pouvaient me réveiller. J'avais lu un article quelques jours plus tôt qui vantait les bienfaits du réveil corporel. Je trouvai le cordon de l'interrupteur de la lampe. La lumière m'éblouit et me fit pleurer l'œil droit. L'œil gauche resta sec. Même mes yeux ne semblaient pas d'accord avec la direction à prendre. Je me levai et attrapai mes vêtements de la veille, jetés négligemment sur le bout du lit. Ça ferait bien l'affaire pour aujourd'hui. Quel jour était-on ?

Je ramassai mon téléphone. Nous étions vendredi. Étrange. Barney aurait dû être à son cabinet aujourd'hui. Et son cabinet était toujours plein à craquer. On pouvait y prendre rendez-vous de 8 heures à 21 heures les lundis, mercredis, vendredis, et un samedi sur deux. Et il était toujours complet. Sans surprise, car tout le monde disait que Barney était un excellent kinésithérapeute. Il se libérait les mardis et jeudis après-midi pour travailler en renfort à l'hôpital de Bligny, à quelques kilomètres. Barney trouvait son équilibre en exerçant son activité entre les deux structures. D'un côté, son indépendance, et de l'autre, le lien affectif. Sa mère travaillait dans le même hôpital. Mais surtout, c'était l'hôpital où son père avait perdu la vie. Il était petit quand cet événement tragique arriva. Un âge où les grandes personnes pensent que les enfants ne sont pas capables de comprendre, alors qu'ils perçoivent déjà tout.

Quoi qu'il en soit, Barney était un bosseur. Et louper une journée de travail n'était pas dans ses habitudes.

— Maman ! criai-je.

— Oui ?

La voix de ma mère me répondit du jardin. Elle exerçait le métier de rédactrice *freelance*. Les jours de beaux temps, ses pauses déjeuner se transformaient en pause jardinage. Je sortis de ma chambre par une porte vitrée qui menait directement dehors. Je me sentais bien dans cette maison. C'était la maison de mon enfance, mon refuge. J'aimais pouvoir être si proche de l'extérieur, avec un grand jardin rempli de fleurs, et une vue sur les champs. Ici, je respirais. En ces journées printanières, le soleil avait pris des allures d'été. Je m'arrêtai un instant pour sentir les rayons chauds sur mon visage. J'étais pieds nus et l'herbe me chatouillait. Ma mère avança à ma rencontre. Ses cheveux blonds et courts étaient noués en une sorte de palmier sur le haut du crâne.

— Ça y est, tu sors de ta taverne ? me demanda-t-elle.

— Tu es là ! Ça va maman ? Je pars chez Barney.

— Mais, je t'ai laissé à manger. Tu déjeunes avec lui ?

— Je ne pense pas. Tu connais Barney, sa vie est millimétrée comme du papier à musique. L'heure du déjeuner est passée pour lui.

— Et donc, tu ne déjeunes pas ?

L'un des inconvénients à revenir vivre chez ses parents est l'attention à fournir aux heures des repas. Un cadre qu'il m'était difficile de tenir dans le chaos de ma vie actuelle.

— Je vais me faire un petit sandwich, repris-je.

— À l'américaine !

— Oui, c'est ça, à l'américaine...

J'adorais ma famille, mais il fallait bien que je me rende à l'évidence sur un point : je n'étais plus faite pour vivre avec eux. Il y a un âge pour tout. En longeant l'extérieur pour me rendre à la cuisine, je marchai sur une mauvaise herbe piquante. *Aïe.* Pour avoir mon chez-moi, il fallait assumer un loyer. Pour ça, il fallait des sous, un salaire, un travail. Mais dans cette voie, plus de place pour les rêves. J'en revenais toujours au même point.

Je pris deux tranches de pain de mie et un morceau de jambon que j'emballai dans un bout de papier d'aluminium. Un brin de toilette n'était tout de même pas de trop. Je fonçai dans la salle de bain. Je cherchai mon peigne pour aplatir la frange sur mon front. Je ne le trouvai pas. J'accusai ma mère. Je courus dans ma chambre et trouvai le peigne sur mon bureau, à l'endroit où je l'avais laissé la veille, à côté d'une carte postale de New York, restée vierge. Cadeau de moi à moi avant de quitter cette ville. Je l'attrapai. J'avais sélectionné la photo avec soin : coucher de soleil sur Manhattan depuis Dumbo. Je souriais. Le blanc éclatant du verso me rendait triste. La frustration refit surface. La voix de mon ami me revint en tête. *Urgent comme tu devrais déjà être partie.*

Je courus chercher les clés de ma voiture et démarrai dans la foulée. J'oubliai le sandwich sur le buffet.

Arrivée devant la maison de Barney, je vérifiai ne rien avoir laissé dans la Lupo rouge de ma mère. Nous avions cette voiture depuis vingt ans. Mes parents l'avaient gagnée lors d'une tombola au Champion du village, qui avait été remplacé par un Carrefour Market depuis. Mes parents n'étaient pas des gens à plaindre, mais ils n'avaient jamais été riches non plus. Et pas matérialistes pour un sou. Pourquoi acheter une voiture lorsqu'on en a une qui roule ? Même si, entre temps, des fonctionnalités comme la climatisation avaient fait leurs apparitions. Qui a besoin de climatisation quand on a des fenêtres qui s'ouvrent ? La manivelle de la fenêtre côté conducteur était arrachée depuis plus de quatre ans. Aussi, la fonctionnalité GPS n'aurait pas été inutile, surtout pour moi. Mais pour venir chez Barney, je connaissais le trajet par cœur. Barney n'avait jamais quitté la maison familiale. C'était bien le seul.

Le premier à être parti, c'était son père, Barney avait alors sept ans. Trois ans après un accident de voiture qui l'avait plongé dans un coma profond, Nicolas Gemini, cardiologue prometteur, s'était éteint dans l'hôpital où il exerçait. Son cœur avait décidé d'abandonner le combat. Sa famille en avait pris un coup. En particulier sa femme et infirmière dans son équipe, Sylvie Lenoir, qui l'avait veillé pendant ces trois longues années ; et son fils ainé Timothé, le frère de Barney de trois ans son aîné, qui avait pris tous les soirs le bus de l'école à l'hôpital jusqu'à ce que *Dieu décide de rappeler Nicolas près de lui.* C'est ainsi que la grand-mère de Barney avait parlé de la mort de son fils le jour de l'enterrement. N'étant pas issue d'une famille religieuse, je n'avais pas compris. Qui était donc ce Dieu, qui se permettait de rappeler des gens ? Est-ce que Dieu pouvait me rappeler, moi aussi, au beau milieu d'une balle au prisonnier ou de mon contrôle de mathématiques ? Est-ce que Dieu appelait pour nous prévenir, avant qu'on ne soit rappelé ? Voilà ce dont je me souvenais de cette journée. Ça, de l'immense boîte où le papa de Barney reposait mort, et de mes sandales roses qui ne touchaient pas le sol de l'église. La couleur était assortie à ma salopette. C'était la salopette que maman me mettait toujours quand j'allais jouer chez un copain. Je fus bien étonné de la tournure que prenait cette journée jeux chez Barney. Ni lui ni moi ne nous attendions à assister à l'enterrement de son père. Sylvie nous avait emmenés tout naturellement. Pour maman non plus, cela ne coulait pas de source qu'une autre maman m'emmène à un enterrement sans la prévenir, même si c'était le père de mon nouveau camarade de jeu. Je ne pouvais pas blâmer ma mère : il est vrai que Sylvie était une personne étrange. Le jour de l'enterrement de Nicolas, Sylvie n'avait ni pleuré ni parlé. Elle s'était contentée de survivre à l'instant, affichant une mine morose sur laquelle aucune émotion ne transperçait. Je ne l'avais pas beaucoup vue avant cet épisode, car elle était tout le temps à l'hôpital, soit à travailler, soit à veiller son mari. C'est même la première fois que j'allais dans la vraie maison de Barney. Avant la mort de Nicolas, je me rendais chez sa grand-mère qui le gardait tous les soirs et tous les samedis. Cette même grand-mère qui sait que Dieu rappelle les gens. Elle était gentille avec nous, mais elle était méchante avec Timothé. Alors Timothé restait à l'hôpital jusqu'à ce que sa mère le ramène chez eux. Les années perdues entre frères n'avaient jamais été rattrapées.

Après la mort de son père, Timothé était devenu un garçon très taciturne et violent. Il quitta la maison le lendemain de ses dix-huit ans, sans en avertir personne. Barney avait alors treize ans. Il partit sans laisser de note, laissant derrière lui une mère impuissante, qui s'était rendu plus de fois au commissariat en deux ans que mille personnes en toute une vie. Mais à chaque fois, Sylvie se confrontait au même discours des gendarmes : *madame Lenoir, votre fils est majeur, il a le droit de se rendre où bon lui semble sans en avertir ses parents. Tant que nous n'avons pas de preuve de départ involontaire, nous ne pouvons pas lancer le processus d'absence inquiétante. Et puis votre fils parti, ça vous fait des vacances, tout de même, il n'était pas facile le petit...*

Depuis la mort de Nicolas, Sylvie passait un peu moins de temps à l'hôpital. Mais depuis le départ de Timothé, elle avait repris les gardes volontaires et le bénévolat quand le cadre légal lui imposait une pause. Barney était alors au collège, en classe de quatrième, il se gérait. Parfois, sa mère rentrait si fatiguée qu'elle ne prenait pas la peine de monter l'étage qui la séparait de sa chambre. Barney la retrouvait au petit matin, endormie dans le salon, dans ses vêtements de la veille. Les jours où cela se produisait, je le savais tout de suite, bien que Barney ne le dise pas toujours. Il suffisait de voir sa tête. Ces jours-là, il était en colère contre le monde entier. On ne pouvait pas blâmer Barney d'en vouloir à sa mère. Elle l'avait pour ainsi dire abandonné depuis déjà plusieurs années, toujours l'esprit préoccupé, dont il n'avait jamais été l'attention.

Eleanor fut la dernière à quitter la maison. La cadette de la famille avait seulement un mois de vie quand la voiture de son père partit en tonneau à l'intersection de la sortie de Limours-en-Hurepoix, village tranquille du département de l'Essonne. De sa mère, elle n'avait comme souvenirs que les boîtes du frigo, remplies tous les jours d'un repas sain et copieux. Tout le mystère de Sylvie était là : elle n'était pas présente pour ses enfants, mais tenait à ce qu'ils mangent bien. Et quelque part, Barney avait de la fascination pour elle : les plats arrivaient toujours dans le frigo, sans que personne ne vît jamais Sylvie les cuisiner. Eleanor quitta le domicile familial trois ans après Timothé, pour intégrer une école de danse à Paris. À treize ans, la sœur de Barney était promue à une belle carrière de ballerine. La professeure de danse avait insisté auprès de la petite pour que sa mère vienne un jour à la fin d'un cours. Ne la voyant jamais arriver en deux mois, elle finit par lui écrire un mot, sur lequel on pouvait lire qu'Eleanor avait un talent rare, et qu'elle devait suivre une formation dans une école parisienne. La professeure y connaissait du monde. La jeune fille pouvait passer les concours la semaine d'après.

Barney et Eleanor avaient une relation privilégiée face aux abandons auxquels ils avaient fait face ensemble. Mais à l'adolescence, le lien qui les unissait s'était largement détérioré. Jouer le rôle d'un parent n'est pas chose saine dans une relation fraternelle. La surprotection de Barney devenait trop pesante pour l'adolescente qui s'émancipait et les disputes devenaient, elles, de plus en plus violentes. Son frère n'était pas d'accord avec ce projet de danse. Le jour du grand départ, Sylvie Lenoir accompagna seule sa fille sur le quai du RER B. Sa tristesse fut de courte durée. En rentrant chez elle, l'appel qu'elle avait tant attendu arriva enfin. Timothé venait d'avoir vingt-et-un ans et s'était engagé dans l'armée de Terre. Il séjournait depuis quelques mois dans le 68ᵉ régiment d'artillerie de Dagneux-Montluel. Personne ne sut jamais comment Timothé avait atterri dans l'armée, à « perpète- les-oies ». Il était logé et nourri à sa faim, et fier de pouvoir dire à sa mère qu'il n'aurait jamais plus besoin d'elle pour vivre, en lui crachant une dizaine d'insultes au passage. Mais il était sain et sauf, et c'est tout ce qui comptait pour Sylvie.

À ce moment-là, Barney avait pu souffler. Il commençait à vivre pour lui, à faire des projets d'avenir sans la charge de sa sœur. Nous étions alors au lycée et nous avions notre bande de copains pour traîner les soirs au skate park. Barney était le jeune homme qu'on avait fait de lui : entre folies de l'éternel enfant effacé qui rattrape le temps perdu, et l'adulte-adolescent à qui la vie avait confié des responsabilités trop tôt. Sylvie avait retrouvé un peu de joie de vivre et passait plus de temps à la maison. Le fils et la mère se retrouvèrent.

Dans le fond, Barney ne lui avait jamais pardonné son absence toutes ces années. Mais aucune relation n'est figée dans le temps, et Sylvie et Barney se construisirent un lien affectif — toutefois pudique — mais sincère.

Il est effrayant de voir comment la vie d'un enfant et l'harmonie d'une famille peuvent éclater en si peu de temps. Pour les Gemini-Lenoir, il avait fallu d'un rayon de soleil couchant au mauvais moment, de trois secondes où Nicolas Gemini avait cligné des yeux avant de rabattre le cache soleil de sa voiture, sur la route qu'il empruntait quotidiennement, trois secondes pendant lesquelles il n'avait pas ralenti au stop. Lorsque sa voiture fut percutée sur le côté par une autre, Nicolas comprit que son heure était venue. L'autre voiture passa au-dessus de la sienne, écrasant ses jambes et enfonçant le volant dans son thorax. Sous la violence du choc, les deux véhicules partirent en tonneaux. Peut-être était-ce vraiment Dieu qui avait rappelé ses hommes ce jour-là. Mais dans ce cas, Dieu avait une façon étrange de faire le bien sur Terre.

Voilà, beau portrait de famille, n'est-ce pas ? Et dans tout ça : Barney Gemini, mon meilleur ami depuis la maternelle. Notre relation avait commencé dans le bac à sable, littéralement. La bande de grande section terrorisait les classes inférieures. Ils m'avaient plusieurs fois désignée comme victime. Ce qui signifiait que j'avais interdiction de sortir du bac à sable de toute la récré, sous peine de manger la poussière. Un jour, Barney, un grand de la classe des tyrans, était venu me tenir compagnie, et on avait joué aux billes dans le sable. Il ne l'avait pas fait pour me faire plaisir, mais par provocation. Ce n'était pas interdit de rendre visite aux prisonniers, mais ça avait quand même énervé les tyrans. Une bagarre s'était alors déclenchée et, croyez-le ou nous, Barney et moi leur avions collé une rouste. Du moins, c'est ce que je croyais, mais nous n'eûmes pas vraiment le temps de compter les points. Les garçons furent punis. Pas moi. Et

Barney, qui avait compris qu'avoir une fille à la tête sage dans son équipe pouvait lui être utile, me demanda d'être son amie. Je devins ainsi la petite sœur non officielle de Barney. Ce lien continua de grandir, et les remarques sur notre relation fille-garçon avec. Mais nous étions au-dessus de ça. Il n'y a jamais eu d'ambiguïté entre Barney et moi. Notre temps libre, on le passait chez l'un ou chez l'autre. Jusqu'au jour où je suis entrée en école de commerce, à trois cents kilomètres de chez nous. Et puis celui où je suis partie aux États-Unis. Pour Barney, c'était l'abandon de trop. Nous avons toujours été amis, mais ces dernières années à distance nous avaient fragilisés. J'avais à chaque fois un pincement au cœur en y pensant, ce qui arrivait la plupart du temps où je voyais Barney. J'attrapai négligemment mes lunettes de soleil sur le siège passager. Il m'attendait déjà devant le pavillon. Il était sans sa blouse.

— Tu n'as pas mis longtemps, me dit-il lorsque je fus à sa hauteur.

— Pourtant, tu as l'air de m'attendre de pied ferme ! On dirait un petit vieux à sa fenêtre.

Barney fit mine de sourire, mais j'aperçus une forme de tristesse dans son regard. Il me serra dans ses bras, ce qui n'était pas dans ses habitudes. Mon inquiétude grandissait. Au contact de son torse contre le mien, je remarquai que mon ami avait pris du muscle. Cela me rassurait. Lorsqu'il se passe quelque chose de grave, les gens grossissent ou maigrissent, mais ils ne prennent pas de muscles. Je chassai mon mauvais pressentiment, Barney lâcha son étreinte et nous passâmes la porte.

— Tu vas finir par me dire ce qui est si urgent ? demandai-je.

— Rentre, assieds-toi. Tu veux une bière ? demanda-t-il en décapsulant déjà la sienne.

— Une bière à 14 heures ?

— Il y a une heure pour la bière ?

— Non, mais disons que ce n'est pas un petit-déjeuner habituel.

Il arracha le goulot de ses lèvres.

— Hum ! Ta mère n'était pas là pour te faire à manger ce midi ? répondit-il en essuyant de sa main le liquide échappé sur son menton.

— Je n'ai pas besoin de ma mère pour me faire à manger, merci.

— *Hum*, sachant que tu cuisais la semoule comme le riz il y a encore deux jours, désolé, mais j'ai du mal à te croire.

— Est-ce que c'est de ma faute ? Personne ne m'a jamais expliqué que la cuisson de la semoule était différente de celle du riz ou des pâtes... D'ailleurs, la semoule, c'est mauvais. Et ça fait gonfler.

— Tu vois Marjorie, le problème des gens qui cuisinent mal, c'est ça : il n'y a aucun naturel chez eux devant une plaque de cuisson. Pour la majorité des gens, c'est instinctif ce genre de choses. Et au pire, pour ceux qui savent lire, ils regardent les instructions sur le paquet. Et puis, il y a cette minorité dont tu fais partie, celle des gens qui foncent tête baissée dans une situation contre-intuitive pour la nature humaine.

— La nature humaine, carrément ?

Il m'envoya un clin d'œil. Je souris.

— Et ta mère alors, ça va ? Les affaires roulent ?

Il me tendit une bière qu'il avait pris soin d'ouvrir, je l'attrapai sans enthousiasme.

— Pour ma mère, ça roule, affirmai-je avant de boire une gorgée. Tu n'avais pas de patients cet après-midi ?

— Non, j'ai annulé mes rendez-vous.

— Ah ?

Normalement, les gens comprennent qu'une marque de surprise, aussi courte soit-elle, appelle une explication. Mais pas Barney. Dire que Barney était un homme très terre-à-terre était un euphémisme. Les insinuations, les demandes suggestives... rien de tout ça n'était perceptible pour lui. Après dix-huit ans d'amitié, cela arrivait encore à me surprendre.

— Pourquoi as-tu annulé tes rendez-vous ? repris-je.

— Pose ta bière.

— Oh.

Je m'exécutai sur-le-champ. Mon ami avait un charisme très naturel, malgré lui. C'était une caractéristique qui le rendait mal à l'aise. Il n'aimait pas attirer l'attention. Quand il sentait le regard des gens posé sur lui, il se fermait comme une huître. Ce qui lui donnait un air charismatique et mystérieux. Une recette qui fonctionnait très bien auprès des filles. Pour ça, il ne se plaignait pas. J'avais toujours eu des échos de ses histoires sentimentales, mais rarement de Barney lui-même. Il avait ses secrets, et je les respectais.

— Je vais être bref.

Il ferma les yeux et encadra l'arrête de son nez de ses deux mains longues et fines. Cette mimique était fréquente chez lui. Je le tannais pour qu'il fasse du théâtre. Il aurait été très bon. Mais l'art et lui, c'était un peu comme l'huile et l'eau, ça ne se mélangeait pas. J'avais essayé plusieurs fois de l'initier aux spectacles. Je l'avais même traîné voir la nouvelle édition de *Notre-Dame de Paris*. Ma tentative s'était consolidée par un échec. Barney était sorti du Palais des Sports traumatisé.

Il rouvrit les yeux et croisa ses mains.

— Ma mère n'est pas en bonne santé. Elle ne va même pas bien du tout. Son temps est compté. Je te la fais courte : elle a un cancer. Foudroyant. Elle refuse l'acharnement thérapeutique. Le comble pour une infirmière, non ?

Sur ces paroles, Barney fit le signe de la vérité : il frotta ses mains sur ses cuisses. Lorsque Barney devait dire quelque chose qui le mettait mal à l'aise, il finissait toujours par ce geste. Le sourire sur mon visage disparut.

— Depuis quand ? demandai-je.

— Même moi, je ne sais pas trop. Tu sais que ce n'est pas la personne qui cause le plus, ma mère.

Telle mère, tel fils, pensai-je aussitôt.

— Cancer de quoi ?

— Cancer de la plèvre.

— C'est quelle partie du corps ?

— Le poumon.

— Ah.

Je restais interdite tandis que Barney décollait l'étiquette de sa bière, gêné.

— Et quand tu dis qu'elle ne veut pas d'acharnement thérapeutique, ça signifie...

— En fait, elle ne veut pas être soignée du tout.

— Mais pourquoi ?

— Parce que c'est trop tard.

Ses derniers mots me firent l'effet d'un coup de poing dans le ventre.

— Mais donc, elle ne veut pas se soigner ?

— Marjorie, tu le fais exprès ?

Une pointe d'agacement traversa Barney aussi vite qu'elle était apparue. Il reprit calmement.

— Non, elle ne va pas se soigner. C'est fini. Ma mère va mourir.

Silence.

— Désolé, je ne voulais pas te le dire comme ça... C'était une bonne nouvelle à la base.

— Ah ?

— Oui, on va partir en voyage.

— Ah.

Les larmes me montèrent aux yeux. J'aimais beaucoup le recul que pouvait avoir Barney dans les situations les plus dramatiques. Ça avait pour habitude de m'apaiser. Mais pour une fois, j'aurais aimé qu'il agisse normalement. Il restait de marbre, mais je connaissais l'épaisseur de sa carapace. Il ne s'était jamais ouvert sur aucun sentiment. Adolescente, j'arrivais à percevoir ce qu'il ressentait. Mais aujourd'hui, je ne percevais rien. La distance entre nous accentua ma tristesse. Et cela me laissait dans une solitude plus grande encore. Je me concentrais pour ne pas pleurer.

— En fait, reprit-il sans me regarder, le plus important, c'est la suite. Je sais que je suis un peu direct là, mais j'ai déjà beaucoup réfléchi au sujet.

— Tu le sais depuis quand ? demandai-je en essuyant une larme qui coulait sur ma joue.

— Deux jours. J'ai eu toute la journée d'hier pour cogiter. Je n'ai pas réfléchi à la maladie si tu veux tout savoir, mais plutôt à ce qu'il fallait faire, sans attendre.

Ma petite larme s'était transformée en torrent. Sans lever la tête, Barney me tendit une boîte de mouchoirs posée sur la table basse. Son visage s'était durci, concentré.

— En vérité, reprit-il, je n'ai pas encore intégré le terme d'incurabilité. Mais je dois garder la tête froide et si je commence à penser au malheur de la chose, c'est foutu. Donc toi, tu vas m'aider à voir le bon côté des choses.

De la morve s'échappait de mon nez. Dans cet état, je me demandais bien pourquoi c'était moi qu'il avait choisie pour lui faire voir le bon côté des choses. Nous restâmes une longue minute sans dire un mot. Barney regardait ses pieds, gêné par mes larmes. Après avoir tué quatre mouchoirs de sang-froid, je finis par me ressaisir.

— OK, finis-je par lâcher en soufflant un bon coup pour reprendre mes esprits.

C'était le signal que Barney attendait pour relever la tête. Il me regardait à nouveau.

— Je voudrais faire une surprise à ma mère, partir en voyage là où elle a toujours voulu aller. Et j'aimerais que tu viennes.

— Moi ? demandai-je la voix tremblante.

— Bien sûr, toi. Je n'y connais rien, moi, en voyage. Et toi, tu es ma meilleure amie et bien la seule personne à qui je peux demander de tout plaquer pour partir dans trois jours au bout du monde. Il ne manque plus que ton accord, et je valide les billets.

— Trois jours ? m'exclamai-je, à la fois surprise et émue par cette déclaration d'amitié.

— Je sais, c'est peu, mais plus vite on partira, plus vite j'aurais une chance de mettre mon plan en action. Je comprendrais que tu ne puisses pas venir.

Il baissa les yeux et reprit son déchiquetage d'étiquette.

— Où va-t-on ? demandai-je.

Barney releva la tête avec des yeux humides et pétillants.

— Ça veut dire que tu es d'accord ?

— C'est la première fois que je suis sûre que te suivre est la meilleure chose à faire.

— Affaire conclue ! Il ne me reste qu'une seule question à te poser.

— Laquelle ?

— Es-tu prête à partir en Afrique ?

Barney

Mercredi 3 mai 2017, 12h19,
Cabinet de kinésithérapie de Barney
Deux jours plus tôt

— Monsieur Gemini, j'écoute ?

— Bonjour monsieur, ici Sandra, du secrétariat.

— Oui, je reconnais votre voix. Que puis-je faire pour vous ?

Barney avait investi dans un service de secrétariat externalisé pour la gestion de son cabinet. Ce n'était pas toujours le même interlocuteur au bout du fil. C'était tantôt Lucile, Jérémie, Karine ou Sandra. Quatre voix familières pour ses fidèles patients. Bien que lui aussi ne connaissait Sandra que par la voix, Barney l'appréciait. Elle délivrait ses messages clairement et avec peu de mots. Et surtout, elle gérait son emploi du temps aussi bien que lui-même l'aurait fait s'il en avait eu le temps.

— L'hôpital a appelé, le docteur Dumas aimerait vous voir dans les plus brefs délais.

— Maintenant ?

— Apparemment, c'est urgent. J'ai reporté vos prochains rendez-vous, c'est arrangé, vous ne reprendrez qu'à partir de 17 heures. J'ai dit au docteur que vous pourriez être à l'hôpital dans vingt minutes. Est-ce que cela vous convient ?

— Merci, Sandra, c'est parfait.

— Très bien, monsieur Gemini. Bon courage pour l'hôpital.

Barney savait qu'il travaillait beaucoup. Mais il aimait ce qu'il faisait. Beaucoup des habitants de Limours-en-Hurepoix travaillaient à Paris. En Île-de-France, la population ne craint pas les heures de transports. Partir de chez soi à l'aube et ne revenir qu'après 20 heures est monnaie courante. On y est habitué. Barney s'adaptait, en laissant le cabinet disponible aux rendez-vous jusqu'à tard dans la soirée. Le matin, le cabinet recevait généralement à partir de 8 heures, mais Barney était toujours prêt à 7 heures, en cas d'urgence. Le reste de la journée, il recevait généralement des enfants ou des retraités. C'est dans ce cabinet et avec cette même patientèle qu'il avait tout appris.

L'ancien propriétaire lui avait tout revendu à prix d'ami. Un soulagement pour lui, qui, après des années de service, partait en retraite la tête tranquille, en connaissance du sérieux de son apprenti. Cela n'avait pas de prix. Barney s'était promis d'être à la hauteur de cette confiance. En réalité, la reconnaissance était une excuse. Barney était un acharné du travail, et il adorait ça. Il conclut la séance avec son patient, nettoya rapidement et soigneusement son matériel, désinfecta son poste, et se mit en route pour l'hôpital.

Bien que Dumas ne soit pas un nom qu'il avait l'habitude d'entendre, il lui paraissait familier. Barney connaissait bien le personnel de l'hôpital. Il avait eu nombre de fois l'occasion d'aller voir si l'herbe était plus verte ailleurs. Mais il était trop attaché à Bligny. Là aussi, il y avait fait toute son éducation. En outre, c'était là où travaillait sa mère, depuis vingt-cinq ans maintenant. Il aimait l'idée de travailler au même endroit qu'elle. Bien qu'il ne la croisât que très rarement lors de ses visites. L'acharnement au travail est une maladie héréditaire, à n'en pas douter. La vie de Barney était simple : il se levait, il allait à la salle de sport si le temps le lui permettait, il allait travailler, et d temps en temps il allait au bar avec les copains du lycée lorsqu'ils étaient de retour dans la campagne de leur enfance, que tous avait désertée depuis. Il se gara à sa place habituelle sur le parking du centre hospitalier. En arrivant à l'accueil, il sortit sa carte de praticien en s'annonçant à Katia, une brave femme d'une soixantaine d'années qui gérait l'accueil du bâtiment principal depuis quarante ans.

— Bonjour Katia, je viens voir un certain docteur Dumas, ça te dit quelque chose ?

— Hé ! Doucement, mon p'tit. Toujours aussi pressé toi, tu devrais aller bosser à Paname, cracha-t-elle avec sa voix de fumeuse, en mettant ses lunettes farfelues sur son nez, retenues par un cordon en fausses perles. T'as le feu aux fesses ou quoi ? Attends, attends que j'attrape mon registre. Je suis plus toute jeune, tu sais, tu vas bientôt devoir préparer ton discours pour le dernier jour de ma vie. C'est pas mon idiot de fils qui parlera, il ne sait pas aligner deux mots, celui-là.

— Excuse-moi Katia, je ne voulais pas brusquer tes vieux os, répondit Barney en lui lançant un clin d'œil. On m'a appelé pour une urgence.

— Ah, bien. Et quel docteur, t'as dit ?

— Le docteur Dumas.

Il crut apercevoir une once de gêne passer sur le visage de Katia.

— Qu'est-ce qu'il se passe ?

— Oh rien, Barney, rien... Ça me surprend, c'est tout.

— Il est de quel service ?

— Cardiologie.

Katia évitait de relever la tête.

— Tu me caches quelque chose, dit-il.

Le téléphone de la réception sonna et elle s'empressa de répondre.

— Oui ? Oui. Il est là, oui. Eh ? C'est bon, je lui dis.

— Alors ? demanda Barney quand elle raccrocha.

— Il vient te chercher.

— Qu'est-ce que ça veut dire, Katia ? J'ai besoin d'une escorte pour circuler dans l'hôpital, maintenant ?

— Je te jure que j'en sais rien moi.

— Mais tu sais toujours tout ici !

— Il faut croire que les temps changent. Je te dis, plus personne n'a besoin de moi, ils vont me tuer avant même mon premier jour de retraite.

Les portes coulissantes du couloir s'ouvrirent et le docteur Dumas apparut. C'était un homme fort de taille moyenne, avec un visage assez disgracieux, mais sympathique.

— Bonjour monsieur Gemini, j'ai beaucoup entendu parler de vous ! Je suis heureux de vous rencontrer en personne.

Il lui tendit une main forte, poilue et tachée de marques brunes.

— J'aimerais pouvoir dire de même, mais j'aimerais d'abord comprendre pourquoi je suis là, si ça ne vous embête pas.

— Oui, bien sûr, suis-moi Barney. *Il se reprit.* Suivez-moi, monsieur Gemini.

Sur les talons du docteur Dumas, Barney lança un dernier regard à Katia qui observait la situation du coin de l'œil, faisant toujours mine d'être occupée avec son registre. Les deux hommes se dirigèrent vers le bâtiment R3S. Barney le connaissait, c'était le service pneumologie. L'urgence était donc là, un remplacement de dernière minute en kinésithérapie respiratoire, certainement. Mais cela n'expliquait pas la présence du docteur Dumas.

Il entraîna Barney dans la petite salle du personnel, à l'entrée du service. Il servit deux tasses de mauvais café, de la cafetière bon marché réparée autant de fois que son nombre d'années de service. Maintenant qu'il le voyait de plus près, Barney pensait reconnaître le médecin.

— Vous connaissez ma mère, Sylvie Lenoir ? Elle aussi est en cardiologie, demanda Barney à Dumas.

— Oui, je suis un ami, enfin, on peut dire ça, répondit-il. J'étais également sous la direction de votre père à mon arrivée, en tant qu'infirmier. Je suis retournée en études de médecine juste avant… l'accident. C'était un chic type, votre père, ajouta Dumas.

— Merci, répondit Barney d'un air fermé. Alors, quelle est l'urgence ?

— Rassurez-vous, rien qui exige une intervention de votre

part. C'est une affaire qui résulte davantage de la sphère... privée, répondit Dumas sur un ton tâtonnant.

— Très bien, alors parlez-moi de cette affaire, docteur Dumas.

— Appelez-moi Didier.

Barney eut un flash. Il avait entendu ce nom plusieurs fois, à demi-mot, dans la bouche de sa mère. Il avait été présent au chevet de son père. Des images de Dumas bien plus jeune lui revenait en mémoire. Il le revoyait entrer discrètement dans la chambre de son père pour demander des nouvelles à Sylvie pendant que Barney jouait avec son train, sur le circuit qu'il avait construit en suivant les courbes du corps immobile de son père.

— Je me souviens de vous, dit Barney.

Dumas jouait nerveusement avec sa tasse de café, qu'il finit par renverser. Le docteur se leva pour éponger le liquide échappé sur la petite table haute.

— Allez-vous finir par me dire ce que je fais ici, docteur ?

— Oui... Écoutez, Barney, ce n'est pas évident à annoncer. Mais votre mère m'en a chargé, alors, je le fais pour elle. Et peut-être pour vous, enfin, j'espère...

Didier releva la tête et croisa le regard du fils de son amante dont les yeux bleu-vert avaient pris une teinte bleu nuit. Il respira un bon coup, il n'y avait pas mille façons d'annoncer ce qu'il avait à dire, de toute façon.

— Votre mère a été prise en charge aux urgences ce matin, elle s'est évanouie sur le parking en arrivant à l'hôpital. Par chance, l'ambulance rentrait d'une intervention, les confrères l'ont découverte immédiatement. Ce n'est pas le cœur. On pense que l'évanouissement a été engendré par une insuffisance respiratoire à cet instant, et une grande fatigue. L'examen sanguin était, disons... questionnable. Elle est passée au scanner vers 8 heures, et un premier bilan a été dressé, confirmé par un examen radiologique local. Barney, je suis désolé de vous l'apprendre : votre mère à un cancer de la plèvre au troisième stade.

Il avait dit cela sans quitter Barney des yeux, dont le visage n'exprimait aucune émotion, excepté son œil droit qui clignait nerveusement.

— Plus précisément ? demanda-t-il.

— 3A, répondit Didier en tapotant ses doigts sur la table. Ce n'est pas le pire...

— Mais ce n'est pas le mieux non plus, conclut Barney.

— Vous savez que le cancer frappe de façon bien aléatoire, les facteurs de développement restent très souvent inconnus. Je suis désolé.

Barney détourna le regard, croisa les bras et regarda le fond de la petite pièce des employés de l'hôpital comme s'il pouvait voir derrière les murs qui la composaient.

— Pourquoi ma mère vous a-t-elle chargé de me dire ça ?

— Parce que, comme je vous l'ai dit, je suis un ami.

— Vous avez dit qu'*on pouvait dire ça.*

Dumas ne répondit pas. Il gardait le nez plongé dans sa tasse de café qu'il avait re-remplie.

— Un cancer de la plèvre. Le comble, pour une infirmière et un kiné. Je vais faire la kinésithérapie respiratoire de ma propre mère. Elle installera son propre poste de chimiothérapie. C'est absurde...

— Barney, reprit Dumas sur un ton de moins en moins assuré, la situation est pour le moins compliquée. Selon sa volonté, elle souhaite que son admission reste aussi discrète que possible.

Barney fronça les sourcils. Dumas reprit.

— Il n'y a que les ambulanciers qui l'ont prise en charge, le docteur Petit, responsable du service pneumologie que vous connaissez, et son infirmière en chef qui sont au courant. Nous avons enregistré son admission sous une fausse identité.

— Pourquoi ?

— Votre mère ne veut pas être vue comme une patiente dans son hôpital. Nous l'avons tous compris, et, connais-sant Sylvie, nous souhaitons qu'elle puisse garder autant de contrôle que les conditions le lui permettent. Si elle sent que la situation lui échappe, nous savons que son état mental va se dégrader. Et il faut un état mental fort pour permettre au corps de guérir, pour lui permettre de constituer son armée. C'est comme ça que nous le voyons.

Barney sourit de désarroi.

— Est-ce que je peux la voir ? demanda-t-il.

— Bien sûr, mais avant, je dois vous prévenir... Nous souhaitons lui accorder tout le contrôle possible, en espérant que ça suffise à lui faire changer d'avis sur un point très important. Pour le moment, elle refuse le traitement. C'est une réaction qui peut être causée par le choc de l'annonce du cancer. On fait face à ce cas plus souvent qu'on ne peut l'imaginer. Mais ici, on parle d'une infirmière en chef qui a vingt-cinq ans de métier. Elle a été confrontée toute sa carrière à la réflexion des patients et, dans sa façon de nous annoncer ça, elle semblait y avoir réfléchi depuis très longtemps.

— Vous voulez dire qu'elle savait qu'elle était malade ?

— Non, je ne dis pas ça. Le choc de l'annonce a été brutal pour tout le monde. Ce cancer, personne ne l'a vu venir… Mais pour autant, elle ne semblait pas déboussolée. Elle a annoncé son choix de ne pas suivre le traitement avec clarté, et avec des arguments très réfléchis. Dans quelques heures, elle sortira de l'hôpital comme si rien ne s'était passé. La seule chose que nous lui avons imposée, c'est un arrêt de travail, définitif. Son temps est précieux, mais elle sait ce à quoi elle s'expose, nous n'avons pas besoin de le lui rappeler. Mais nous espérons pouvoir la faire changer d'avis. Nous espérons que *vous* pourrez la faire changer d'avis.

— Au risque de vous décevoir, je ne pense pas être le mieux placé pour ça. On parle de combien de temps de survie, sans traitement ?

— Pour un cancer de ce stade et de ce type, sans traitement, on estime l'espérance de vie entre trois et onze mois. Avec un traitement, on peut aller jusqu'à plusieurs années. Mais ceci n'est qu'une moyenne, il n'y a pas de science exacte...

— Épargnez-moi le discours du médecin, s'il vous plaît.

Le visage de Barney se crispa. Il y eut un long silence dans la petite pièce sans fenêtre, on entendit plus que le bourdonnement du vieux réfrigérateur.

— Didier, ça y est, je sais où j'ai entendu votre prénom. Vous êtes le médecin qui gère une association humanitaire au Sénégal ?

— Oui, c'est bien moi.

— Ma mère m'a souvent dit qu'elle rêvait d'y aller.

— Nous avions prévu de nous y rendre cette année.

Le silence ressurgit.

— Est-ce que vous souhaitez que je vous laisse seul un moment ? demanda Didier.

— Non, ça ne sera pas la peine. Dans quelle chambre se trouve-t-elle ?

— Celle à droite au fond du couloir. Prenez votre temps.

Didier quitta la salle. Une minute plus tard, Barney se leva dans un élan affaibli. Il se dirigea vers la porte, la traversa, et s'engagea dans le couloir qui aujourd'hui lui semblait s'étaler sur plusieurs kilomètres. Cette histoire n'était pas réelle, les éléments ne collaient pas. Sa tête bourdonnait. Sa respiration s'accélérait. Il eut besoin de s'asseoir un moment. Une infirmière passait dans le couloir avec un chariot, elle le reconnut.

— Monsieur Gemini ? Est-ce que tout va bien ?

— Oui, merci. Beaucoup d'urgences ce matin, je me sens un peu fatigué.

Elle lui tendit un verre d'eau et un sucre.

— Vous, fatigué ? Ce doit être un jour très chargé, alors. Vous travaillez avec nous le mercredi, maintenant ? C'est une bonne nouvelle, l'hôpital a besoin de personnes aussi compétentes que vous. Allez, prenez ça. Ma mère disait qu'il suffisait d'un bout de sucre pour résoudre bien des soucis.

— Merci. Même si vous pouvez dire à votre mère que

malheureusement, le sucre ne soigne pas tous les maux.

Elle rit exagérément, attendit un instant qu'il reprenne la parole, mais puisqu'il ne le faisait pas, elle s'éloigna en se raclant la gorge. Barney se releva et marcha jusqu'à arriver devant la chambre désignée. Il frappa trois coups secs, attendit un instant, puis ouvrit la porte. Sylvie était allongée sur le lit, un tube d'oxygène dans le nez. Elle ne semblait pas surprise de le voir. Elle le regardait avec un air doux. Barney s'assit au bord de son lit. Elle était très pâle et manifestait quelques difficultés à respirer. Mais même comme ça, elle était très élégante. Ses cheveux roux coupés courts depuis quelques jours ne la rendaient pas masculine pour un sou, et accentuaient les traits fins de son visage. Barney prit la main de sa mère.

— Comment tu te sens ? lui demanda-t-il.

— Sonnée, mais pas mal en point. Tu as vu Didier ?

— Oui, répondit Barney en regardant ses pieds. J'aurais préféré que tu me l'annonces de vive voix, qu'on gère ça ensemble.

— J'ai pensé qu'il était préférable que tu entendes le rapport médical, avant que je t'explique mon choix.

— Il n'y a pas eu de symptômes avant aujourd'hui ?

— La toux, oui un peu... Mais une toux, ça peut vouloir tout et rien dire. Une chute de tension également.

— Ça peut aussi vouloir dire un cancer de la plèvre en stade préterminal. Tu aurais dû faire plus attention à toi.

— On dit souvent que c'est les cordonniers les plus mal chaussés, dit-elle en souriant, les yeux humides.

— Ton responsable, les confrères, consœurs, tes patients... Tu vas partir sans leur dire au revoir ? Ils auront besoin de savoir pourquoi tu ne reviens pas, ils se demanderont si tout va bien...

— J'ai un arrêt de travail d'un mois pour chute à vélo. Ça me laisse le temps de me remettre de la nouvelle avant de l'affronter.

— Vous avez aussi falsifié l'arrêt de travail ? C'est une

blague ?

— Ce n'est pas une falsification, c'est une façon d'adoucir une vérité trop brutale.

— Le docteur Petit t'a expliqué combien de temps tu tiendrais sans traitement ?

— Je n'ai pas besoin qu'il me le dise. Je bosse en cardiologie, mais je connais tous les types de cancers, tu sais. Je ne veux pas mourir mourante, Barney, dit-elle avec un ton tout à coup très sérieux. Maintenant que je sais que je vais mourir bientôt, la seule chose que je peux faire, c'est de choisir comment. Et je ne veux pas passer la moitié de mon temps branchée à une machine, et l'autre moitié à vomir ou dormir. Je veux vivre pleinement et mourir dans un endroit agréable, pas dans un lit d'hôpital. Pas ici. Pas comme Nicolas. S'il avait eu le choix lui aussi, je sais qu'il n'aurait pas choisi ça.

— Je pense que tu te trompes. Je n'ai pas beaucoup connu papa, mais des souvenirs que j'ai de lui, je pense qu'il aurait choisi d'être là pour ses enfants le plus longtemps possible. Tu as pensé à Eleanor ?

— J'ai pensé à Eleanor, j'ai pensé à Timothé et j'ai pensé à toi. C'est d'abord à vous trois que je pense. Je refuse que tu deviennes un assistant médical ou qu'Eleanor abandonne sa formation à l'Opéra. Je ne vous volerai aucune année, aucun mois, aucun jour. On va vivre ensemble les moments qu'il nous reste, et je partirai quand mon heure sera venue, en vous laissant vivre votre vie.

Barney se leva et fit les cent pas dans la pièce. Plusieurs émotions le traversaient, toutes virulentes. La colère de l'impuissance, la rancœur des années déjà perdues, la tristesse de l'enfant… Autant de sentiments qu'il n'exprima pas.

— Et si nous, on préférait se transformer en aide médicale pour t'avoir auprès de nous plus longtemps ? Soigner les gens, c'est notre métier ! Si je te regarde dans les yeux et que je te supplie d'accepter le traitement, est-ce que tu oseras me dire que ton souhait est de me priver des dernières années avec ma mère, quand nous n'en avons déjà pas eu beaucoup ensemble ?

Barney avait prononcé ses mots en fixant sa mère qui soutint son regard.

— Je ne le fais pas par gaieté d'âme... commença Sylvie avec les larmes aux yeux.

— C'est une forme d'euthanasie ! cria Barney, qui fit sursauter Sylvie. Ils vont t'obliger. Ils doivent t'obliger ! Ça ne devrait pas être permis. Quand on est malade, on se soigne. Tu es encore en forme, ton système immunitaire est bon. Les chiffres ne sont que des statistiques et des variables, tout est différent d'un patient à un autre, tu pourrais vivre bien plus longtemps que ce que Petit a annoncé.

Elle entendait son propre discours dans les mots de Barney. Celui qu'elle avait tant de fois répété aux patients. Elle en était à la fois très fière et profondément triste. Pour toute réponse, elle laissa couler quelques larmes sur sa joue. Ce qui agaça Barney davantage.

— Pourquoi as-tu voulu que je vienne ici ?

— Je ne t'abandonne pas.

— J'ai besoin de prendre l'air. Tu m'appelles quand je dois venir te chercher ?

— J'ai ma voiture, je peux conduire.

Barney ne protesta pas.

— Très bien. À ce soir.

Il quitta la chambre et ferma la porte doucement, tentant d'échapper à la nausée qui lui remuait les tripes.

— Barney ?

La voix d'un homme l'interpella aussitôt. La colère lui brouillait la vue. Une figure masculine en blouse blanche semblait l'avoir attendu.

— Barney, on peut discuter un instant ? Le Docteur Dumas m'a prévenu que vous étiez là. Vous êtes très pâle, un café vous fera sûrement du bien. Suivez-moi.

Il distinguait maintenant la silhouette du docteur Petit

qu'il connaissait bien. Responsable du service pneumologie de l'hôpital, Barney faisait parfois les soins respiratoires de plusieurs de ces patients atteints de mucoviscidose, lorsque le personnel manquait. Il le suivit machinalement et reprit sa place dans la salle de repos au bout du couloir.

— Comment ça s'est passé dans la chambre ?

— C'était une grande fête, rétorqua brutalement Barney. Docteur Petit, dites-moi que vous êtes plus raisonnable que toute cette mascarade ! Il n'y avait aucune raison pour enregistrer ma mère sous un autre nom, ce n'est pas une personnalité publique.

— Il y a le médecin et il y a l'homme, Barney. Parfois, ces personnes ont des intérêts différents.

— Daniel, prononça Barney d'un ton sec en plantant ses yeux dans ceux du médecin, vous devez la forcer à prendre un traitement. C'est votre devoir de soigner vos patients. Si vous renoncez à ce combat, c'est comme si vous aussi, vous abandonniez.

— Barney, je comprends vos pensées, croyez-moi. C'est une problématique à laquelle j'ai déjà trop fait face à mon goût.

— Alors, faites votre boulot ! coupa Barney qui s'emporta.

Docteur Petit pinça les lèvres.

— Notre boulot, comme vous dites, passera toujours après la volonté des patients.

— On ne parle pas de patient là, on parle de ma mère, répondit Barney. Et vous me parlez comme à la famille des malades, je n'aime pas ça. Je suis désolé, docteur Petit, mais j'ai besoin de prendre l'air.

Barney quitta la salle de repos avec précipitation, continua jusqu'au hall, repassa devant l'infirmière avec son chariot qu'il manqua de renverser dans sa hâte. Arrivé dans le hall, il se mit à courir jusqu'à la grande porte coulissante de l'entrée, ignorant l'interpellation inquiète de Katia. Il courut encore quelques mètres sur le parking avant de s'arrêter. Il vomit entre une Mercedes noire et un Citroën Picasso bleu-gris. Il s'appuya sur le capot de cette dernière et passa de longues minutes à réfléchir à la situation. Après une bonne demi-heure, il reprit le chemin de l'hôpital, et entra à nouveau d'un pas déterminé.

— Katia, lança-t-il d'une voix forte, rappelle le docteur Petit et dis-lui que je l'attends au fond du parking, dans l'allée sept.

— De suite.

— Enfin, s'il te plaît, Katia, désolé je...

— Ce n'est rien Barney, va prendre l'air, tu es tout pâle ! J'appelle le docteur.

Le pic de colère s'estompa, laissant Barney plus troublé encore. Il retourna sur le parking, accéléra le pas jusqu'à sa voiture, l'ouvrit à la hâte et vida le contenu de la boîte à gants sur le siège passager jusqu'à le trouver : son paquet de cigarettes neuf, jamais entamé depuis sept ans. Au lycée, il fumait pour se donner un genre. Il n'avait jamais vraiment aimé ça. Il avait arrêté net le jour où il avait dit qu'il deviendrait docteur. L'envie d'y retoucher ne l'avait jamais pris. Jusqu'à aujourd'hui. Il enleva le plastique qui enroulait le paquet, et soupira. Il n'avait pas envie de faire ça. Il remit le paquet à sa place et le rangea la boîte à gants. Lorsqu'il sortit la tête de sa voiture, il tomba nez à nez avec le docteur Petit, qui ouvrit la bouche. Barney ne le laissa pas parler, de peur que lui-même renonce au plan qu'il avait imaginé contre ses principes.

— J'ai une idée, docteur. Une idée qui ne va pas vous plaire, mais si vous comptez sur moi pour que Sylvie se soigne, alors vous devez me faire confiance.

Quelques minutes plus tard, Barney reprit la route. Il tapa le nom de Sandra sur son tableau de bord. La voix de la secrétaire retentit dans les haut-parleurs de la voiture.

— Monsieur Gemini ? dit-elle.

— Sandra, il y a un changement de programme. Annulez mes rendez-vous de ce soir, j'ai à faire.

— Très bien monsieur Gemini.

Il raccrocha. Il avait beaucoup plu ce matin. Le soleil de l'après-midi faisait briller la route encore humide. Il abaissa le pare-sol sans quitter sa trajectoire des yeux. Tout reposait sur lui à présent. Il composa à nouveau le numéro de Sandra.

— Monsieur Gemini ?

— Finalement, annulez tous mes rendez-vous jusqu'à la fin de la semaine. Et prévenez les patients des deux prochaines semaines que les consultations seront assurées par un remplaçant.

— Très bien, monsieur. Ça sera fait. Vous avez déjà le nom de votre remplaçant ?

— J'ai bien une idée, mais je dois vérifier ses disponibilités.

— Voulez-vous que je m'en charge pour vous ?

— Non, merci Sandra, je vais m'en occuper.

— Très bien, monsieur Gemini. Est-ce que tout va bien ?

— Oui. Merci Sandra.

Culture

J'étais attendue chez les Gemini-Lenoir à 12h30. Barney m'avait donné rendez-vous pour déjeuner avec sa mère et un ami, médecin de l'hôpital et président d'une association humanitaire au Sénégal, destination que Barney avait choisie pour montrer à sa mère que *la vie valait la peine d'être vécue*. Je sonnai à la porte à 12h53. J'avais traîné les pieds pour venir jusqu'ici. Je redoutais ce qui m'attendait derrière la porte. Sylvie ne souhaitait pas parler de sa maladie. Mais il n'était pas nécessaire que je fasse semblant de ne pas être au courant. Barney disait que sa mère savait que moi, je savais tout. Il est difficile de savoir ce que ce *tout* signifiait, lorsque moi-même je n'y comprenais pas grand-chose.

Derrière cette porte, je m'attendais à découvrir Sylvie à l'agonie, allongée dans un lit d'hôpital au milieu du salon, son fils et son ami lui tenant chacun une main, en pleurs. Lorsque je décidai enfin à toquer et que la porte s'ouvrit, la vision qui suivit n'avait rien de tout ça. C'est elle qui m'ouvrit, plus rayonnante que jamais. Elle avait mis du fard à paupières sur ses joues blanches, couleur assortie au roux flamboyant de ses cheveux, qui faisait ressortir le vert de ses yeux. Elle était joliment apprêtée d'un pull en cachemire beige, sur lequel trônait un tablier de cuisine à peine taché. Spatule à la main, son large sourire semblait dire : je vais vous servir avec grâce une cuisine goûteuse et raffinée ! Sa maigreur, qui d'habitude m'effrayait, la rendait aujourd'hui pimpante, dynamique. Un enthousiasme inconnu faisait pétiller ses yeux.

— Bonjour Marjorie ! J'espère que tu aimes le canard ?

— Bonjour Sylvie ! Tu as l'air d'aller bien ! lançai-je d'un air qui trahissait ma surprise.

Pour toute réponse, Sylvie me fixait avec un sourire qui ne faiblissait pas. Mal à l'aise, je l'imitai.

— Oui, j'aime bien le canard.

Je rentrai dans le salon où l'ami de Sylvie débouchait une bouteille de Médoc 2015 sur la table basse. La bonne humeur de Didier me mit tout de suite du baume au cœur. Il me fit la bise en déposant deux vrais bisous sur mes joues. C'était un homme d'une cinquantaine d'années, comme Sylvie. Il était assez fort, et avait cette jovialité particulière des gens qui, comme il disait lui-même, *débordaient d'amour*, attrapant son embonpoint et riant à pleines dents. Il me servit un verre de vin et nous nous assîmes tous les trois sur le canapé autour de la table basse. Sylvie me tendit un bol de cacahuètes.

— Je suis enchantée de faire votre connaissance Didier. Barney m'a dit que vous étiez médecin également. Vous semblez être de ceux qui aiment aider les autres.

— Il faut bien ! Le problème de beaucoup de personnes qui cherchent le bonheur est qu'elles ne cherchent pas plus loin que le bout de leur nez. Cherchant à recevoir, alors qu'il n'y a pas de bonheur égal que celui de donner, je peux te l'assurer ! Et toi Marjorie, que fais-tu ?

— Je cherche du travail, répondis-je en souriant, d'une voix douce et ferme, cherchant à clore la conversation.

— Ah ! Ce n'est pas une période facile, hein ? me demanda-t-il en clignant de l'œil. Et tu cherches dans quoi ?

— Dans le marketing, la communication, l'événementiel... dans ces branches-là. Quelque chose qui voudra bien de moi, prononçai-je d'un rictus gêné.

— Tiens ! C'est bien ça. Enfin, je crois. Tu sais, moi, le monde de l'entreprise, je n'y connais rien. C'est quel métier précisément ?

— Oh laisse-la tranquille Didier, coupa Sylvie, on ne parle pas travail pendant le week-end ! annonça-t-elle avec un petit sourire dans ma direction.

— Ah, et de parle-t-on alors le week-end, ma chérie ? De notre futur nouveau président qu'il faut aller élire demain, en espérant que celui-ci tienne enfin ses promesses pour l'hôpital ? dit-il avec un sourire ironique. Cette fois au moins c'est clair : on a le choix entre la peste et le choléra. Mais on peut poser la question : êtes-vous plutôt Macron, roi du profit et des lits en moins, ou Le Pen, qui voudrait qu'on ne soigne que la race supérieure ? Il devrait se présenter ensemble, au moins en s'associant, ils arriveraient à aller au bout de leur promesse.

— Oh, Didier, non !

Il caressa le dos de Sylvie assise à côté de lui, s'amusant de son agacement. J'entendis Barney descendre les escaliers derrière moi. Didier ôta aussitôt sa main. Il remplit de rouge le dernier verre vide et le tendit à Barney.

— Salut Marjorie, me dit Barney en s'asseyant à la hâte. Je n'arrive pas à croire que je sois passé à côté de ça...

Didier retint un petit rire.

— Je dis rarement aux gens de se faire vacciner si ce n'est pas une nécessité, tu sais. Tu peux me faire confiance, je suis déjà allé au Sénégal quelques fois quand même !

— Qu'est-ce qu'il se passe ? demandai-je.

— Barney a oublié le vaccin contre la fièvre jaune dans ses plans, obligatoire pour partir au Sénégal. Il est parti vérifier si je ne lui racontais pas des cracks...

— Non, ce n'est pas ça, répondit Barney d'un air grave. Évidemment, je sais que c'est vrai. Je me demande juste comment j'ai pu passer à côté...

— Tu avais déjà beaucoup de choses en tête mon chéri, dit Sylvie. Ne te mets pas trop de pression. On pourra aller au centre de vaccination lundi, on connaît des confrères là-bas, on leur expliquera.

Je grimaçai en entendant Sylvie prononcer *mon chéri*.

Ça ne ressemblait pas à leur relation. Barney détestait les surnoms. Depuis que je le connaissais, il appelait tout le monde par son prénom en entier. Pas de diminutif, ni encore moins de surnoms qu'il aurait qualifiés lui-même de *particulièrement niais*, ou *gnan-gnan*, depuis qu'il avait pris mon expression. Il fallait bien que je déteigne un peu sur lui pour lui enlever un peu de son sérieux.

Le visage de Barney ne se détendit pas d'une ride. Il n'avait échangé aucun regard avec le reste du groupe et faisait tourner le vin dans son verre.

— Ça retarde la date du départ. Le vaccin doit être effectué dix jours avant.

— On ne peut pas leur demander une dérogation ? demandai-je.

Didier et Sylvie s'esclaffèrent.

— On ne triche pas avec la santé, Marjorie. Si vous faites une réaction au vaccin, c'est dangereux.

— Bon, il n'y a pas mort d'hommes, *phrase que je regrettai aussitôt en la présence de Sylvie*, nous n'avions pas encore pris de billets, donc tout va bien !

Je bus une grande gorgée de vin. Ce délai n'embêtait que Barney. Chez Didier, Sylvie, et moi-même, on pouvait sentir un soupçon de soulagement. Tel un sursis qui nous permettait de nous préparer davantage.

— Barney est quelqu'un qui aime bien programmer, répondis-je en mimant discrètement un carré en direction de Didier.

— Je te vois Marjorie, dit-il sèchement.

— Je te sers un autre verre de vin ? me demanda Didier sur un ton amusé.

— Avec plaisir, répondis-je. Barney, tu sais, un voyage, ce n'est pas comme la vie, on ne peut pas tout prévoir, tu vas devoir un peu lâcher prise, dis-je en tendant mon verre.

L'alcool commençait à me faire tourner la tête.

— D'autant que je vous ai préparé un petit programme qui risque de vous surprendre ! annonça Didier.

— Je propose que nous en discutions à table, je sens l'odeur de la viande cuite ! prononça gaiement Sylvie.

*
* *

Mercredi 23 décembre 1991, Janvry
Bien avant tout ça

Didier avait pris goût à l'Afrique par un heureux hasard. Alors qu'il entamait à peine sa carrière d'infirmier à l'hôpital de Bligny, la désillusion du terrain l'avait déjà piqué. Des contraintes budgétaires qui détériorent la prise en charge des patients, des décisions absurdes... Il pensait que la titularisation aurait atténué son sentiment de soumission. Mais il n'en était rien, il se sentait aussi démuni qu'il l'était dans sa position de stagiaire. Ses camarades de promotion étaient bien comme lui, mais ils le géraient mieux. Didier avait le cœur trop sensible pour ne faire les choses qu'à moitié. Les aînés leur rabâchaient le caprice générationnel : *vous verrez, vous vous y ferez.* Mais Didier n'avait pas vraiment envie de s'y faire. Il lui manquait quelque chose. Il aimait le métier qu'il avait choisi, les confrères étaient sympathiques et motivants.

La plus impressionnante de toutes, c'était Sylvie. Jeune maman d'un petit Timothé de deux ans et enceinte de son second enfant, elle s'activait avec plus de férocité que tout le groupe des nouveaux infirmiers réuni. Il suffisait de poser les yeux sur elle pour attraper un peu du dynamisme qu'elle prodiguait. À ses côtés, rien n'était impossible. Ils étaient tous les deux dans le service cardiologie. Le chef de service était souvent secondé par Nicolas, médecin interne, que Didier appréciait beaucoup. Lorsque l'activité le permettait, ils prenaient quelques cafés dans la salle de pause de l'hôpital, qui n'avait pas bougé d'un poil en vingt-cinq ans. Didier n'aurait pas su dire si Nicolas, Sylvie, ou ses autres confrères pouvaient être considérés comme des amis. Mais à ce moment-là, ils étaient les seules personnes avec qui il se sentait à sa place. Et sa seule famille. Ses parents l'avaient poussé à suivre leurs traces dans le milieu de la finance. Un monde qui n'avait jamais plu à Didier. Leur but était de jouer. Le sien était de sauver. Et ce n'était pas compatible.

Pourtant, Didier n'était pas fait pour la solitude. Il fallait voir comment il cuisinait. Dans ce domaine aussi, il était très généreux. Si soigner n'avait pas été une vocation, il se serait formé au métier de cuisinier. La nourriture aussi sauve les cœurs. Il aimait rapporter des bons plats à l'hôpital. En entrant en école d'infirmier, il avait trouvé des personnes qui, comme lui, n'avaient aucun autre intérêt que celui de faire le bien. Toute sa vie d'avant ne comptait plus. Mais il se sentait terriblement seul quand il rentrait chez lui. Un soir de décembre, à la sortie de l'hôpital, il prit la voiture en direction du marché de Noël de Janvry, village voisin. À l'entrée de la place, des hommes sénégalais dansaient. Didier se demandait ce qui avait bien poussé ces gens du soleil à danser dans les courants d'air froids d'Essonne en plein hiver.

Timidement, il les avait regardés danser un long moment. Et quand il leur demanda s'ils étaient du coin, ils lui répondirent qu'ils étaient des hommes d'Église, tout droit venus de la Teranga. Ils avaient été appelés en renfort à la paroisse de Saint-Denis, au nord de Paris. Au-delà de leur mission religieuse, ils remplissaient également une mission pédagogique : récolter assez d'argent pour fonder l'école du village de Sokone, qui s'était développé ses dernières années à une vitesse folle, grâce à sa position stratégique, sur le nouvel axe routier de Kaolack, qui ne représentait plus que deux heures de route du village. Ils avaient fait cette présentation simplement. Et c'est tout aussi simplement que Didier voulut les aider. Le jeune homme qui lui avait parlé du projet appela l'homme le plus âgé du groupe. Celui-ci boitait et avança vers Didier à l'aide d'une canne.

— Bonjour, je m'appelle Didier, je suis infirmier, et j'aimerais vous aider dans votre projet, si vous le voulez bien...

— Bonjour Didier, c'est un immense honneur que vous nous faites. Je suis le père Cala, je forme les jeunes hommes que vous avez autour de vous à devenir des prêtres-piaristes.

*
* *

Samedi 6 mai 2017, 14h42, Limours-en-Hurepoix
Le présent

— Bon alors, commença Didier, vous n'allez pas chômer ! Mais l'idée, c'est quand même que vous puissiez en profiter. Je vous ai préparé un itinéraire qui va de Dakar à Sokone.

— Ça ne pose pas de problème si on retarde notre départ ? coupa Sylvie.

Didier esquissa un sourire.

— Non, pas du tout. Je vais les prévenir. Vous allez oublier la notion de temps là-bas. Donc, vous commencerez par Dakar où vous passerez trois jours chez les piaristes pour acheter les fournitures scolaires. Le principe, c'est d'aider les écoles en faisant marcher l'économie du pays. Je ne vais pas trop vite dans mes explications ? demanda-t-il en se tournant vers moi.

— Ça va... répondis-je poliment. Vous ne voulez pas venir avec nous ?

— J'aurais aimé, mais je ne peux pas m'absenter de l'hôpital, on manque trop de personnel. J'ai créé mon association il y a plus de vingt ans. C'est grâce à cet engagement que j'ai repris mes études. Le statut de médecin est mieux reconnu pour agir dans les causes bienfaitrices. J'ai essayé d'embarquer celle-là, *il désigna Sylvie du doigt*, mais je n'ai jamais réussi à lui faire lâcher du lest à l'hôpital.

Barney prit une moue crispée.

— Mais heureusement, d'autres gens se sont portés volontaires. On est une petite association, avec dix membres à tout casser. On est sponsorisé par quelques entreprises du coin. Sinon, on est en partenariat avec plusieurs associations musicales, qui organisent des concerts de charité. La plupart des chanteurs sont des enfants. On aime bien le concept : des enfants qui aident des enfants. Ça leur donne un beau message. Ah oui ! Le plus important à dire, c'est quand même ce qu'on fait : on aide les écoles principalement, en leur fournissant ce dont elles ont besoin. Et ça ne se limite pas aux cahiers, nous faisons régulièrement des missions de chantier. Il n'est alors pas question d'amener de l'argent, mais de la force humaine. Moi, c'est ce que je préfère... *dit-il en prenant une belle bouchée de canard et de pomme de terre rôtie.* Pour l'aspect médical, comme je suis le seul médecin de l'association, je profite des missions pour allonger mon séjour et aider aux dispensaires. Et toi, tu as déjà fait des missions humanitaires ? me demanda-t-il en me donnant un coup de coude qui me surprit.

— Pas vraiment...

— Tant mieux ! L'aventure ne sera que meilleure si vous n'avez pas encore goûté à la joie d'aider les autres. Et vous verrez, le Sénégal... C'est un peuple à part. Ah oui, vraiment...

Chaque mot que Didier prononçait résonnait de sincérité. Il parlait fort et avec le cœur. Il mastiquait sa viande et nous étions pendus à ses lèvres, attendant de savoir quel sort il nous avait réservé.

— Ah oui, l'itinéraire, pardon ! Je pourrais parler des heures du Sénégal sans vous donner les informations de votre séjour, *reprit-il en riant et en essuyant la bouche à l'aide de sa serviette.* Vous aurez quelques papiers à remplir pour l'association. Et surtout, gardez bien les factures. Voilà... Oui donc, vous arrivez à Dakar. Les piaristes vous accueilleront et vous emmèneront au marché. Ensuite, vous irez directement à Sokone, beaucoup plus au sud du pays. C'est là que vous amènerez les fournitures à l'école des piaristes. Et une autre de votre choix, mais vous verrez avec le père, il vous guidera. C'est tout l'intérêt des missions aussi : s'adapter à la réalité du terrain. Et ça, on ne le voit qu'une fois sur place ! Ah, si seulement j'avais pu partir avec vous...

— Didier, j'ai peut-être mal entendu, mais vous avez dit...
« père » ? demanda Barney.

— Oui, père Cala. Un chic type, vous verrez. Un homme
avec le cœur sur la main, comme on en fait plus !

— Qu'est-ce que c'est concrètement cette association de
piaristes ?

Didier manqua de s'étouffer avec un bout de haricots verts
en retenant un rire.

— Mais non voyons ! s'exclama-t-il. Les piaristes, ce n'est
pas une association.

Nous le fixions sans un mot. Il se racla la gorge et reprit :

— C'est un courant religieux, si c'est bien comme ça qu'on
dit, je ne suis pas un spécialiste. C'est la communauté des
pères-piaristes, pour être plus précis. Quand on est athée,
ce n'est pas forcément évident, il reprit une bouchée, c'est
un courant religieux en faveur de la pédagogie. Les pères-
piaristes sont prêtres et instituteurs pour la majorité d'entre
eux. Mais vous leur demanderez tout ça, ils vous expliqueront
mieux que moi.

Je vis le visage de Barney et Sylvie blêmir à mesure que
les explications de Didier avançaient. La famille Gemini
était très pratiquante. Le père de Barney l'était moins que
ses parents, mais il avait déjà emmené ses enfants à la messe
du dimanche, il y a bien longtemps. Sur ce point-là, Barney
tenait de sa mère et n'était pas à l'aise avec la religion. Je riais
intérieurement. Je n'étais pas croyante non plus, mais cela ne
me dérangeait pas pour autant.

— Je n'avais jamais compris qu'il s'agissait de religion...
dit Sylvie.

— Ah, j'oubliais ! continua Didier sans noter le désarroi
de ses auditeurs, vous n'aurez pas l'autorisation officielle
d'exercer dans les dispensaires, mais vous pouvez toutefois
rapporter le matériel médical que je vous ai amené dans le
sac. Il n'y a pas de médicaments, nous n'avons pas le droit de
les transporter, vous êtes au courant. Il y a des pansements,
des bandages, des pommades... Des choses basiques, mais

qui manquent souvent là-bas.

— Et le sac, il est... ?

— Juste là, à l'entrée, avec les autres.

Je me retournai vers quatre énormes sacs. Cette fois, c'est moi qui blêmis.

— Ne t'inquiète pas, on a le droit à deux bagages en soute par personne pour aller là-bas.

Ça ne me rassurait pas. Je me demandais surtout comment on arriverait à porter tout ça.

— Pendant qu'on y est, je vous donne l'argent pour les fournitures dans cette enveloppe. C'est déjà en francs CFA. Mieux vous négocierez vos achats, plus vous aurez de fournitures et plus vous pourrez approvisionner d'écoles. Vous avez des questions ?

Il avait enchaîné les informations très vite, car c'était le genre d'homme qui avait les idées qui fusent dans tous les sens, avec trop peu de mots pour les décrire. Didier donna plus de détails encore sur les personnes que nous allions rencontrer, devenues ses amis pour la plupart, et sur les difficiles aurevoirs chaque fois qu'il quittait la Teranga. Il nous parla également des spécialités sénégalaises dont les noms nous échappaient encore.

— Écoutez Didier, c'est très aimable de votre part d'avoir organisé notre venue, mais il est hors de question que je passe une seule nuit dans une secte, dit Barney.

— Ce n'est pas une secte… commença Didier.

— Oh, tu avoueras que c'est quand même un peu particulier, cette communauté de culs bénis, coupa Sylvie.

Didier me regarda. Je haussai les épaules.

— Bon. Je ne vais pas vous mentir : ce sont des religieux. Dieu rythme leur vie. Mais leur mission va au-delà d'une simple croyance. C'est un courant qui forme des prêtres et des professeurs. C'est une double casquette très intéressante. Et non, Barney, je le redis, ce n'est pas une secte. Vous verrez, ce sont les personnes les plus ouvertes que vous rencontrerez dans votre vie.

— Didier, je ne voudrais surtout pas vous vexer, reprit Barney en se redressant sur son siège, mais je pense qu'il est préférable que nous logions dans un hôtel, ou quelque chose comme ça.

— Barney, reprit Didier, je comprends votre inquiétude. Mais vous verrez que vous vous y sentirez très bien. Et à Sokone, il n'y a pas d'hôtel. Le noviciat fait partie de la mission, vous devez être au cœur de l'activité pour prendre les décisions qui vous semblent les plus adaptées.

Barney regarda Didier. Didier regarda Sylvie. Sylvie regarda ses pieds. Didier me regarda à nouveau.

— C'est un super projet ! dis-je.

Didier me lança un clin d'œil.

Lorsque le déjeuner s'acheva, nous montâmes avec Barney dans sa chambre. D'un naturel organisé, sa valise était déjà remplie de quelques vêtements.

— Barney, tu vas mourir de chaud avec des pantalons en toile au Sénégal.

— Il ne fait pas si chaud que ça à Dakar, me répondit-il sur un ton effacé.

— Ça va ? lui demandai-je.

— Oui, ça va.

Il roula cinq polos de couleurs différentes et les cala minutieusement dans sa valise. Il fallait que je lui trouve des affaires plus légères, sans qu'il ne puisse les refuser. Autrement dit, il ne fallait pas lui demander son avis. Je regardai discrètement ses tailles de tee-shirt et de pantalons. Je prévoyais de me rendre au marché le lendemain matin.

— On ne part plus tout de suite Barney, tu peux te détendre sur la valise... Et pour ton cabinet, tu as trouvé une solution ? demandai-je.

— Oui, c'est réglé. C'est Benoît qui prendra mon remplacement.

— Benoît, ton copain d'école marrant mais pas très sérieux ? demandai-je, surprise.

— Sympa pour lui.

— C'est toi qui me l'as décrit comme ça !

— Ça doit faire au moins deux ans que je ne t'ai pas parlé de Benoît, les temps changent quand on s'absente.

— Tu essaies de me dire quelque chose ?

— Non, soupira-t-il.

Je décidai de ne pas rebondir sur cette attaque. Lorsque Barney avait décidé d'être pénible, il l'était malgré tout ce qu'on pouvait faire pour désamorcer la bombe. Plusieurs choses l'avaient contrarié aujourd'hui. Et s'il pouvait grincer des dents pour laisser passer une frustration, c'était trop d'efforts pour lui que de laisser le contrôle hors de sa portée. Je me relevai du lit et quittai la pièce, le laissant seul à ses occupations. Je le vis arrêter ses gestes un instant, sans se retourner. Il se sentait bête, mais avait trop de fierté pour s'excuser. Je le connaissais par cœur. Je descendis les escaliers et tomba sur Didier, activé à nettoyer la table avec un torchon sur l'épaule. Sylvie était dehors, allongée sur un transat au soleil.

— Elle a besoin de se reposer, dit Didier.

— Est-ce que je peux vous demander quelque chose d'indiscret ? lui demandai-je.

— Tout ce que tu voudras.

— Pourquoi encouragez-vous ce voyage ? Si vous êtes médecin, vous devez être inquiet de savoir qu'une patiente part dans un autre pays sans traitement, sans suivi...

Il soupira.

— En tant que médecin, on apprend toujours à placer les intérêts des patients avant nos volontés. Sylvie, elle a besoin de vivre pour chasser la maladie. C'est son meilleur médicament. Je sais où Barney veut en venir, et j'y crois aussi.

— C'est-à-dire ?

Il me regarda avec un petit sourire.

— Mais dites-moi !

— Quand on veut convaincre quelqu'un de vivre plus

longtemps, on lui fait prendre du recul, c'est tout. Les gens changent. Particulièrement quand ils sont confrontés au pire.

— Vous pensez que Sylvie va changer d'avis, vous ?

Son sourire resta, mais la joie qui l'animait jusque-là s'évapora.

— Ne t'inquiète pas, nous avons pris toutes les précautions. Je connais un confrère sur place à Dakar, qui lui-même a prévenu des confrères à Kaolack. S'il y a le moindre problème, Sylvie sera très bien prise en charge.

Je la regardai étendue au loin.

— Vous n'avez pas peur de la retrouver dans un état trop affaibli ?

Pour toute réponse, il me sourit avec le même regard triste. Je sentais qu'il aurait voulu me partager quelque chose, mais il s'abstint.

— As-tu aimé mon canard ? me demanda-t-il.

— C'était excellent ! répondis-je avec enthousiasme.

Il haussa les épaules.

— J'adore ça. Mais cuisiner pour soi-même, ce n'est pas très drôle. Alors je fais comme si j'avais toujours des convives à honorer, et j'emmène des gamelles au boulot. Les confrères sont contents. Pendant des années, j'ai amené des *tupperwares* ici pour les petiots ! Barney pense ne pas me connaître, mais il a grandi avec ma cuisine, et quand on voit le grand garçon qu'il est aujourd'hui, je me dis que je ne fais pas ça trop mal, non ? me demanda-t-il d'un air amusé.

Je me sentis blêmir.

— C'était vous, les *tupperwares* ?

— Oui, répondit Didier, surpris. Son sourire se figea quand il vit mon expression.

— Lui et sa sœur considèrent que c'est la seule attention de leur mère qu'on ne pourra jamais leur enlever. Ils se sont souvent raccrochés à ça, quand elle s'absentait. S'il vous plaît, ne le dites jamais à Barney.

— Oh, alors je promets, répondit-il. Mais si tu veux que je garde ce secret, j'aimerais que tu commences par me tutoyer.

Tu veux un café ? me demanda-t-il.

— Avec plaisir, répondis-je.

Nous nous asseyâmes tous les deux autour de la grande table vide.

— J'oubliais ! s'exclama Didier. Bon, de toute manière, je vous redirai tout ça et je le mettrai même par écrit, mais quand même c'est important : vous pouvez vous fier aux pères-piaristes les yeux fermés, et à mon ami Bakary. Mais vous rencontrerez d'autres personnes malintentionnées, comme partout. Au village de Bakary, ne faites pas confiance au maire. Il garde toutes les richesses pour lui. Le matériel sportif pour l'association de foot dirigé par Bakary doit aller dans ses mains et seulement dans les siennes.

— Je tâcherai de m'en souvenir. Mais il serait plus simple que tu viennes avec nous. Cela ferait certainement plaisir à Sylvie aussi, et je suis certaine que ça rassurerait Barney d'avoir un médecin dans le voyage.

— Malheureusement, l'hôpital a trop besoin de moi.

— Mais il aura toujours besoin de toi, l'hôpital. J'ai plutôt l'impression que tu ne viens pas pour laisser Sylvie et Barney entre eux, ce qui me fait moi-même me sentir de trop !

— Tu es perspicace, dit-il avec un clin d'œil. Je pense au contraire que tu as un rôle essentiel à jouer. Tu montres à Sylvie qu'il y aura toujours quelqu'un pour Barney. C'est important.

— Tu as des enfants ?

— J'aurais bien aimé, mais je n'en ai pas eu l'occasion. J'ai beaucoup d'affection pour ceux de Sylvie. J'ai souvent vu les mômes au chevet de leur père. Je regrette ce qui est arrivé au petit Timothé, tu sais. Je lui offrais un chocolat chaud à chacune de ses visites à l'hôpital. C'était un bon gamin, qui n'a simplement pas eu de chance. Il avait une trop grande sensibilité pour ce monde, et la vie ne l'a pas loupé. Aujourd'hui, elle s'en prend à Sylvie... On dirait que le sort s'acharne. On a toujours dit qu'on partirait au Sénégal pour une mission de plusieurs mois. Bon, on ne va pas geindre sur notre situation hein, ainsi va la vie.

— Et pour le moment, ça reste toujours envisageable !

Il leva sa tasse et m'incita à en faire de même pour les percuter ensemble. Je ris.

— Au fait, petite question ! reprit Didier, excité comme un gosse devant une blague Carambar. Je l'ai déjà posée à Sylvie et Barney avant que tu n'arrives. J'espère que tu seras meilleur qu'eux : où poussent les cacahuètes ? Alors ?

Je pinçai les lèvres, mais esquissai un léger sourire.

— Sur les *cacahuètiers* ?

Didier s'esclaffa, son rire entraînant le mien. Je regrettais sincèrement qu'il ne parte pas avec nous.

Sur la terrasse, Sylvie se réveilla en sursaut, suffoquant. Didier et moi courûmes la rejoindre. Il la prit dans ses bras, mais elle luttait, l'air paniqué, bloquée dans un mauvais rêve. Je restai en retrait, Didier me demanda d'apporter un verre d'eau que je partis chercher à la hâte. Lorsque je revins, Sylvie était calme, mais semblait épuisée. Elle me remercia pour le verre d'eau et annonça avoir besoin de repos. Elle se dirigea vers les escaliers pour accéder à sa chambre à l'étage. Didier la suivit du regard d'un air triste. Cette scène illustrait bien la représentation que je me faisais de Sylvie : une femme qui part au loin, sans un mot pour ceux qui l'attendent. Que pensait-elle ? Que voulait-elle ? Nous partions dans quelques jours et je ne savais même pas si Sylvie souhaitait que je fasse réellement partie du voyage. Et j'avais besoin de cette discussion avec elle avant de me jeter à corps perdu dans cette aventure.

Dakar

Didier nous avait prescrit une ordonnance de malarone à tous les trois, traitement utilisé pour prévenir le paludisme. Mais je n'avais pas osé lui demander toutes sortes de comprimés de voyageurs : anti-vomitif, anti-nausée, anti-truc vraiment grave qui pourrait arriver... En réalité, je savais que Barney et Sylvie penseraient à tout ça. Mais c'était plus fort que moi : il fallait que je voie un médecin, dans un cabinet, pendant une consultation normée. Ça rendait l'avis médical plus factuel et ça me rassurait. Mais encore fallait-il pouvoir le comprendre, et cela peut être difficile pour les gens qui ne vivent pas dans la paranoïa de contracter la peste en touchant la barre du métro.

Sans surprise, mon médecin traitant n'était pas disponible dans l'immédiat. Après de nombreux coups de fil, je trouvai enfin un rendez-vous avec un professionnel de santé, à quarante minutes de route. J'arrivai à 10 heures pétantes dans la salle d'attente du docteur Dana, dont le cabinet résidait au sein d'une maison de santé pluriprofessionnelle. Les minutes passèrent. 10h14. Pour une fois que j'étais à l'heure, le médecin ne l'était pas. Les frustrations de la vie sont toujours causées par une divergence de *timing*. La salle d'attente était vide. Je fixais la porte où trônait la plaque qui indiquait *Docteur Dana*, dans laquelle se reflétait la lumière du néon. Je me rapprochai, mais je n'entendis aucun bruit. *J'attends encore 10 minutes et je m'en vais*, pensai-je. Au moment où je fis ce pacte avec moi-même, la porte voisine s'ouvrit à la volée et me fit sursauter. Un médecin d'au moins deux mètres, à la peau noire, stéthoscope autour du cou, me sourit.

— Madame Santana ? demanda-t-il avec un grand sourire.

Je ne répondis rien. Car je n'étais pas madame Santana. Je gardais un sourire figé face au sien. Et comme si j'avais mal entendu, il tenta à nouveau :

— Madame Santana ?

Je n'étais toujours pas madame Santana. Je me recroquevillai sur moi-même, cherchant à m'enterrer pour qu'il m'oublie. La salle d'attente vide n'arrangeait rien au malaise de la situation.

— Vous n'êtes pas madame Santana ? reprit-il

— Non.

L'enthousiasme du médecin disparut aussitôt.

— Encore quelqu'un qui ne va pas honorer son rendez-vous, c'est sûr ! Pardon, madame. Vous attendez quel médecin ?

— Docteur Dana.

— Ah... Bon.

— Vous n'avez pas l'air convaincu.

— *Hum* ?

— Vous avez fait une drôle de tête quand j'ai dit que j'avais rendez-vous avec le docteur Dana. Je ne connais pas ce médecin et ça fait déjà presque vingt minutes que je l'attends. Alors si c'est un canular, ou pire, un kidnappeur, il faut me le dire !

— Ah oui... Non, le docteur Dana existe bel et bien.

Un léger accent se faisait entendre dans certaines de ses intonations. Il ajouta dans un murmure audible : *malheureusement...*

— Je vous ai entendu.

— Je crois, il me vole mes patients.

Il avait bel et bien un accent. C'était léger, mais le manque de mot de transition entre, *je crois*, et *il* l'avait trahi. Ce brin de mystère m'intéressait bien plus que sa querelle avec son confrère.

— Vous êtes de quelle origine ?

— Ah, donc vous avez compris le problème ?

— Le problème ? répondis-je, hésitante.

— Oui, car c'est bien ça le problème !

Le médecin perçut ma gêne, et s'en trouva gêné lui-même.

— Pardon, je suis désolé. Je ne devrais pas dire ça. Bonne journée.

Il repartit à l'intérieur de son cabinet et ferma la porte aussi brutalement qu'il l'avait ouverte. À ce même moment, la porte de la salle d'attente s'ouvrit doucement, laissant place à une petite dame fort âgée et voûtée. Elle avançait difficilement mais semblait bien heureuse. Elle inspecta la salle, croisa mon regard et me sourit. Ses yeux clairs sous sa chevelure blanche illuminaient son visage.

— Bonjour ma petite, dit-elle d'une voix fébrile.

— Bonjour madame, répondis-je chaleureusement.

— Tu viens voir qui ici ?

— Docteur Dana

— Ah oui c'est bien, moi aussi.

— Ah. Vous avez rendez-vous à quelle heure ?

— 11 heures.

Je regardai ma montre, il était 10h24.

— Vous avez de l'avance !

— Oh oui, mais, avec le docteur Dana, il ne faut pas se fier aux horaires. C'est un médecin très professionnel, très demandé, alors parfois, il part à l'hôpital pour des urgences. Je préfère venir plus tôt, comme ça, il sait que je suis là.

J'observai la porte du docteur inconnu, sur laquelle la plaque indiquait *Docteur Faye*.

— Et vous n'êtes jamais allée voir le docteur Faye ? demandai-je à la vieille dame.

— Oh... Non, non... dit-elle en ouvrant grand les yeux et hochant plusieurs fois la tête, comme si j'avais parlé de la vieille racaille du coin.

Effectivement, même un aveugle aurait vu le problème. Je saluai la vieille dame, me levai et partis frapper à la porte du docteur Faye.

— Désolé de vous déranger docteur, mais comme votre rendez-vous n'est pas là, je me demandais s'il était possible de consulter avec vous ?

— Bien sûr, entrez !

J'entrai et m'installai sur la chaise en face de lui. Pour détendre l'atmosphère, je m'excusai pour la gêne de notre précédente conversation.

— Non madame, ne vous excusez pas. Je n'aurais pas dû vous parler de mes problèmes comme ça.

— Il n'y a pas de mal. Au contraire, je pense qu'il vaut mieux mettre des mots sur cette situation, c'est triste que ça continue à notre époque.

— Oh vous savez, les rumeurs, il y en aura toujours.

— Les rumeurs ?

— Oui, c'est bien comme ça que ça s'appelle, non ?

— Non. Enfin, oui. Peut-être.

Il s'arrêta un instant.

— Vous pensez que le problème est que je suis noir ? Vous êtes raciste ?

— Oh non non non oh, mais c'est pas ce que... Moi ? Je... Mais non !

Demander à n'importe qui s'il est raciste n'est pas un bon moyen de mettre à l'aise. Et sur ces paroles d'autodéfense désastreuses, le docteur Faye explosa de rire. Pas un petit rire poli, mais un vrai rire, puissant et communicatif, un de ceux qui réveilleraient un mort.

Il reprit :

— Je vous charrie ! Évidemment, je sais que le racisme est toujours d'actualité, surtout dans les campagnes. En plus, mon nom de famille induit les racistes les plus téméraires à venir consulter. Quand je suis arrivé en France, j'ai fait des recherches. *Faye* est un patronyme français dans la région du Massif central. Du coup, à mon nom, certains prennent rendez-vous et là : surprise ! C'est un grand noir qui apparaît.

Je souris. J'aurais aimé lui demander d'où venait son nom à lui, mais je n'osais plus dire quoi que ce soit sur le sujet.

— Je suis désolée, j'ai été très maladroite.

— Encore une fois, ne vous excusez pas ! Je m'amuse de votre sympathie, c'est moi qui suis à blâmer dans cette histoire. Et je ne devrais pas vous raconter tout ça. J'ai eu une matinée difficile, je me suis emporté. Vous pourriez même me dénoncer à l'ordre des médecins pour diffamation envers mon confrère. Bon, qu'est-ce qui vous amène ?

Dès que j'eus prononcé le mot *Sénégal*, l'expression faciale du docteur Faye changea littéralement. Les muscles de ses joues se détendirent, un sourire large jusqu'aux oreilles laissa apparaître des dents du bonheur particulièrement blanches, et son accent s'intensifia.

— Ahhhhh vous allez dans mon pays, vous allez rencontrer mes frères !

En réalité, c'était plus «mes fleles», car les r sonnaient comme des l.

— Les conseils des Français sur la vie là-bas, c'est pas toujours nécessaire. À les entendre, on pourrait penser que vous allez dans la jungle. Le plus à craindre pour vous, c'est le soleil, avec votre peau de *toubab* là.

— Ma peau de ?

Il éclata de rire. Le son chantant de son amusement me mit de la joie au cœur.

— Vous comprendrez plus tard.

Je ressortis avec une liste de médicaments préventifs que j'aurais pu avoir sans ordonnance en pharmacie. Mais je gardai une envie de rire qui persistait au creux de mon ventre. Si la simple évocation du mot *Sénégal* rendait les gens si joyeux, alors le voyage promettait d'être intense !

*Mardi 9 mai 2017, 15h20, quai de Jemmapes, Paris
Toujours 13 jours avant le (vrai) départ*

— Tu vois, c'est pour ça qu'il faut développer les pistes

cyclables dans la capitale. C'est impossible de trouver une place en voiture !

Nous tournions déjà en rond depuis un bon quart d'heure dans le quartier du quai de Jemmapes, 10ᵉ arrondissement de Paris, tentant de trouver une place, en vain. Barney, au volant, s'énervait. D'autant que nous étions déjà en retard. Didier avait obtenu un rendez-vous au centre de vaccination pour nous trois à 15h15.

— Marjorie, ce n'est pas vraiment le moment de placer tes idées écolos. Si Hidalgo développe le vélo, ce n'est pas pour répondre à un problème, mais pour le créer. Comment on viendra à Paris, nous les banlieusards, si elle nous coupe les ponts ? Ça se voit qu'elle n'a jamais eu d'urgence médicale à gérer de sa vie, elle.

— On aurait pu prendre les transports.

— Et doubler le temps de trajet ? Tiens, si elle était si intelligente ton Hidalgo, elle aurait développé les voies d'accès avant de foutre une pagaille pareille. Entre les grèves et les pannes, prendre le RER n'est jamais une solution fiable. Qu'elle fasse en sorte qu'il y ait de vraies alternatives, avant de nous casser les c…

— UNE PLACE ! Droit devant, magne-toi !

Assise derrière Barney, je donnais des coups dans son siège comme si ça pouvait le faire avancer plus vite. Ce qui, à juste titre, l'énervait davantage. Entre la place de parking, le débat Hidalgo et maintenant ça, je ne l'épargnais pas. À 15h23, on passa la porte du centre de vaccination. L'infirmière nous accueillit aussitôt, et nous pressa pour entrer dans une autre salle.

— Vous remplissez chacun une feuille, je reviens dans cinq minutes !

Elle repartit au pas de course. Prénom, nom, sexe, âge… OK. Adresse, numéro de téléphone… OK. Problème de santé, traitements en cours, ou toute autre indication médicale à signaler… Je regardai Sylvie du coin de l'œil. Elle remplissait sa feuille sans hésiter. Barney avait presque rempli la sienne également. L'infirmière entra dans la salle à la volée et me fit sursauter.

— Laissez-moi deviner, peur de l'aiguille ?

Je souris.

— Est-ce qu'il existe vraiment quelqu'un qui n'a pas même un tout petit peu la trouille face aux piqûres, dans le fond ?

— J'ai le dos entièrement tatoué. Et il y a beaucoup trop de drogués dans ce monde. Alors j'aurais tendance à dire que, oui, il existe des gens qui ne craignent pas les aiguilles. Vous me suivez ?

Elle nous entraîna dans une salle à côté. Elle me demanda de soulever ma manche. Tout en mettant ses gants, elle lut ma fiche encore incomplète. Je sentis un regard en coin, comme un jugement, et je devinais ses pensées. *Sans activité... Tu m'étonnes, si elle met dix minutes à remplir une fiche...* Elle avança vers moi et passa un coton froid sur mon bras. Je retenais mon souffle. Quand j'étais petite, j'avais tendance à donner un coup de pied au pédiatre après la piqûre. La dernière remontait à l'âge de mes sept ans. Pour le bien de toutes les personnes dans cette pièce, j'espérais que cette habitude soit passée.

— Vous partez au Sénégal, reprit l'infirmière, il est de mon devoir de vous rappeler quelques consignes sanitaires. Car si vous ne le savez pas encore, vous ne partez pas au Club Med. Ce pays est sûrement magnifique, mais vous n'êtes physiquement pas adaptés pour y survivre. Et oui, c'est terrible. Mais heureusement, vous êtes en mesure de vous protéger, en suivant des mesures simples, mais primordiales. Premièrement, on ne touche pas les singes, et cela même s'ils sont *trop mignons*. Ne le prenez pas personnellement.

Elle accentua ses derniers mots sur un ton de petite fille qui fait un caprice au zoo. Je le pris personnellement.

— Si vous décidez de faire quand même les touristes idiots, il y aura deux soucis. D'abord, vous allez les énerver, ces pauvres singes. Les animaux n'ont pas été créés pour divertir la race humaine. Mais surtout, c'est généralement la partie qui intéresse vraiment les gens : vous vous mettrez en danger, car leurs ongles, leurs dents et même leurs poils transmettent de vilaines maladies. Si vous vous faites mordre par un singe, vous mourrez. *Elle s'arrêta un moment, pour laisser planer un air trouble et sombre dans la pièce.* Vous pouvez redescendre votre manche, mademoiselle, reprit-elle en s'adressant à moi. J'ai fini de vous piquer depuis les *singes trop mignons.* Efficace, le changement de voix, n'est-ce pas ?

— Hum, oui, en effet.

— Je parle des singes, mais le danger le plus évident, ce sont les moustiques. Vous le saviez, j'espère ? Vous êtes allés acheter quatre fioles antimoustiques à la pharmacie, au moins ? Parce que là-bas, il y a une sacrée maladie de m... Le pa ? Le palu ? Le paludisme ! Ticket gagnant — mais il n'y avait qu'elle qui jouait, en réalité — si vous attrapez le paludisme, vous mourrez. Bon pas forcément, mais vous risquez de belles séquelles. Dans tous les cas, il faut bien suivre votre traitement de malarone. Allez, on enchaîne avec madame.

L'infirmière prit un temps pour lire la feuille de Sylvie comme elle l'avait fait avec moi. J'attendais qu'elle évoque le cancer, mais elle n'en fit rien.

— Ah, une consœur ! Mais oui, vous travaillez avec Didier, j'avais oublié ! Vous auriez dû me le dire, je vous aurais épargné le blabla habituel sur les recommandations.

— Ce n'était pas déplaisant ! Ne vous vexez pas, mais cela fait longtemps que quelqu'un d'autre que moi-même ne m'a pas piqué. Cela me rend un peu nerveuse.

— Je comprends, mais vous ne devriez pas être trop mal tombée, entre mes mains de fées.

En quelques secondes, elle piqua Sylvie et enchaîna :

— Bon, je continue mon topo quand même. Les maladies des singes, pour les chiens, c'est pareil. Du coup, qu'est-ce qu'on fait ? Ou plutôt qu'est-ce qu'on ne fait pas ? Les tou ? Les touch ? Les toucher ! C'est pareil pour tous les animaux, en fait. La plupart ont la rage. Ne laissez pas les chiens vous lécher le visage. Ça peut paraître évident, mais bon, quand on voit les gens agir parfois, c'est à se demander... Si vous êtes mordus par un chien, vous mourrez. Pour de vrai, cette fois, à cause de la rage. En fait si vous êtes mordus par n'importe quel animal, ne vous posez pas la question, c'est hôpital illico. C'est clair ? Bon, j'écourte puisque je vois que je n'ai pas un, mais deux confrères dans la salle, vous pouvez soulever votre manche, monsieur ? Ah et bien sûr, ne buvez aucune goutte de l'eau du robinet. Ne buvez que de l'eau en bouteille. Cela implique de ne pas manger de crudités, puisqu'elles sont lavées à l'eau. Ni même tout ce qui est cru, de façon générale. Vous pouvez manger des fruits, sous réserve que vous les épluchiez vous-même. Et ne lavez pas vos vêtements. Les laisser sécher pourrait attirer les mouches à faire leurs œufs et après, bonjour les dégâts. Eh bien, c'est tout bon pour moi !

Avant de quitter la salle, je jetai un coup d'œil à la feuille de Sylvie, laissée visible sur le bureau. Dans la case maladie, elle avait noté : RAS.

Sur le chemin du retour, Sylvie somnolait sur le siège passager avant. Barney me proposa de passer chez eux un moment, ce que j'acceptai volontiers. Je regardai le paysage défiler derrière la fenêtre. Il commençait à pleuvoir, les gouttes d'eau faisaient la course sur le verre. Je misai sur la plus rapide, mais elle prit une mauvaise direction en milieu de course, et s'échoua à côté de la ligne d'arrivée que j'avais moi-même dessinée. Le trajet fut silencieux. Lorsque nous arrivâmes à la maison, Sylvie, fatiguée, monta les marches directement pour rejoindre sa chambre. Un orage éclata. De grosses gouttes s'échouaient sur la cabane en bois dans le jardin, qui n'avait jamais été finie. Barney me proposa un chocolat chaud.

— Ça fait des années que je n'ai pas bu un chocolat chez toi.

Je lui souris. Il mit la boisson chaude dans la tasse qui

avait toujours été la mienne. Nous rejoignîmes le canapé.

— Sylvie dort beaucoup. Tu es sûr que ce voyage est une bonne idée ?

— Elle dort depuis qu'elle sait qu'elle est malade, ça fait seulement quelques jours. C'est mental. Ce qui me persuade que, oui, c'est la meilleure des idées.

— Tu penses vraiment qu'elle va rentrer de deux semaines de voyage avec un avis complètement différent sur ce qu'elle souhaite faire ?

— Au moins un an contre trois mois de vie. Il suffit de lui montrer l'importance de ces mois supplémentaires. Mais je ne pourrais pas le faire ici, pas dans la routine, là où son rôle d'infirmière a été brutalement expédié.

Je baissai la tête.

— Je comprends. Ça fait sens...

— Tu verras, Marjorie. J'ai une intuition pour ce voyage. Tout sera différent après. Il faut toujours suivre ce à quoi l'on croit, non ?

Il esquissa un sourire malin.

— Tu prêches une convaincue, mais cela me surprend de ta part. Partir à l'inconnu, avec ta mère qui est faible, sans traitement pour elle...

— Qui t'a dit qu'on partait sans traitement ?

Il gardait son sourire malin aux lèvres.

— Le pronostic vital de ma mère n'est pas engagé. Le cancer est à un stade avancé, mais à part un peu de fatigue et la chute de tension de l'autre jour, aucun des autres symptômes n'est apparu. C'est encourageant. Il n'y a pas que la chimiothérapie intraveineuse qui existe dans les traitements contre les cancers, tu sais. On peut d'abord tester la chimiothérapie orale, et c'est ce que nous allons faire. Le médecin de l'hôpital m'a donné le traitement qu'il lui convenait. Lorsqu'elle sera prête, on pourra commencer par ça.

— Attends, j'espère avoir mal compris. Tu vas lui faire tester un médicament à plus de six mille kilomètres de l'hôpital ? T'es devenu complètement fou !

— Il n'y a aucun risque de mauvaise réaction, les médecins ont fait des tests, le seul risque est que ça ne fonctionne pas et qu'il faille passer directement à la chimiothérapie intraveineuse qui sera de toute façon le plus efficace, mais avec le traitement oral on l'amène en douceur sur la voie de la guérison et de l'acceptation.

— Et comment tu sais si ça ne marche pas ?

— Avec des examens médicaux...

J'ouvris la bouche, mais Barney ne me laissa pas m'exprimer.

— ... sept jours après la prise du premier comprimé. Une semaine de voyage pour la convaincre de prendre le premier comprimé. Une semaine plus tard, on rentre et on va directement à l'hôpital. Fais-moi confiance, je gère.

— Je sais que tu as besoin de te convaincre, mais Barney, tu ne peux pas gérer ça. Il faut que tu t'enlèves ça de la tête. C'est sa maladie, c'est sa façon de gérer. Cette histoire de comprimés qui sort du sac de Mary Poppins, ça craint. Et c'est le médecin de l'hôpital qui t'a donné ce traitement ? Mais qu'est-ce qui se passe, vous êtes tous tombés sur la tête ?

Barney respira profondément.

— Il faut savoir s'adapter au patient. C'est ce qu'ils ont fait, Didier, le docteur Petit, les ambulanciers. Ils m'ont passé le flambeau pour gérer au mieux. Tu comprendras plus tard.

— C'est de la folie, Barney. Je me mets à ta place, je te jure, je comprends ta frustration. Mais il faut que tu lâches. Fais comme ta mère veut et profite du temps avec elle.

Barney prit une voix plus froide.

— Si tu ne crois pas en moi, je ne vois pas comment tu pourrais prendre part au projet.

— Je crois en toi Barney. Ce que tu fais pour ta maman, c'est génial. Mais ça doit s'arrêter là. Pour le reste, ce n'est pas toi qui décide.

— Pars.

— Pardon ?

Il ne répondit pas, les yeux braqués sur le sol.

— Tu veux vraiment que je parte ?

Je posai ma tasse encore pleine sur la table basse et me relevai.

— Je t'ai acheté des sarouels en tissus au marché, ça sera bien plus confortable que tes jeans. Je passerai les déposer au pied de la porte dans la semaine. Au revoir, Barney.

Je jetai un dernier regard en direction de mon ami avant de tourner les talons. Il ne releva pas la tête.

*
* *

Mercredi 10 mai, 15h29, Limours-en-Hurepoix
12 jours avant le départ de Sylvie et Barney (sans moi)

Le compteur de mon envoi de candidatures du jour s'élevait à dix-huit. La colère donne parfois des ailes. La tristesse de la veille s'était envolée. Au diable Barney et son besoin de tout contrôler ! Après notre altercation, j'étais rentrée chez moi, interdite. Ma mère était là, je lui avais raconté la scène. Mais elle avait semblé moins choquée que moi. Pourtant je lui avais tout bien expliqué : le besoin de contrôle destructeur de Barney, l'absence de communication entre lui et sa mère, la passivité de Sylvie, mon sentiment de rejet qui avec le recul devait être la sanction qu'il avait trouvée pour me faire payer mon absence de ces dernières années parce que voilà, Barney était vicieux ! Et après un monologue qui me permit de refaire trois fois la scène en rajoutant chaque fois des théories troublantes de vérité, maman avait simplement dit de ne pas juger les choix des personnes en détresse. Une mort imminente, c'était bien une situation de détresse, et chacun agissait comme il pouvait face à l'imprévu. Des paroles bien sages, qui m'avaient convaincue : moi aussi, je réagissais, et j'avais des principes ! Mettre consciemment un de ses proches en danger pour le manipuler n'en était pas un. Elle m'avait dit d'attendre demain pour réfléchir à tête reposée. Nous étions à présent demain et mes principes restaient les mêmes. Je serai là pour Barney lorsqu'il se rendra compte de son erreur. En attendant, j'étais bien décidée à reprendre ma vie en main, j'attaquais avec vigueur ma dix-neuvième candidature pour un poste de chargée de recrutement en CDD. L'humain, il n'y a que ça de vrai. De l'expérience ? Mon stage de troisième année. Pas convaincue de la branche, mais pas déplaisant. Ça pourrait être très bien pour commencer. J'accompagnais chacune de mes candidatures d'une lettre de motivation. Toujours la même trame, je changeais juste les arguments en fonction de l'emploi visé. Moi aussi, je trichais. Mais pas avec la vie des gens. J'avais eu tort de douter de mon plan de vie. Se bâtir un cocon, c'est l'essence même de notre condition humaine.

J'eus presque fini de compléter le dernier argument de ma lettre de candidature sur ma nature enjouée et très à l'écoute, que mon téléphone sonna. Je fus surprise de voir que l'appel provenait du domicile de Barney. J'hésitai, mais décrochai. Je ne dis rien le temps de quelques secondes. *Je ne suis pas prête à parler, Barney.* Ce sont les mots auxquels je pensais quand j'entendis la voix de Sylvie sortir du haut-parleur.

— Marjorie, c'est Sylvie.

— Bonjour Sylvie. Est-ce que tout va bien ?

— Oui, tout va bien, merci. Je suis désolé de t'appeler, c'est peut-être intrusif...

— Non non Sylvie ne t'excuse pas ! Ça me fait plaisir de t'entendre.

— Barney m'a dit que tu ne venais plus au Sénégal.

— Ah ! clamai-je avec vigueur. C'est donc définitif à ce que je vois. Désolé Sylvie, ce n'est pas contre toi.

— Je comprends. Et je n'ai pas été très démonstrative sur le fait que j'étais ravie que tu viennes. Est-ce que tu veux qu'on en discute ?

Ce mot me fit un pincement au cœur. C'était la première fois que j'entendais Sylvie dire que quelque chose la ravissait. Je savais qu'elle m'appréciait, mais je fus touchée qu'elle le dise.

— Je pense qu'il est important que vous fassiez ce voyage en famille. Ça vous fera du bien d'être tous les deux, Barney et toi. Il y a eu beaucoup de silence entre vous ces dernières années. Je veux dire, enfin, je ne veux pas te vexer en disant ça.

— Ça ne me vexe pas, Marjorie. C'est la vérité.

— Sylvie, je vais te poser une question, je suis désolé pour sa brutalité, mais tu dois être complètement honnête, d'accord ?

— Promis.

— Est-ce que tu vas te soigner ?

— Non. Je l'ai déjà dit à Barney. Mais j'espère que tu sais que j'aime profondément mon fils, reprit-elle.

— On a tous les deux la sensation que tu peux changer d'avis. Qu'il te faut juste du temps. Barney plus que moi. Et pourquoi tu ne le dis pas à Eleanor et Timothé ?

Le silence pesait au bout du fil. La culpabilité me rongea aussitôt. Mais j'avais besoin de réponses.

— C'est dur.

La voix de Sylvie tremblait et je devinais les larmes qui lui montaient aux yeux, ce qui amplifia mon remords.

— Oh Sylvie, je suis désolé...

— Tu es la voix extérieure qui permet de nous faire prendre du recul sur la situation. C'est pour ça qu'on a besoin de toi, Marjorie. Pars avec nous. J'ai besoin de donner ce répit à mon fils et moi. Et il ne peut pas se faire sans toi.

Je soupirai.

— Je ne sais pas, Sylvie. Vraiment...

— Et si je t'achète dix paquets de Michoko ?

Ces bonbons au caramel, j'en mangeais par dizaine quand j'allais chez Barney. Sylvie avait beau ne pas être beaucoup à la maison, chaque fois que je venais, les placards débordaient de ces friandises. Elle savait que j'adorais ça. Elle réussit à me décrocher un sourire.

— Je vois que tu sais comment m'acheter, lui répondis-je d'une voix plus légère. Écoute, je vais y réfléchir. Mais avant de partir, il faut que je sois sûre que Barney accepte que tu ne prennes pas de traitement. Ce n'est pas du chantage, mais c'est la seule condition pour que je puisse partir sans avoir un nœud au ventre.

— OK, Marjorie. Je te promets que nous allons avoir une conversation, un peu moins brutale que celle que nous avons eue à l'hôpital.

— C'est bien. C'est ce qu'il faut faire. Je crois...

— À très vite, alors.

— À très vite, Sylvie.

Cet appel m'avait glacé la poitrine. Sylvie était très humaine, très douce, à l'écoute. Et pourtant elle avait toujours tenu tout le monde à distance, se condamnant elle-même dans une prison silencieuse à perpétuité. Je fermais l'écran de mon ordinateur. Ces dix-huit candidatures n'avaient aucun sens. Il fallait que j'aille marcher, m'aérer l'esprit, courir, pour semer le trouble que cet appel avec Sylvie m'avait laissé.

*
* *

Jeudi 11 mai, 3h18, maison des Gemini-Lenoir
Chambre de Sylvie

Trois heures du matin. Dans un état de semi-conscience, Sylvie s'agitait dans son lit. Depuis l'annonce de sa maladie, elle ne dormait plus franchement. Elle se sentait toujours prisonnière dans un espace temporel, entre le rêve et la réalité. Elle commençait à ne plus faire la distinction entre les deux. Ces émotions faisaient des montagnes russes, passant de la joie d'être en vie à un profond désespoir. Elle ne voulait pas faire de la peine à son fils. Elle voulait l'épargner. Elle aurait voulu que ce répit en soit complètement un, que chacun puisse garder l'espoir qui les maintenait dans une belle illusion. *J'aimerais tant que tu sois encore là, Nicolas.*

Depuis quelques jours, elle pensait beaucoup à son mari. Le choc de se savoir malade avait réveillé le traumatisme enfoui depuis plusieurs années. Il lui manquait encore plus que d'habitude. Les jours heureux lui revenaient en mémoire. Ils étaient plus nets que jamais, et c'était comme si elle les revivait. Quand elle fermait les yeux, elle le voyait, redécouvrait son visage, sentait la douceur de ses mains et la chaleur de son souffle. Elle voyait ses deux petits garçons. Ils étaient tous les trois dans le jardin, un dimanche après-midi, occupés à construire la cabane en bois. Timothé, petit bonhomme de caractère de cinq ans, écoutait attentivement les instructions de son père et cognait le marteau d'un geste maladroit. Ça ne plaisait pas à Sylvie. Il va se faire mal, disait-elle à Nicolas. *Fais-lui confiance*, répondait-il, *il est trop futé pour ça*. À côté, Barney marchait en vacillant, observant tantôt son grand frère, tantôt son père avec un regard rempli de curiosité. Il tombait sur les fesses, arrachait l'herbe de sa petite main. Le soleil blanchissait ses cheveux blonds. La chaleur que ce souvenir lui provoquait lui faisait autant de bien que de mal. Elle posa les mains sur le berceau d'Eleanor. C'était trois jours avant l'accident de Nicolas. Alors elle voyait la projection de la voiture dans les airs, entendait le crissement des pneus. Ce coup de fil de l'hôpital. Les soirées et week-ends entiers passés avec Timothé au chevet de son père lorsque sa belle-mère avait refusé de s'occuper de lui davantage. *C'est un enfant trop sauvage, il est stupide, je ne peux plus m'en occuper.* Timothé, dans la chambre d'hôpital, abandonné, suppliant son père de se réveiller pour qu'ils finissent leur cabane. Et chaque fois, elle sentait son cœur qui se brisait un peu plus. *J'ai échoué, Nicolas. J'ai fait de notre enfant futé un moins que rien aux yeux de tous.*

Ça faisait déjà plusieurs années qu'elle avait besoin de répit. Elle sentit les larmes couler sur ses joues.

(S')Échapper

Dimanche 21 mai, 12h17
Sur la route de l'aéroport

Au volant de l'espace familial, ma mère nous conduisait tous les trois à Orly. Le coffre était géant, mais même avec ça, les huit bagages débordaient sur la banquette arrière. Barney et moi en avions sur les genoux, j'apercevais difficilement la route et cela me donnait mal au cœur. À l'avant, maman et Sylvie discutaient comme si elles s'étaient toujours connues. Depuis l'épisode de l'enterrement de Nicolas, maman était restée polie mais distante, une distance qui, aujourd'hui, s'était évaporée comme par magie. La maladie rapproche les êtres avant de les éloigner pour toujours. Je pense que ma mère se mettait à sa place. Je les avais surprises à s'échanger des sourires discrets et complices. Après nous avoir aidés à charger les bagages sur les chariots, ma mère m'étreint pour me dire au revoir et pris mon visage dans ses mains. Elle me félicita silencieusement d'avoir pris la bonne décision.

Dans la queue du dépôt des bagages en soute, la grande majorité des passagers de notre vol avaient protégé leur valise à coup de rouleaux de plastique et cadenas imposants. Sylvie le remarqua aussi.

— Vous n'avez rien mis de valeur dans vos valises ? demanda-t-elle.

— Non, répondit passivement Barney. Vous êtes sûrs que vous m'avez donné tous les numéros que vous souhaitiez contacter pendant le séjour ? Dans les contacts, j'ai le docteur Petit, Didier, maman Marjorie, Eleanor, Timothé, père Fiacre et père Cala. C'est tout ?

Il était concentré sur l'écran de son téléphone et vérifiait qu'il avait bien rentré tous les numéros de nos contacts en France et à destination. Barney avait pris une option internationale sur son forfait, qui nous permettait à tous les trois de joindre nos proches. Nous allions d'abord passer quelques jours à Dakar. Père Fiacre, instructeur au scolasticat de Dakar, viendrait nous chercher à l'aéroport. Notre chemin continuerait vers le sud pour Sokone, où père Cala nous accueillerait. Les dix jours d'attente avaient permis d'adoucir l'inquiétude de Barney et Sylvie sur la religion de nos hôtes. Ils s'étaient faits à l'idée. Mais ils n'appelaient pas le père Fiacre « père ». Question de principe, apparemment. Entre eux, ils le renommaient P.Fiacre, en prononçant pi, à l'américaine. J'étais fautive. J'avais fait la blague une fois, et depuis, elle ne nous quittait plus. À cause d'eux, j'imaginais père Fiacre habillé comme P-Diddy, le rappeur fleur bleue de mon adolescence ; avec un baggy, une casquette à l'envers, un tee-shirt XXL et une grosse chaîne. Mais je gardais cette image pour moi, de peur de souffler davantage sur les braises.

— Barney ? demandai-je.

— *Hum* ?

— Tu n'arrives plus à mettre trois contacts dans ton répertoire ? Ça fait dix minutes que tu es sur ton téléphone, qu'est-ce que tu fais ?

— Rien.

Je cherchai à apercevoir son écran, mais Barney verrouilla son portable en sursaut et le mit dans sa poche. Il me regarda en fronçant les sourcils, bafouillant légèrement en se donnant un air détaché.

— Qu'est-ce que tu caches ?

— Rien.

Mon ami avait beaucoup de défauts, mais ce n'était pas un menteur. Ou alors c'en était un très mauvais. Mais si Barney ne voulait pas parler, il ne parlerait pas. Je n'insistai pas.

— Ça commence à être long... dit Sylvie

— Tu veux aller t'asseoir ? demandai-je. On peut pousser les chariots à deux.

— Oui, si ça ne vous ennuie pas, je vais vous attendre sur les sièges là-bas.

Elle partit presque aussitôt, je la suivis du regard. La nuit qui avait suivi l'appel de Sylvie, j'avais reçu un SMS de Barney aux alentours de 6 heures. *Maman a décidé de se soigner. Je suis désolé pour tout à l'heure.* Je me souvenais de l'heure, car je n'arrivais pas à dormir. Je l'avais appelée directement pour lui demander des détails. Je ne mentionnai pas ses excuses, mais j'en fus touchée. Barney me dit que sa mère avait frappé à sa porte quelques minutes plus tôt, lui annonçant qu'elle avait décidé de se soigner, et qu'elle était désolée. Il avait suffi de ces quelques mots pour adoucir Barney, qui, en un coup de baguette magique, avait lâché du lest et s'en portait pour le mieux. Le lendemain, ils s'étaient rendus tous les deux à l'hôpital pour discuter du traitement avec le docteur Petit. Sylvie avait pris le premier comprimé le soir même. Ce qui avait laissé suffisamment de temps pour faire les premiers examens avant notre départ. Ils étaient concluants. Tout le monde était apaisé, y compris Didier que j'avais eu l'occasion de recroiser plusieurs fois depuis notre rencontre. Timothé et Eleanor n'étaient toujours pas au courant. Maintenant que le traitement agissait, Sylvie disait qu'elle préférait attendre d'avoir une meilleure vision de l'évolution de son état. Si son corps continuait à se battre correctement, le docteur Petit avait annoncé une espérance de vie plus optimiste qu'au préalable.

Nous embarquâmes dans l'avion qui atterrit au bout de six heures de trajet. Lorsque les roues de l'appareil touchèrent le sol, les passagers applaudirent. Nous échangeâmes un regard amusé avec Sylvie, qui partageait ma pensée : c'est une drôle de tradition de féliciter un pilote de nous avoir gardés en vie. 21 heures à ma montre, 20 heures à l'heure locale. C'est agréable, de voyager sans décalage horaire. Je me souvenais de l'état dans lequel j'étais à la sortie de l'avion pour New

York. En vrac. Mais avec une sensation de liberté intense. J'eus un pincement au cœur à l'évocation de ce souvenir. Nous longions le couloir vers l'aéroport. Nos valises arrivèrent toutes intactes. Nos huit bagages passèrent au scanner de la douane.

— Tu es sûr qu'on ne transporte pas de drogue, au moins ? demandai-je à Barney.

Il me regarda avec des yeux ronds et me répondit dans un chuchotement :

— C'est maintenant que tu me demandes ça alors qu'il y a l'armée à côté de nous qui *parle français* ?

— Oh ! répondis-je spontanément en me couvrant la bouche. Désolé, j'avais oublié qu'il était possible de faire six heures d'avion et de parler la même langue.

— Oui et bien, arrête d'oublier, dit Barney en serrant les dents.

Nos bagages passèrent aux rayons X et mon cœur s'arrêta un instant. Ils roulèrent de façon fluide dans le compartiment de sortie. Barney affichait un petit sourire en coin.

— Tu te doutes bien que je les ai minutieusement vérifiés, ces bagages !

Traînant difficilement tout le matériel avec nous, nous nous plaçâmes dans un endroit visible, pour permettre au père Fiacre de nous localiser.

— Attendez-moi là, lança Barney. Je vais acheter une carte SIM locale pour qu'on puisse appeler P.Fiacre.

Il s'éloigna aussitôt.

— Comment sait-il qu'il faut faire tout ça ? demandai-je à Sylvie.

— Il a acheté trois différentes éditions du voyage au Sénégal, répondit-elle, amusée. Tu sais comment il est...

Et savoir qu'elle pouvait se reposer sur son fils permettait à Sylvie d'être sereine. Le voyage l'avait épuisée. Elle observait l'agitation avoisinante en serrant la poignée de sa valise à roulettes. La voix de Barney me fit sursauter.

— Bon ! C'était hyper rapide. J'ai envoyé un texto à P.

Fiacre, il arrive. Pendant ce temps, je vous propose de refaire un point sur nos deux semaines à venir. J'ai pris une carte. Alors, attendez que je la déplie... Voilà. Sokone est là, *il pointa avec son index un petit point sur la carte, proche de la frontière au nord de la Gambie.* Nous passons les trois premiers jours à Dakar. Puis, nous irons dans cette campagne de la région de Fatick. Pour le logement, rien de nouveau, nous sommes logés dans une institution religieuse aux deux endroits. *Il s'arrêta un instant pour reprendre son souffle.* Autant dire que ce n'est pas la partie qui m'enchante le plus. Du moment qu'ils ne nous obligent pas à faire la prière du soir.

— C'est quoi ces petites croix sur la carte ?

— Ce sont les endroits où nous devons amener le matériel. Il y a l'école, le dispensaire de Sokone, et le dispensaire du village d'à côté. Pour l'autre école, Didier nous a dit de voir avec P.Cala.

— Rassure-moi, Barney, tu ne vas pas appeler les pères « *pi* » devant eux, quand même ?

— Je ferai un effort, ne t'inquiète pas. Bon, on a plus qu'à attendre ici, que Jésus vienne nous délivrer.

— Excusez-moi, bonjour, vous êtes l'association ?

Une voix douce annonça un homme noir, très grand et si fin qu'on pouvait apercevoir les os de sa mâchoire. Les reflets sur les verres de ses lunettes cachaient ses yeux. Il était vêtu d'un jean basique, de baskets en toile usés et d'un polo blanc. C'était donc ça, l'allure d'un prêtre un jour de repos. Il salua d'abord Sylvie, puis moi, et finit par Barney. Il nous demanda si nous avions fait beau voyage — pas *bon*, bien *beau* — prit deux sacs à bandoulière sur chacune de ses épaules et attrapa l'anse de la valise de Sylvie pour qu'elle ne porte rien. Il s'excusa auprès de moi de ne pas pouvoir prendre davantage et nous invita à pousser les chariots jusqu'à la voiture.

Nous le suivîmes jusqu'à l'extérieur de l'aéroport, où la chaleur nous sauta à la gorge. Il portait les sacs sans montrer de difficulté. Avec ses longues jambes, il faisait un pas quand nous en faisions trois. Me sentant bientôt devancée, je me mis à trottiner en poussant mon chariot encombré. C'est alors que deux jeunes hommes se mirent à trottiner avec moi, l'un d'eux mit les mains sur l'anse du chariot, me poussant de plus en plus pour gagner du terrain. La scène se passa très vite et j'eus le réflexe de crier au voleur, alors que l'autre jeune homme se dirigeait vers Barney. Le père Fiacre qui entendit mes cris se retourna et cria quelque chose en wolof aux intrus. Ils partirent sans insister. Arrivés à hauteur de la camionnette du dispensaire, père Fiacre chargea les bagages rapidement en refusant notre aide. Nous partîmes ranger les chariots avec Barney avant que P.Fiacre ne nous invite à nous installer dans le véhicule. Je pris la place de devant.

— Il ne faut pas s'inquiéter, dit-il en allumant le moteur. Ce n'étaient pas des voleurs. Regardez, vous voyez les hommes là-bas ? Ils attendent les arrivées pour aider les voyageurs à porter leurs bagages en échange de monnaie. Ils sont beaucoup, alors il faut qu'ils soient vifs pour gagner les clients.

— Oh... Je ne savais pas. Je me sens honteuse, répondis-je.

— Mais non voyons, il ne faut pas. Il faut apprendre, vous ne pouviez pas savoir. Moi-même, lorsque j'ai voyagé en Espagne, je n'ai pas compris pourquoi il n'y avait personne pour les chariots.

Le père Fiacre s'appelait Pierre. Nous parlions la même langue, mais avec des mots et intonations différentes que nous ne comprenions pas toujours. Nous demandions quelquefois à l'autre de répéter, à tour de rôle.

— Et alors, demanda-t-il, qu'est-ce que vous faites au juste dans votre association ?

Le père Fiacre ne connaissait pas Didier, il avait été contacté par père Cala pour l'organisation de l'acheminement des four-nitures. En tant que membre social de l'équipe, c'était à moi que revenait la charge d'expliquer la raison de notre passage à Dakar. Je fis un récapitulatif aussi complet que celui que nous avait fait Barney, qui m'envoya un regard approbateur.

— Ah d'accord ! C'est bien. Je ne pourrai pas vous emme-ner à Sokone, mais on va s'arranger.

La camionnette était lancée sur une route mal goudronnée, non éclairée, que le père appelait tout de même *axe principal*. Il déboita sur la gauche, les phares éclairèrent un énorme nid-de-poule lorsque nous arrivâmes à sa hauteur.

— Je l'avais repéré, à l'aller ! Il faisait moins sombre. Il faut être attentif sur cette route !

Nous quittâmes l'axe routier. Les abords de la route, précédemment déserts, se peuplèrent de marchands ambulants qui vendaient des sacs de cacahuètes aux automobilistes et de stands de fruits portatifs pour les vendeurs les plus sédentaires, des habitations délabrées, des rassemblements de voisins, des danses, des chèvres, des carcasses de voitures abandonnées... Je souriais. L'excitation du voyage me regagnait. Comme il était bon de la sentir ! À l'approche de la ville, le goudron gagnait du terrain sur le sol sableux. Le changement de décor était brutal. Des zones industrielles semblaient avoir été posées au milieu de ce décor, et détonnaient. Le contraste entre les marchands de rue et le sable d'un côté, le goudron et les grandes enseignes de l'autre, n'était pas harmonieux.

Une bonne heure après avoir quitté l'aéroport, nous arrivâmes au dispensaire. Père Fiacre appela un gardien pour ouvrir les grilles du bâtiment. La voiture entra et se gara dans la cour. La bâtisse était composée de plusieurs blocs de béton rustiques et ouverts, inachevés. Le père nous expliqua que, tant que les logements n'étaient pas finis, les propriétaires ne payaient pas d'impôt dessus. Alors aucune maison au Sénégal n'était finie. Il nous invita à descendre. Deux hommes déchargeaient déjà nos bagages et les portaient à l'intérieur du bâtiment face au portail. Nous fûmes invités à entrer dans la salle de séjour composée de trois grandes tables en chêne, et d'une quarantaine de chaises. Il nous servit trois verres d'eau en bouteille.

— Les frères sont allés en chercher pour vous ce matin, dit-il.

Les deux hommes nous firent un signe de tête en gage d'approbation. Nous les remerciâmes. Ils nous demandèrent s'ils pouvaient monter nos sacs. Nous répondîmes que nous le ferons. Ils insistèrent. Pour ne pas les vexer, nous les laissions faire, indiquant quel bagage appartenait à qui pour pouvoir les placer dans les chambres. Les sacs communs qui contenaient les fournitures pour les dispensaires et les affaires de sport pour l'association de foot de Bakary furent laissés dans la salle à manger.

À l'étage, trois chambres avaient été apprêtées pour notre venue. Chacune assez rudimentaire, avec un petit lit doté d'une moustiquaire dans le fond, une commode à l'entrée, et un bureau dans l'espace qu'il restait. Le sol de la chambre était le même que celui de l'extérieur : une coulée de béton, sans revêtement. Les murs jaunis avaient quelques fissures.

— Les toilettes et les douches sont sur le palier, au fond du couloir. Si vous avez besoin de quoi que ce soit, vous pouvez m'appeler, je suis en bas. Vous descendez quand vous voulez demain matin. Je vous souhaite une très bonne nuit. Il se dirigea vers les marches et descendit, nous laissant seuls tous les trois.

— Alors, quelles sont vos premières impressions ? demanda Sylvie.

— C'est difficile à dire, répondit Barney.

— C'est assez excitant, répondis-je. Je ne sais pas du tout à quoi m'attendre. C'est étrange qu'il n'y ait que trois personnes ici, non ?

— Les habitants doivent être dans l'autre bâtiment.

— Vous avez sommeil ? demanda Sylvie.

— Non, répondis-je.

— J'ai un UNO, dit Barney.

— Ah ! m'exclamai-je.

— *Shhhh*, il y a peut-être des gens qui dorment.

— Pardon, repris-je en chuchotant. On se pose par terre dans une chambre ?

— Je crois que nous n'avons pas beaucoup d'autres options. Mais ça ne m'empêchera pas de gagner.

— Tu n'es pas obligé de chercher la compétition partout,

Barney !

— À quoi bon jouer, si ce n'est pas pour gagner !

— Je vois... Sylvie, tu te joins à nous ?

— Pourquoi pas. Si vous êtes d'accord pour m'expliquer les règles ?

Nous nous installâmes donc à même le sol sale et froid. Bien que fatiguée, Sylvie restait jouer. Les parties s'enchainaient, chacun voulant toujours prendre sa revanche. J'observai Barney du coin de l'œil. Mon meilleur ami semblait avoir dix ans à nouveau, et je lisais sur son visage un mélange de surprise et de joie pudique. Notre parenthèse de vie venait de commencer, laissant de côté les attentes silencieuses de chacun d'entre nous. Nous avions deux semaines pour accepter, réfléchir, comprendre et supporter ; nos propres doutes et les opinions des autres. J'observai toujours Barney. Maintenant qu'on y était, l'idée de ce voyage me paraissait merveilleuse.

Fraternité

Lundi 22 mai 2017, 8h28, Dakar
Monument de rechange

La tête au-dessus du robinet, Barney jetait l'eau froide sur son visage. Il doutait. Lui qui avait été certain de suivre un plan bien préparé, il se retrouvait complètement déstabilisé par ce premier réveil. Était-ce vraiment une bonne idée de venir ici ? D'encourager sa mère à prendre le temps d'annoncer sa maladie à son frère et sa sœur ? Loin de ses repères et de ses habitudes, il n'était plus sûr de rien. La fenêtre au-dessus de son lit ne se fermait pas. La fraîcheur de la nuit l'avait souvent réveillé. Le reste du temps, un cauchemar l'avait sorti de son sommeil dont il se repassait les images. C'était son frère qui criait. *Mais qu'est-ce que tu as fait, tu l'as tué !* Barney avait entendu ces mots comme si son frère les avait vraiment prononcés : *tu l'as tué, TU L'AS TUÉ !*

À 8h30, il attrapa sa serviette et se dirigea vers la douche. La salle d'eau était aussi austère que les chambres, composée d'un sol en béton brut et d'un trou dans le mur en guise d'aération. Des courants d'air s'infiltraient par la porte en bois usé. La chair de poule se répandit sur tout son corps. L'air matinal ne dépassait pas les quinze degrés. Il fit couler l'eau quelque temps puis capitula : il n'y avait pas d'eau chaude. Il se savonna rapidement, se rinça et regagna sa chambre. Il attendit sagement l'heure du rendez-vous en relisant l'itinéraire du voyage pour la douzième fois. Didier n'avait pas indiqué les transports qu'ils devraient utiliser. Plusieurs fois, il avait noté *voir avec le père*. Il fut tenté d'appeler Benoît pour savoir si tout se passait bien au cabinet. Il lui avait laissé les commandes pendant les dix jours qui avaient précédé le départ, mais il s'y était rendu régulièrement pour faire le point avec lui. Il n'avait pas à s'inquiéter. À 9 heures précises, sa mère frappa à sa porte. Sur le pas de la porte, Sylvie semblait bien plus en forme que les jours précédents. En un instant, les doutes de Barney s'évanouirent. Ce plan voyage lui allait à ravir. *Il faut un mental sain pour héberger un corps sain*, lui avait dit Didier.

Barney lui sourit.

— Tu t'es brossé les dents ? Je n'ai pas osé utiliser l'eau du robinet. On aurait dû demander une bouteille d'eau à P.Fiacre.

— Oh Barney, tu ne vas pas être malade avec quelques gouttelettes dans ton intestin.

— Je sais, mais bon. Je vais réveiller Marjorie.

— Je descends, je vous attends en bas.

Barney cogna à ma porte. Je lui fis remarquer que ce n'était pas le plus doux des réveils. Il me demanda si j'avais déjà eu un réveil agréable dans ma vie. Je lui répondis que non. Le regard mou, je lui demandai de m'attendre quelques minutes, le temps de m'habiller et de me rincer un peu. Je fis couler l'eau du robinet entre mes mains, aspergeai mes joues avec le liquide frais, enfilai le premier débardeur et pantalon en tissu qui me tombait sous la main, ajoutai un sweat, attrapai ma brosse à dents, brossai énergiquement mes cheveux, rinçai ma bouche, avalai l'équivalent de deux grands verres d'eau. Bien s'hydrater au réveil, c'est très important.

Je sortis de mon coma matinal et Barney s'impatientait.

— C'est bon ? cria-t-il à travers la porte.

— Oui ça va, j'arrive, lançai-je en la traversant. Comme si quelque chose t'attendait, on n'a pas rendez-vous !

— Justement, il serait temps qu'on commence à les planifier.

Il descendait les marches au pas de course et je le suivis,

manquant de trébucher sur mes lacets défaits. Nous entrâmes dans la salle de séjour où Sylvie et le père papotaient tranquillement. Trois bols, trois serviettes, trois couverts, du pain, de la confiture, quelques sachets de thé et café soluble étaient étalés devant eux sur la table. En m'asseyant, je fus surprise de trouver de la vache qui rit, j'en fis part au père, il me dit qu'il aimait beaucoup le sourire de cette vache. Il nous invita à nous servir.

Nous étions seuls à table, mais quelques bols non utilisés étaient encore étalés çà et là. Le père, comme la plupart des frères, avait déjà déjeuné et nous accompagnait par sa présence. Il s'excusa que personne ne puisse passer la journée avec nous. Tous étaient occupés, mais il nous affirma qu'un dénommé Basile nous accompagnerait au marché le lendemain pour acheter les fournitures scolaires. En attendant, il fallait profiter de cette journée pour voir Dakar, mais il nous mettait en garde : les chauffeurs de taxi allaient tenter de nous arnaquer, il fallait demander le prix aux locaux avant de héler une voiture.

Je fus soudainement prise de crampes à l'estomac. Je grimaçais à mesure qu'elles se faisaient plus vives. Sylvie le remarqua et me demanda si tout allait bien. Je ne voulus pas parler tout haut de mes maux, de peur que le père pense qu'ils étaient liés aux mets qu'il nous servait. Mais Sylvie insista et je finis par avouer mon pas si léger mal de ventre.

— As-tu bu l'eau du robinet ? me demanda-t-elle.

Mon sang ne fit qu'un tour dans mes veines.

— L'équivalent d'un demi-litre, je pense... répondis-je tout bas.

Sylvie et Barney échangèrent un regard amusé. Barney partit récupérer un médicament dans sa valise. Sylvie me dit de bien m'hydrater. Cela devrait passer vite. Je restai pétrifiée sur ma chaise, comme si un faux mouvement allait déclencher la colique que je redoutais. Même pas vingt-quatre heures de présence sur le continent et déjà un faux pas. Cela m'apprendra à me sentir trop à l'aise !

— C'est bon Marjorie, tu ne vas pas mourir. Bois ton thé, l'eau a bouilli tu ne risques rien, me dit Barney en me tendant un médicament au goût de plâtre.

— Nous irons acheter de l'eau pour ne pas vider le stock de la maison. Pourriez-vous nous indiquer où en trouver ? demanda Sylvie au père.

— Oh, vous en trouverez partout. Vous rejoignez la route principale en sortant du voisinage et vous verrez des supérettes. Je suis désolé, mais je dois partir. Nous nous retrouverons ce midi. Avez-vous besoin de quelque chose ?

— Non, merci père Fiacre, nous allons faire un tour ce matin, et acheter ce qu'il nous manque, répondit Sylvie.

— Très bien, alors quand vous aurez terminé de déjeuner, laissez tout sur la table, l'intendant débarrassera.

Sylvie et Barney attendirent une vingtaine de minutes que je me sente mieux et, après s'être assurés que j'avais déjà bu assez d'eau pour hydrater un buffle, ils partirent tous les deux.

Lorsqu'ils revinrent, la cloche du déjeuner sonna. Le père Fiacre n'était pas rentré. Le fameux Basile, qui devait nous amener au marché le lendemain, vint à notre rencontre et nous invita à passer à table. La salle à manger était déjà remplie. Il résonnait dans la pièce un mélange de vie, de conversations et de rires. De grands plats en acier étaient disposés de part et d'autre. Le repas était composé de riz légèrement frit et de poulet maigre. Rien qui ne fut trop dépaysant, si ce n'est peut-être la façon de cuire le riz. On aurait dit qu'il avait été légèrement frit. Les aspirants prêtres passaient cinq ans dans cette structure appelée scolasticat. Mais certains, lorsqu'ils en faisaient la demande et sous objectif de réussite, pouvaient aller plus loin. Comme Basile. Aucun d'eux ne semblait surpris de voir des voyageurs dans le bâtiment.

— Je vous prie de m'excuser de ne pas pouvoir vous emmener au marché aujourd'hui. Je passe ma soutenance de thèse pour mon diplôme cet après-midi.

— Quel diplôme ? demanda Barney.

— Le diplôme en philosophie. Quand les apprenants arrivent ici, ils commencent leur cursus à l'université de Dakar.

— Vous avez tous suivi des cours de philosophie ?

— La première année est obligatoire. Ensuite, on choisit. La plupart d'entre nous s'orientent dans l'enseignement. Mais certains, comme moi, continuent dans la voie de la philosophie.

— Philosophie et religion, c'est un drôle de mélange.

— Au contraire, ça se complète bien. Nous avons souvent besoin de remettre en doute nos pensées pour renforcer nos croyances. Ce n'est peut-être pas l'endroit le plus réputé du monde, mais Dakar a plein de bonnes universités. On a beaucoup de chance de pouvoir faire ça.

— Les études sont gratuites ?

— Pour nous, oui. Nous sommes logés et nourris ici. Quand je vous dis qu'on a beaucoup de chance !

— Quelle est la contrepartie ? demandai-je.

— L'abandon de ses biens matériels à l'Église, après l'année au noviciat de Sokone, où vous vous rendez après. Quelles sont vos premières impressions sur Dakar suite à votre promenade matinale ?

Barney se redressa sur sa chaise comme un gamin qui se fait interroger par surprise en classe.

— Eh bien, c'est... commença-t-il en appelant sa mère du regard.

— Sableux, finit Sylvie. Tiens Barney, tu me passes la bouteille d'eau s'il te plaît, je vais prendre un doliprane.

— Tu ne te sens pas bien ?

— Couci-couça, la balade de ce matin m'a fatiguée.

— Il vaut mieux éviter de prendre d'autres cachets que ton traitement.

— C'est du doliprane, Barney. Je me reposerai cet après-midi.

Basile, qui avait attendu poliment qu'ils finissent de parler, repris de plus belle :

— C'est-à-dire, sableux ?

Sylvie et Barney, surpris d'être relancés sur une conversation qu'ils pensaient close, se regardèrent. Le silence de notre groupe contrastait avec le brouhaha de l'agitation alentour.

— Eh bien... reprit Sylvie. Il y a beaucoup de sable ! Il y en a partout même. C'est très orange.

— C'est vrai ça, dit Basile.

— Nous ne sommes pas partis très loin, alors c'est difficile à dire pour le moment. Le fait qu'il y ait beaucoup de sable, c'est étrange pour nous. Mais après, continua-t-elle en jouant avec ses grains de riz du bout de sa fourchette, il y a d'autres choses aussi. On a vu une calèche !

— Oui, tirée par un âne, c'était surprenant ! compléta Barney.

Je retins un rire et changeai de conversation. Puisque l'achat des fournitures n'était pas pour aujourd'hui, je souhaitais visiter le Monument de la Renaissance, symbole de la libération de l'esclavage.

— Tu peux nous dire comment y aller ? demandai-je à Basile.

— Le mieux est de prendre un taxi. Attendez. Alexis ! cria-t-il en direction d'un camarade de la table voisine, combien c'est, le taxi pour aller au Monument de la Renaissance ?

— Monument de ?

— Le Monument de la Renaissance, tu sais, la sculpture qu'on voit de la grande route.

— Ahhh. C'est deux mille, deux mille cinq cents francs max.

Je calculais dans ma tête. Si six cent cinquante francs équivalait à un euro, deux-mille francs ne représentait qu'à peine plus de trois euros.

— Mais non, s'éleva une autre voix de la table d'à côté, tu peux y aller pour mille cinq cents francs !

— Hein ? Bah vas-y toi pour mille cinq cents francs ! C'est pour vous ? nous demanda Alexis.

— Oui, répondis-je.

— Alors, viser deux mille cinq cents francs, ça sera déjà

bien. Mais si vous y allez après manger, on peut négocier deux mille francs pour vous.

— Et le bus ? demandai-je. Il y a bien un bus qui part d'ici pour aller dans le centre ?

— Ouhla ! dirent-ils d'une même voix en riant fort.

— Je ne vous conseille pas de prendre le bus, ajouta Basile.

— Mais vous allez bien à l'université en bus, non ?

— Oui... C'est la seule ligne qui suit à peu près ses horaires. Les autres bus arrivent quand ils veulent. Après, si vous n'êtes pas pressés...

— Nous allons essayer ! Ça va être amusant. Pas vrai ? demandai-je à mes coéquipiers qui ne répondirent pas.

À la fin du repas, Sylvie emprunta le téléphone de Barney pour joindre Didier. En attendant, nous nous asseyâmes, Barney et moi, sur les petites marches devant la salle à manger. Je demandais à mon ami comment s'était passée la balade du matin, espérant qu'ils me parlent de leurs sujets de conversation ou de leurs projets en famille pour les années de vie de Sylvie. Mais Barney ne comprit pas tout ça. Il répondit simplement que la balade avait été agréable, mais que le paysage n'avait rien de ce qu'on pouvait voir en Europe. Et c'était déjà pour lui une réponse très élaborée.

Nous entendions Sylvie parler à son interlocuteur.

— Comme des rois, les enfants sont contents. Marjorie a bu de l'eau du robinet ce matin, mais ça a déjà l'air d'être réglé. C'est étrange de discuter d'autres choses que de nos patients. Tout va bien à l'hôpital ?

Les collègues demandaient des nouvelles à travers Didier. Le motif de l'arrêt de travail de Sylvie n'avait pas été justifié, mais tout le monde respectait sa discrétion.

— Je leur expliquerai moi-même, continue à rester évasif, s'il te plaît, je veux d'abord informer Timothé et Eleanor. Je te rappelle demain. *Un silence se fit entendre et Sylvie reprit, gênée.* Moi aussi. Prends soin de toi.

Après avoir raccroché, elle nous annonça qu'elle restait

au scolasticat pour se reposer. Barney et moi partîmes nous changer pour notre expédition. L'air frais du matin s'était évaporé. À présent, le soleil nous tapait sur la tête comme en plein désert. Je troquai mon sweat contre un tee-shirt blanc. J'étais tout excitée de partir enfin à la rencontre de cette ville, de ce pays, de ce continent inconnu ! Les scolastiques se pressaient pour retourner à l'université, sac à dos sur les épaules, certains croisaient mon regard. Je leur souriais, et ils me souriaient en retour.

Barney descendit les marches et je ne pus m'empêcher de lâcher un petit rictus : il avait gardé son polo bleu marine, qui n'allait pas franchement avec le pantalon léger que je lui avais rapporté du marché.

— C'est pas jojo, non ? me demanda-t-il.

— Si ! mentis-je pour ne pas avoir à attendre une seconde session d'essayage. Mais, tu n'as pas de tee-shirt ?

— Bah, c'est un tee-shirt ça !

— Non, c'est un polo.

Il haussa les épaules :

— Je ne vois pas la différence. J'ai deux trucs moches, si c'est ça qu'on appelle des tee-shirts. Tu me diras, ça ira bien avec ce truc en bas. Je ne comprends pas ceux qui ont fait les motifs : ils n'étaient pas obligés de mettre autant de couleur sur si peu de tissu !

— Je trouve ça joli, les éléphants bleus te vont très bien au teint. Allez, dépêche-toi s'il te plaît, j'ai très envie de partir !

— Je vais appeler un taxi.

— Non, Barney ! On va essayer le bus.

— Mais...

— Non, non. Je sais ce que tu vas dire. Mais il faut prendre un peu de risques. On va essayer le bus.

Je compris ce que Sylvie voulait dire par *sableux*. Dakar semblait avoir été construit sur une étendue désertique. Baskets au pied, le sable s'y incrustait légèrement. En dehors des *grandes routes*, rien n'était goudronné. Un vent chaud levait les grains du sol pour les projeter directement dans nos yeux. Heureusement, la brise fut de courte durée et nous atteignîmes vite l'arrêt de bus. Par habitude, nous cherchions un affichage qui pourrait nous renseigner sur la ligne. Mais il n'y avait rien du tout. Juste un poteau en aluminium avec des gens autour.

— Excusez-moi, demandai-je à une dame restée debout, savez-vous quel bus se rend au Monument de la Renaissance africaine ?

Elle me regarda hébétée, en faisant *non* de la tête. Elle ne parlait pas français. J'essayai en anglais, mais ce ne fut pas plus concluant. Un homme, qui avait compris quelques mots, s'avança vers nous. Par des gestes et des articulations, nous comprîmes qu'il fallait deux bus pour rejoindre notre destination, et que le trajet allait être très long. Il nous fit comprendre qu'il fallait prendre un taxi. Je finis par acquiescer et il héla une voiture au loin. Il échangea quelques mots en wolof avec le conducteur et se redressa vers nous :

— Ami, ami, deux mille, OK ?

Nous montâmes dans la voiture. Le chauffeur ne parlait pas français, mais Barney se rassura en lui rappelant tout de même le lieu où nous souhaitions nous rendre. La communication était impossible. Après l'échec des bus, c'était pour moi un nouveau coup dur. On en apprend tellement sur le pays, en discutant avec les chauffeurs de taxi ! D'un air las, je me laissais bercer par le ronronnement de la voiture, qui émettait un son d'appel à l'aide au niveau du moteur. La poignée de ma portière arrière était arrachée, digne d'une scène de début d'un thriller. La présence de Barney sur le siège avant me rassurait. Même s'il n'avait pas un physique imposant, j'aurais misé sur lui dans un combat de boxe, rien que pour son mental. Je regardais par la fenêtre. Dakar se dessinait sous mes yeux à mesure qu'on roulait. La capitale sénégalaise était animée d'une agitation presque insoutenable : du sable, des klaxons, des mobylettes conduites par des enfants sans casque, à trois ou quatre sur le même véhicule. Le chauffeur manqua d'en renverser une dizaine.

D'autres enfants jouaient au ballon autour des voitures. Des femmes portaient sur leur tête des sceaux de plusieurs kilos. Au feu rouge, des marchands ambulants se faufilaient pour présenter leurs marchandises aux automobilistes. Par vagues étouffantes, l'odeur des pots d'échappement des vieilles voitures mal entretenues entrait par les fenêtres ouvertes. Tout se mélangeait dans un grand bazar : le bruit, l'odeur, la poussière. J'observai le reflet de Barney dans le rétroviseur. Cette désorganisation le stressait. Il regardait la route d'un air crispé. La voiture s'engouffra sur une voie plus libre, et roula pendant cinq minutes vers la mer.

Soudain, le chauffeur s'arrêta sur la chaussée.

— OK, dit le chauffeur.

— OK ? demandai-je.

OK, quoi ? OK on prend un café ? OK c'est ici que tu nous zigouilles ?

— OK monument.

Il pointa devant lui ce qui ressemblait à une enseigne de banque.

— Monument ? Ce n'est pas là qu'on veut aller, prononça Barney, perplexe.

Il décortiqua exagérément ses mots, comme si cela pouvait soudainement faire comprendre la langue à son interlocuteur. Malheureusement, cette technique n'avait jamais fait ses preuves. Personne n'avait dit un jour *Ahhh mais oui, merci d'avoir articulé, je comprends à présent ce que tu veux dire dans ta langue étrangère.* Moins le chauffeur comprenait, plus Barney exagérait son articulation, en ajoutant des gestes aux mots. Moi, à la place du chauffeur, j'aurais compris : *dessin dans le ciel de quelque chose de gros, là-bas.* Le Sénégalais le regardait avec une expression désolée. Lui aussi se trouvait dépourvu et, en signe de détresse, choisit une alternative à l'articulation, tout aussi désespérée : la répétition.

— Monument !

Barney qui avait tout donné dans son explication avec ses

mains s'emporta :

— Mais monument de quoi ?

— Monument ! Monument de rechange !

Il pointa devant lui un distributeur de billets international. Bien que Barney ne soit pas d'accord, je réglai le chauffeur. Mais il était certain que nous ne voulions plus continuer la course avec lui, Dieu seul sait où il nous aurait emmenés après. Nous parvînmes à nous localiser : nous étions à l'endroit opposé de notre destination. Sur la baie de Hannaux, au bord de l'eau, à l'Est de la ville, il régnait un air de sud de la France, comme la croisette en plein été. Sur la colline en face, des terrasses de restaurant s'élevaient, joliment décorées de palmiers et parasols en bois. Cette ville avait un développement à deux vitesses.

— Dommage qu'il soit parti, maintenant qu'on se rappelle qu'on avait une carte, on aurait pu lui montrer où nous voulions aller...

— Je ne comprends toujours pas pourquoi tu l'as payé, répondit Barney.

— Parce que ce n'était pas un escroc, il a juste mal compris.

— Ouais. Bon, on fait quoi maintenant, on marche ? Avec un peu de chance, on arrivera à rentrer avant la nuit...

— Non mais t'es pas bien ! On cherche un autre taxi.

— Hors de question que je remette les pieds dans une de leurs bagnoles !

— Eh bien, rentre à pied si tu veux ! Moi, je cherche quelqu'un qui parle vraiment français et qui pourra faire la bonne traduction.

Barney resta quelques secondes sur place à râler avant de me rejoindre. Je rentrai en contact avec la première passante. Jeune, bien portante, habillée d'un jean en strass, tee-shirt blanc moulant, basket, grosses lunettes de soleil et grandes créoles en acier. À tâtons, je lui dis bonjour, elle me répondit, et j'expliquai notre situation. Il ne fit aucun doute qu'elle parlait très bien français quand elle s'exclama :

— Il vous a laissé là, comme ça ??! Ah non non, c'est pas

possible ça. Oh, alors ! EH ! Elle héla un taxi en criant à m'en décoller le tympan droit.

— Tu comprends le français ? demanda-t-elle au chauffeur. Tu comprends ce que je dis là ? Bon tu vois ces gens-là ce sont mes amis, tu dois leur faire un bon prix pour aller au monument de la Renaissance. Quatre mille ? Mais quoi quatre mille, tu m'as prise pour une touriste ou quoi, c'est mille cinq cents c'est tout. Allez, deux mille. Elle se redressa vers nous. Ça vous va deux mille ? Vous avez du liquide ?

— Vous êtes sûrs qu'il a bien compris le monument ?

— Oui, je suis sûre. EH ! Tu as compris quel monument c'était ?

— Monument de la Renaissance, statue de bronze, oui, répondit le chauffeur avec une voix éraillée de fumeur de longue date.

— Oui c'est bon, dit la dame. Allez beau voyage et ne vous inquiétez pas, vous êtes en sécurité ici, on ne vous laisse pas tomber. On est ensemble. C'est un fou, celui qui a fait ça. Allez beau séjour hein, dit-elle en refermant la portière sur nous.

Après vingt minutes de trajet dans une voiture plus délabrée encore que l'ancienne, nous touchions enfin au but. Nous arrivâmes devant une statue immense représentant un homme, une femme et un bébé. Le symbole de la liberté retrouvée.

Après notre visite, nous fîmes cap sur la plage de N'gor, en nous baladant dans ses villages de pêcheurs et ses bateaux colorés. La période se prêtait au tourisme, et nous n'étions pas les seuls à visiter ce pays qui, déjà, me paraissait moins mystérieux. Pour autant, il y avait encore tout à apprendre. Et apprendre, je le voulais, impatiemment, urgemment ! L'excitation m'avait définitivement saisie à la gorge et ne me quitterait plus. Cette sensation me donnait envie de vivre plus fort, plus vite. L'environnement m'inspirait. Je me sentais revivre, loin de mes doutes et de mes réflexions matinales. À nouveau, j'étais immortelle. Je regrettais de constater que ce n'était pas le cas pour Barney. Il ne faisait que regarder les choses. Ils ne donnaient pas l'impression de les voir réellement. Peut-être que cela viendrait, il fallait que je laisse quelques jours à mon ami pour qu'il s'ouvre un peu. Poser des questions revenait de son point de vue à se mettre en difficulté. Montrer à l'autre que nous ne possédons pas l'information pourrait nous faire passer pour un idiot. Alors que la vraie idiotie était de rester dans l'ignorance.

L'heure du dîner sonna au scolasticat. Comme à midi, l'intendant invitait ses confrères à table grâce à une petite cloche qui résonnait au-delà des murs extérieurs. Nous nous dirigions tous les trois vers les places que nous avions déjà définies comme étant les nôtres. Les scolastiques arrivèrent d'abord au compte-goutte puis en vagues bruyantes. Mais quand ils franchissaient le pas de la porte, chacun se taisait et restait debout derrière sa chaise. Leur attitude commençait à s'éterniser, au bout de cinq minutes, ils ne s'asseyaient toujours pas. Quand père Fiacre arriva à son tour et resta debout, Sylvie nous fit signe de nous lever et nous imitâmes les autres, immobiles et silencieux derrière leurs chaises. Les retardataires entrèrent dans la pièce, comblant les derniers sièges vides. Une voix fluette s'éleva alors dans les airs. Je cherchais sa provenance, elle semblait venir de la table du fond. Je finis par identifier l'homme qui parlait. Je ne connaissais pas bien les pratiques religieuses, mais ce ne fut pas difficile de comprendre qu'il récitait un passage de la Bible. Nous assistions à la prière d'avant souper, sur laquelle nous nous étions littéralement assis. Sylvie, en face de moi, me sourit en se mordant la lèvre. Amusée, je cherchai le regard de Barney. Il haussa les sourcils d'un air hautain. La prière ne passait pas.

— Amen, dit la voix fluette.

— Amen, reprirent toutes les voix en chœur.

Un bruit retentissant de chaises qu'on traîne nous invita à nous asseoir pour la seconde fois. Enfin, pour la première fois. La précédente, nous n'avions pas été invités. Pour autant, personne ne nous avait lancé de regards désobligeants. Tout le monde avait feint de ne rien voir. Basile arriva après la prière et s'excusa pour son retard. Il s'assit à ma droite, heureux que sa soutenance se soit bien déroulée. Il nous parla de son enfance. Il venait de la région Casamance, au sud du pays, qui souffrait selon lui d'une mauvaise presse. Il était né là-bas et n'avait quitté sa région que pour le prénoviciat, soit la première année d'école des pères-piaristes à M'Bour, à cent kilomètres au sud de Dakar. Fils d'une institutrice et d'un père chercheur en philosophie, le choix de la religion ne fut pas un problème pour sa famille. Au contraire, ce chemin lui garantissait une excellente éducation.

— À M'Bour, nous sommes en période d'observation, nous sommes répartis dans les classes et nous assistons le professeur, nous prenons des notes sur la façon d'enseigner... expliqua Basile. Ensuite, nous allons au noviciat, à Sokone, où vous vous rendrez dans deux jours. Là-bas, nous sommes véritablement formés à la vie religieuse.

Je jetai un œil à Barney. Il n'avait pas décroché un mot depuis le début du repas.

— Après le noviciat, nous restons à Dakar au moins trois ans. C'est ici que nous devenons des frères. La journée, chacun fait sa vie. Nous nous retrouvons le soir pour discuter, jouer au foot, dîner et aller à la messe de vingt-deux heures. La messe est autodidacte. À la fin de ces trois ans...

Je n'écoutai plus. L'attitude de Barney avait coupé ma curiosité. À la fin du repas, je demandai à mon ami ce qui le tracassait. Comme à son habitude, il répondit un simple rien. Il partit sans un mot à l'arrière du bâtiment. Sylvie partit se coucher. Les scolastiques se rendirent à la chapelle. Je décidai d'aller marcher. Je passai le portail et sortis dans la rue pavillonnaire sans éclairage. Tout en m'éloignant, j'essayai de comprendre ce qui avait pu contrarier Barney. Ça ne faisait aucun doute qu'il n'était pas à l'aise avec les pratiques religieuses, mais son désarroi semblait plus fort que ça. Il m'avait paru presque en colère.

Après un quart d'heure de réflexion, je relevai la tête. J'avais marché sans regarder autour de moi. Je ne reconnaissais pas cet endroit. De toute évidence, j'étais perdue.

— *Shhhhhit* ! dis-je tout haut.

Les ruelles étaient désertes et la nuit devenue noire rendait l'atmosphère lugubre. Les habitations en tôle se ressemblaient toutes. Je marchais dans une direction, revenais sur mes pas, repartais dans une autre... Rien à faire. Je n'avais plus d'autre choix que de m'asseoir sur place, dans le sable. Avec un peu de chance, quelqu'un finirait par s'en apercevoir et viendrait à ma recherche. L'espoir s'en alla aussi vite que je réalisai la stupidité de ma réflexion. Non, personne ne me retrouverait. J'allais finir ma vie ici, seule, mangée par des loups sauvages...

— Marjorie ? demanda Barney à quelques mètres.

— Barney ! Comment as-tu fait pour me retrouver ?

— Tu as marché en rond. L'hôtel est juste derrière, dans la rue parallèle, à deux-cents mètres. Je suis venu voir si tout allait bien. Je trouvais que tu mettais un peu de temps, dit-il en haussant les épaules.

— Ce n'est pas un hôtel, Barney. Ne t'inquiète pas, tu n'es pas obligé de faire la prière si c'est ça qui te contrarie.

Mon ami haussa les épaules.

— C'est pas ça, c'est simplement que croire en Dieu, ça me dépasse. Tu veux qu'on fasse un tour ?

— Si tu veux, mais ne t'attends pas à grand-chose, il n'y a rien à voir.

Nous marchâmes en silence et rentrâmes au scolasticat. Passés le portail, les voix des scolastiques s'élevaient de la chapelle en chantant des alléluias rythmés.

— J'ai découvert un jardin derrière. Viens voir.

Nous longeâmes le bâtiment de la salle à manger et parvînmes sur un terrain composé de hautes herbes avec un espace de foot goudronné dont les cages étaient si usées qu'elles tombaient. Nous nous assîmes sur un banc en bois, presque confondu avec les mauvaises herbes qui l'entouraient. La pénombre gagnait du terrain et bientôt nous ne distinguions plus que les formes des éléments environnants. Il n'y avait pas d'étoiles. La pollution obstruait la vue sur le ciel.

— Barney, je me demandai... Est-ce que c'est sûr que c'est incurable, même maintenant qu'elle prend le traitement ?

— Un cancer généralisé de la plèvre... Oui, c'est quasi certain. Mais en termes de santé, il y a toujours de bonnes comme de mauvaises surprises, répondit-il en haussant les épaules. On peut grignoter des années de vie encore et encore, jusqu'à finalement aller jusqu'à une date proche de la mort naturelle. C'est toi qui dis que l'espoir fait vivre non ?

— Toujours, répondis-je en souriant. Elle va perdre ses cheveux ?

— Dans le cas d'une chimio orale, c'est très rare.

— Pourquoi as-tu l'air triste ce soir ?

— Ce n'est pas facile de mettre des mots sur ce qu'on ressent. Je n'y arrive pas bien. Hier, j'avais l'impression que tout allait bien. Mais ce soir, je ne le sens plus. Mes émotions vont faire des hauts et des bas. C'est là, le vrai combat qu'implique la maladie. Et il vient juste de commencer. C'est ainsi, on ne pourra rien y faire. Alors à partir de ce soir, même si tu me sens triste parfois, j'aimerais qu'on arrête de parler du cancer. Ce n'est pas pour te rejeter. C'est juste que c'est mieux comme ça.

— OK.

— Juré ?

— Croix de bois croix de fer. J'ai juste une dernière question.

— Dis-moi.

— Vous n'avez pas du tout de moment prévu encore pour l'annoncer à Timothé et Eleanor ?

— Ça te tracasse ça !

— Oui.

— Non. En fait, il n'y a aucun souci à appeler Eleanor maintenant. Si tu veux mon avis, c'est Timothé qui bloque. Tu te souviens de l'ambiance à la maison avant qu'il parte ?

— J'ai cru plus d'une fois qu'ils allaient se frapper, ta

mère et lui.

— Ouais, maman était à bout. Depuis qu'il s'est barré, on s'appelle rarement pour se raconter nos journées, si tu vois ce que je veux dire. Il y a tellement de haine chez lui. Au moins à l'armée, il est encadré. Tout ça pour dire qu'elle a vraiment peur de la réaction de Timothé. Ça pourrait le rendre encore plus instable. Ce qui est bête, c'est qu'elle punit Eleanor parce qu'elle ne veut pas faire de favoritisme. Pour moi c'est différent, j'étais là. J'ai toujours été là.

— C'est dommage pour Eleanor. Elle aurait pu venir ici avec nous. Ça vous aurait donné l'occasion de vous retrouver. Mais je comprends.

Barney haussa les épaules. Sa sœur, c'était un sujet sensible. La séparation lui avait fait mal, elle lui manquait depuis toujours. Il valait mieux ne pas rajouter de l'huile sur le feu.

Nous rejoignîmes nos chambres à l'aide de la lampe torche du téléphone de Barney.

— Bonne nuit ?

— Bonne nuit Barney, à demain !

Je rentrai dans ma chambre et m'allongeai aussitôt. Après avoir longuement cogité, je finis par trouver le sommeil. À quelques mètres de là, dans sa chambre, Sylvie transpirait à grosses gouttes, inondant le lit de sueur et de larmes, à nouveau prisonnière d'un cauchemar semi-éveillé. Les lignes des carreaux du carrelage de l'hôpital rejoignaient celles du faux plafond. Et au milieu, elle apercevait une forme humaine, floue. Pourtant, elle le savait, il s'agissait de Timothé. Ce rêve, elle l'avait fait maintes et maintes fois par le passé. Depuis l'annonce du cancer, il était revenu, encore plus fort et plus violent. L'image de Timothé au milieu de la chambre d'hôpital lui tordait le ventre de douleur sans qu'elle ne puisse se réveiller. Elle ne pouvait plus respirer, tout devenait noir et elle n'entendit plus que ses cris. *Mais qu'est-ce que tu as fait ? TU L'AS TUÉ !*

Gravir des montagnes

Mardi 23 mai, 7h59, Dakar
Jour de marché

Un rayon de soleil s'infiltrait au travers du fin rideau qui recouvrait la fenêtre. Il s'échouait dans mes yeux, et me réveilla. Je n'avais pas bien dormi. J'avais eu froid. Je n'avais qu'un pyjama léger dans mes valises. On m'avait dit que le Sénégal était un pays chaud. Mais à Dakar, les nuits étaient fraîches. J'étais venue prendre le soleil, j'allais repartir avec un rhume. Je me levai et attrapai mon sweat de la veille, abandonné négligemment sur la chaise. C'était mon pull préféré du moment. Il était très simple, d'un bleu uni, floqué du mot *Brooklyn*, lieu où j'en avais fait l'acquisition. J'allumai mon téléphone qui ne me servait plus que de montre. 8 heures.

Assise sur le lit, je me demandais comment mettre à profit un réveil matinal. Ma valise entrouverte laissait apparaître la serviette de toilette encore inutilisée. Mais la fraîcheur matinale me décourageait. La douche attendrait. J'enfilai un pantalon léger, différent de la veille. C'est vrai qu'ils étaient assez originaux, ces pantalons. Mais ce mélange de couleurs, pas vraiment harmonieux, me plaisait. J'attrapai des chaussettes au hasard et attachai négligemment mes cheveux châtains coupés en carré avec l'élastique de mon poignet. De ma main, j'ébouriffais ma frange pour la dégager de mes yeux, elle devenait trop longue. Je m'observai dans le petit miroir au-dessus du lavabo : ça ferait bien l'affaire.

Je sortis doucement en veillant à ne pas claquer la porte. Je me dirigeais vers l'escalier et entendis des voix et des rires à l'étage inférieur. J'hésitai à descendre, par peur d'être intrusive. Mais la curiosité me poussait en avant. Je descendis et fis rapidement le tour de ce mystérieux endroit, qui avait la même architecture que l'étage du haut. Je passai devant les portes en prêtant l'oreille. Je reconnus des bruits de douches provenant de deux d'entre elles. À la différence des autres, la porte du fond était peinte, comme renfermant un trésor. Je m'approchais d'elle quand soudain je me figeai. Les voix et les bruits de douche étaient nettement plus forts tout à coup. Quelqu'un avait ouvert une porte derrière moi. J'eus le réflexe bizarre de me plaquer contre le mur. Heureusement, l'homme qui sortait de la pièce avançait d'un pas pressé vers l'escalier, à l'opposé de là où je me trouvais. Il était seulement vêtu d'une serviette *rikiki* nouée autour de la taille, qu'il tenait négligemment d'une main. Il ne tourna pas la tête vers moi. Je le vis s'éloigner de dos en trottinant. Je retins mon souffle. La serviette glissa de sa main, laissant apparaître un postérieur bien rebondi. Il la remit aussitôt et reprit sa course. Je n'aurais jamais pensé voir un jour les fesses d'un prêtre. Deux options s'offraient maintenant à moi. Je pouvais rester figée contre le mur pour demeurer aussi discrète que possible, en attendant que tout le monde rejoigne gentiment sa chambre. Ou je pouvais courir sans me retourner. Ça, c'était bien. Après une petite prière pour que personne d'autre ne sorte des douches au même moment, je courus sans réfléchir, manquant de trébucher, me rattrapai, continuai ma marche très rapide en regardant mes pieds jusqu'à atteindre l'escalier. J'aurais fait un piètre agent secret. Mais en tant qu'individu non agent secret, tant que je ne voyais personne, il me semblait que personne ne me voyait.

J'arrivai rouge comme une pivoine dans la salle où plusieurs scolastiques prenaient leur petit déjeuner. J'attrapai un bol propre sur une des places et les rejoignis sans réfléchir. Je me stoppai net, debout derrière ma chaise. Quelle prière devais-je faire avant de m'asseoir ? Ma présence se remarqua, je les saluai et ils me saluèrent en retour. Il fallait agir. Très vite, je fis un signe de croix en criant *AMEN*. Je tirai la chaise et m'assis. Les scolastiques me regardèrent intrigués un court moment avant de reprendre leur conversation. J'entamai la discussion avec Alexis, le conseiller du taxi de la veille, qui rit à pleins poumons quand je lui racontai notre péripétie du m*onument de rechange*. Père Fiacre ne tarda pas à arriver. Il nous rejoignit, attrapa un bol et s'assit en silence. J'en profitai pour lui poser des questions sur la vie religieuse et ses choix. Sans Barney dans les parages, je n'avais pas de gêne à aborder ces thématiques. Les réponses du père étaient fascinantes.

Père Fiacre était né dans une famille pauvre au sud du pays. Dès ses cinq ans, il fut *appelé par Dieu*, selon ses mots. Il ne mangeait pas à sa faim et dormait à peine, réveillé plusieurs fois chaque nuit par ses frères encore petits, avec qui il partageait un bout de pagne pour matelas. Lorsque la faim et la fatigue le tiraillaient trop, il priait et se sentait aussitôt apaisé. Aujourd'hui, il se sentait fort, et voulait rendre cette force que Dieu lui avait prêtée, en aidant les autres. Puis il me parla du système scolaire au Sénégal. Comme chez nous, les enfants devaient être scolarisés jusqu'à seize ans. Mais, problème majeur des pays en développement, la scolarité restait un luxe. Les enfants des familles pauvres travaillaient dès le plus jeune âge pour participer aux finances. Dans les campagnes, l'école était parfois à une dizaine de kilomètres de marche. Et quand bien même ils y allaient, les enfants défavorisés n'avaient ni cahier ni stylo, faute de priorisation des dépenses. Quand on n'a rien, on choisit de quoi survivre avant de penser à l'avenir.

— C'est pour cette raison que c'est bien ce que vous faites.

Quarante minutes plus tard, Barney entra dans la salle. Le père Fiacre le salua, lui demanda s'il avait bien dormi et lui tendit le café et l'eau bouillante. Fin observateur, il avait mémorisé les habitudes du voyageur, addict à la caféine, comme sa mère. Sylvie arriva juste derrière.

— Basile ne devrait pas tarder à vous emmener au marché, dit le père.

Barney tourna la tête vers moi et me regarda, surpris par mon regard éveillé. Après avoir avalé quelques bouts de pain sans finir son café, Sylvie nous annonça qu'elle resterait se reposer. Elle s'était levée très fatiguée, et se plaignait d'une vive douleur dans la poitrine. C'était la première fois qu'elle parlait d'une douleur. Je fus soulagée qu'elle puisse se confier sur sa peine. Mais cela ne présageait rien de bon. Ni sur l'état de santé de Sylvie ni sur l'humeur de Barney. Sylvie avala un cachet de son traitement, avec une élégance qui lui était propre. Je l'observais, fascinée par ses mouvements. Même malade, fatiguée et affaiblie, elle dégageait une force naturelle. Grande et très fine, elle aurait pu être mannequin, avec ses cheveux roux et courts. La cinquantaine lui avait creusé quelques rides autour des yeux, et c'était bien la première fois que je les voyais. On aurait dit que l'âge l'avait rattrapée pendant la nuit. Elle se leva et quitta la pièce avec difficulté. Barney la suivit pour l'aider à monter les marches. Une heure plus tard, nous étions en route, Basile, Barney et moi.

La première étape consistait à prendre un taxi. Nous rejoignîmes un groupe de locaux à un carrefour. Une voiture banalisée s'arrêta devant nous, et nous montâmes avec une autre personne. Je fus soulagée de voir une ceinture de sécurité. Je tirai dessus, mais il n'y avait pas d'encoche pour la boucler. Tant pis. Cinq à dix minutes suffirent pour atteindre notre destination. Basile nous demanda si nous avions une pièce de cent francs chacun. C'était le prix à payer pour la course. Nous n'avions pas de monnaie si petite. Barney tendit un billet de mille francs CFA au chauffeur et lui fit signe de garder le reste.

En réalité, nous n'étions pas encore arrivés au marché, mais à la gare routière. Basile désigna un bus dans lequel nous devions monter pour rejoindre notre destination. L'arrière du véhicule était complètement ouvert. Nous montâmes et prîmes place sur les planches de bois sommaires. Au début, nous n'étions que trois. Mais très vite, d'autres passagers montèrent. Le bus se remplit même bien au-delà de sa capacité. Des voyageurs s'accrochaient à présent à la carrosserie. Le chauffeur se créa un passage pour faire le tour, ramassant des pièces de cent francs. Barney me demanda quelle monnaie il me restait dans ma banane. Le billet le plus petit que nous avions en poche était maintenant de dix mille francs CFA. Basile lui donna trois pièces et se retourna vers nous. Il stoppa de suite notre air gêné par un clin d'œil amusé. Le véhicule démarra, secouant ses passagers entassés. Au fur et à mesure de la course, des passagers s'accrochaient et se décrochaient. C'était à se demander s'il restait un bout de carrosserie visible de l'extérieur. J'entendais régulièrement taper contre le bus, et chaque fois, mon cœur bondissait. Le chauffeur passait régulièrement parmi les passagers pour récolter les pièces. Il avait une excellente mémoire, car il ne nous redemanda jamais notre part. Il faisait très chaud dans ce bus surchargé, j'essuyais quelques gouttes de sueur sur mon front avec le dos de ma main.

— Désolé pour la monnaie, dis-je à notre guide. Tu nous laisseras te payer une bière ? Enfin, un thé. Enfin, quelque chose que tu bois...

Basile rit de bon cœur en disant de ne pas m'en faire. Je tentai d'apercevoir un itinéraire pour comprendre où nous allions. En vain. Il n'y avait aucun affichage. J'observai Barney, perdu dans cet environnement. Extérieurement, il semblait calme : mains sur les genoux, les coudes relevés, le buste légèrement voûté... Mais je savais parfaitement ce que cette gestuelle signifiait. Je savais que le bout de ses doigts crispés rentrait dans ses rotules. Chaque partie de son corps était tendue. Il évitait tout croisement de regards. Aussi discret qu'une antilope sentant le lion approcher. Puis Basile annonça soudainement qu'il fallait descendre. Avant que le bus ne se stoppe, nous nous relevions doucement et commencions à slalomer entre les autres passagers pour rejoindre l'ouverture à l'arrière. Pieds à terre tous les trois, Basile toqua à grands coups sur la carrosserie. Je compris alors que ce qui m'effrayait pendant le trajet n'étaient que des signaux pour indiquer au chauffeur de repartir.

On respirait, mais pas pour longtemps. Ici, le sable semblait plus chaud et abondant. Piétiné par la foule, il s'envolait. Un nuage de poussière me fit plier les yeux. Je me recouvrais la bouche et le nez avec le col de mon tee-shirt. Nous nous enfonçâmes dans le marché. Basile, en tête, nous invita à le suivre de près. Nous évitions de justesse les scooters et les charrettes qui se faufilaient, tirés par des ânes. Pour se frayer un chemin parmi la foule, ceux qui les dirigeaient poussaient des sons vifs pour que la foule s'écarte : *tac tac tac*. Entre la chaleur, le bruit et le monde, je fus prise de vertiges. Le marché était immense. Nous étions comme dans une grande allée de kiosques. Basile nous demanda de nous arrêter et de l'attendre devant un premier vendeur de cahiers. Nous étions dépendants de lui pour nous guider et négocier les prix. Le but était de ne pas se faire arnaquer. Mais le but n'était pas d'arnaquer le marchand de cahiers non plus. Il fallait que chacun y trouve son compte. L'étalage ne comportait qu'une vingtaine de fournitures, avec quelques stylos et des manuels d'occasions. Pas assez de stocks pour nos attentes. En wolof, il indiqua à Basile un autre endroit en le pointant du doigt. Le marchand se joignit à nous en abandonnant son étalage. Basile avançait vite, se frayant un chemin d'un pas certain. Je tentais de suivre le rythme, mais je perdais le groupe. Une charrette me frôla, je l'évitai de justesse et percuta malencontreusement une dame qui portait des bassines sur la tête. Je m'excusai, me retournai... Où étaient-ils passés ?

Des sueurs froides parcouraient mon dos. Je n'aimais pas la foule. J'étouffais. La peur allait bientôt laisser place à la panique qui me clouait déjà au sol. J'aperçus Barney qui se dandinait pour revenir à ma hauteur. Sa vue me détendit immédiatement. Je fus même prise d'un sourire de le voir arriver dans son sarouel, dans cet environnement bien étranger, à chercher où mettre ses pieds, très blanc parmi les Sénégalais très noirs, ses yeux bleus plissés rougis par le soleil. Il attrapa ma main et nous reprîmes notre marche d'un pas accéléré. Arrivés à sa hauteur, Basile nous annonça avoir demandé à un deuxième vendeur. Lui non plus ne disposait pas de stocks suffisants. Nous nous remîmes en route aux côtés des deux marchands. Nous arrivions alors à hauteur de ce qui semblait être le plus grand stand de la sphère papeterie. Les affaires pouvaient démarrer.

Basile négociait en gros, comme un chef, nous donnant de temps en temps la température de la réflexion. Nous ne servions pas à grand-chose dans ce processus, si ce n'est à compter les sous et adapter les fournitures en fonction des prix annoncés. Basile nous disait que les élèves n'utilisaient pas de stylos noirs et que les classes manquaient souvent de craies. Calculs finis, les négociations s'arrêtèrent sur trois cents cahiers, cent cinquante stylos bleus, cent cinquante crayons de papier, cent craies et cent cinquante gommes. Le marchand principal et ses collègues (ceux qui avaient rejoint la troupe en cours de route) emballèrent le tout dans des cartons. Et c'est à ce moment-là que nous prîmes conscience de la quantité de matériel et surtout de son poids : quatre cartons de douze kilogrammes chacun, et un de cinq, pour être précise. Nous n'aurions jamais pu transporter tout ça dans le bus. Le vendeur nous appela un taxi, qui arriva quelques minutes plus tard. Le chauffeur, le vendeur, Basile et les deux autres marchands attrapèrent les cartons et les chargèrent dans le coffre. En quelques secondes, tout était embarqué. Les trois marchands nous serrâmes la main comme de vieux amis. Nous montâmes dans le taxi pour rentrer au scolasticat.

À notre retour, l'endroit était étrangement vide. Nous sortîmes de la voiture. Le chauffeur de taxi ouvrit le coffre et commença à décharger. Barney et Basile prirent chacun un carton. Je voulus les imiter. J'attrapai un carton, le soulevai d'un centimètre, le lâchai aussitôt. C'était vraiment lourd. Mais je n'avais pas dit mon dernier mot. Je pris mon élan, enlaçai le carton, le fit rebondir sur ma cuisse et avançai péniblement. J'eus à peine le temps de faire un pas que le chauffeur de taxi, revenu de son premier aller-retour dans la salle à manger, me prit le carton des mains. Je restai là, seule face au coffre ouvert de la voiture, un peu vexée. Le dernier carton était celui qui contenait les stylos, craies et gommes, donc un peu moins lourd. Enthousiasme revenu, je me dirigeai vers celui-ci et le souleva. Mais aussitôt, Basile arriva en trottinant, m'enleva le carton des mains en disant *non non*. À nouveau, je restai plantée là, hébétée. Je me sentais bien inutile, les bras pendants face au coffre vide.

Je m'assis sur les petites marches, attrapai un bâton et frappai le sol, d'un air ennuyé.

— Marjorie, où es-tu ? cria Barney. Ah, tu es là ! Ça va, tu ne t'es pas trop foulée ? Viens, Basile veut nous montrer un truc.

Barney me guida vers la chambre de Basile qui était éloignée de celles des frères, car Basile n'était plus en formation au scolasticat. Il était logé en tant qu'invité pour finir sa thèse à l'université avant d'être affecté à une paroisse. Comme les nôtres, la chambre de Basile ressemblait à une chambre standard de résidence universitaire dont les travaux n'auraient jamais été finis. Dans un coin trônait une guitare, et quelques photos amenaient un peu de vie sur le mur blanc au-dessus du lit. Piquée par la curiosité, je m'approchai d'elles. Les photos figent les souvenirs dans le temps, là où un bout du cœur de celui qui les affiche réside encore.

— Regardez, j'ai retrouvé ça pour vous hier. Ce sont les notes que j'ai prises lors de mon année au prénoviciat. Si vous vous souvenez, c'est...

— La première année de vos études de prêtres à M'Bour, coupa Barney.

— Oui, bravo, tu as retenu ! reprit Basile. Je ne sais pas

si cela vous intéresse, mais je peux vous donner ce cahier. Vous comprendrez mieux ce que l'on fait en classe... C'est le manuel d'une classe de CE2, avec mes notes.

Il me tendit un cahier fourni de pages noircies. Il avait l'écriture de mon grand-père sur ses lettres de correspondance d'autrefois, appliquée et lisse. Après l'avoir remercié pour ce présent, nous quittâmes la chambre avec Barney. Nous nous asseyâmes sur les petites marches devant la salle à manger. Je regardai le livre de Basile, le feuilletant avec détachement. Barney me demanda s'il pouvait y jeter un œil, et commença à le lire avec intérêt.

— Tiens, ils ne donnent pas de notes ici. Ils mettent des commentaires aux enfants pour les encourager davantage. Intéressant...

Barney s'attardait sur les détails, faisant parfois quelques commentaires sur la différence avec le programme enseigné en France. Il en connaissait étonnamment beaucoup sur le sujet.

— Dis donc, tu as de bons restes de la période où tu aidais Eleanor pour ses devoirs !

— C'est plus récent que ça. J'ai eu une relation pendant quelques mois avec une femme qui avait une fille en CE2. J'aidais souvent la petite pour les devoirs, le week-end.

— C'était quand ? demandai-je feignant le désintérêt.

— Quand tu étais à New York, me répondit-il.

Un poids me tomba sur l'estomac, comme si je venais d'avaler un gros caillou. *Quand tu étais à New York*, était une phrase qu'il m'était toujours difficile d'encaisser. Ce n'était qu'un fait, un simple repère spatio-temporel, comme on dirait *quand tu étais en courses ce matin*. Mais ce n'était pas pareil. Cette phrase me faisait mal. Elle me rappelait que j'avais manqué des choses. Elle me donnait l'impression d'être dans un espace-temps parallèle, de ne plus être là-bas, mais pas vraiment ici non plus.

La cloche sonna l'heure du déjeuner. Nous nous asseyâmes sur les mêmes places que la veille. Sylvie nous rejoignit. Elle était encore très pâle. Elle nous dit de ne pas nous inquiéter : c'était un jour sans, rien de plus. Après le repas où elle n'avala rien, elle monta directement se coucher et nous demanda d'appeler Didier, pour le prévenir du bon déroulement de l'achat des fournitures. Voyant que Barney était toujours plongé dans le carnet de notes de Basile, je pris son téléphone. Je pressai la touche 5, qui était associée au contact de Didier. Le médecin décrocha immédiatement et m'accueillit avec une grande énergie. À l'annonce des achats du matin, il explosa d'une grande joie.

— Nous verrons à Sokone comment les répartir entre les écoles, c'est bien ça ? demandai-je.

— Exactement ! Père Cala vous guidera. N'oublie pas de remplir le bon de don à chaque fois. C'est dans les papiers de l'association, dans la pochette brune que j'ai confiée à Barney. Vous avez vraiment bien géré avec les fournitures ! Tout va bien, sinon ? Vous vous familiarisez avec les piaristes ? Vous avez pu visiter un peu ?

Je lui racontais l'épisode du monument de rechange et l'entendit partir dans un fou rire à l'autre bout du fil.

— Et pour Sokone, vous avez vu avec le père pour organiser le trajet ? Mon bipeur sonne, je dois te laisser. N'oubliez pas de profiter, quand même. Je vous appelle ce soir.

Il raccrocha avant que je ne puisse répondre à l'une de ses questions. Mais sa bonne humeur faisait du bien. Je me rendis dans le jardin derrière le bâtiment. De plein jour, il paraissait plus petit. Deux scolastiques jouaient au foot sur un terrain improvisé, délimité par des plots usés.

— Vous voulez jouer avec nous ? me demanda l'un d'entre eux.

Je refusai poliment. Je m'allongeais sur le banc et m'assoupis rapidement.

La cloche sonnait déjà l'heure du dîner. Le silence ne pesait pas ce soir. Il planait. Il nous caressait la tête. Chacun semblait enfermé dans une réflexion personnelle. Sylvie recentra soudainement l'attention lorsqu'elle toussa à s'en décrocher un poumon. *Avalé de travers*, parvint-elle à formuler péniblement.

— Pour votre voyage de demain à Sokone, annonça le père, c'est arrangé. C'est moi-même qui ferai l'aller-retour, finalement. Il y a bien longtemps que je n'ai pas vu père Cala.

Sylvie rougissait sous les pulsions d'une toux retenue, qui n'avait rien à voir avec ce qu'elle prétendait. Elle demanda à Barney de l'accompagner à l'étage. Il l'aida à monter les marches. Lorsqu'ils entrèrent dans la chambre, Barney et elle se regardèrent, l'un surpris, l'autre confus.

— Ce n'était qu'un jour sans. Je vais bien, Barney.

Elle prononça ses derniers mots d'une petite voix. Ils restèrent tous les deux assis sur le lit en silence. Puis Barney souhaita une bonne nuit à sa mère.

Histoire

De plus en plus matinaux, Barney et moi étions descendus un peu avant 8 heures. La salle du petit-déjeuner était remplie et les places que nous occupions par habitude étaient prises. Lorsqu'ils nous virent arriver, les deux frères qui s'y trouvaient se levèrent et se décalèrent de deux chaises.

— Vous partez ? demanda l'un d'eux.

— Oui, nous allons à Sokone.

— Mais nous n'avons même pas fait connaissance ! Si vous étiez restés jusqu'à samedi, on aurait eu plus de temps avec vous, enchaîna le deuxième scolastique.

On se quittait trop tôt. Notre présence commençait à devenir une habitude et la timidité s'envolait. Une vingtaine de minutes plus tard, les scolastiques prirent le chemin de l'université, nous laissant seuls Barney et moi.

— Et pourquoi tu ne deviendrais pas institutrice ? me demanda soudainement Barney.

— Sérieusement ?

— Oui. C'est utile et ça t'irait bien.

— N'importe quoi ! répondis-je. C'est trop terre-à-terre pour moi.

— Donc il te faut un métier créatif. Forme-toi. Ou encore mieux : fais-le directement. Tu verras bien où ça te mène.

— Mais je ne sais pas ce que je veux faire !

— C'est faux. Tout le monde sait ce qu'il veut faire, s'il prend la peine de s'écouter.

— Dis donc, c'est très sage comme parole. Qui êtes-vous et qu'avez-vous fait de mon ami Barney ?

— C'est toi qui m'as toujours dit de lâcher prise.

— Et ça te va plutôt bien. J'ai l'impression que depuis que ta mère a accepté son traitement, tu vas mieux.

Je me mordis la lèvre.

— Pardon.

Il haussa les épaules.

— Je ne comprends pas pourquoi son état se dégrade. Ce n'est pas ce que le docteur Petit avait annoncé. Les examens étaient très bons avant de partir.

— Un effet secondaire du traitement, peut-être ?

— Je ne sais pas. On dirait que ce sont les symptômes de la maladie qui gagnent du terrain. Elle n'avait jamais eu de quinte de toux comme hier soir.

— Attends de voir comment elle va ce matin. Tu veux qu'on visite le reste du bâtiment avant de partir ?

On s'engagea au rez-de-chaussée, à droite de la salle de séjour. La découverte fut de courte durée. Le dernier bloc composé des chambres des frères ressemblait en tout point aux autres. L'endroit était aussi austère qu'à l'étage. Je regardai les portes. Sur chacune d'elles, le nom de l'occupant était indiqué, précédé des lettres *Fr*.

— À ton avis, ça correspond à quoi, *Fr* ?

— Frère, répondit Barney.

— C'est quand même marrant. Frère Luc, frère Alexis, frère Oscar... Je cherche frère Toque !

— Frère Toque ?

— Oh, Barney ! Comment peux-tu être mon ami depuis toujours et ne pas savoir qui est frère Toque ?

Je fis signe à Barney de s'arrêter devant la porte que nous passions. Il leva la tête et lut à voix haute : frère Jacques. Entre deux rires, Barney réussit à articuler :

— Et quand on sonne, tu penses que ça fait *ding dang dong* ?

Nous restâmes une bonne dizaine de minutes devant cette porte, pris de crampes.

— C'est bizarre, j'ai l'impression d'être resté ici plus long-temps que deux jours. Pourtant, nous ne connaissons personne des noms notés sur les portes, me dit Barney sur le seuil.

J'acquiesçai.

— Es-tu prêt à partir pour Sokone ?

— Il faudrait encore qu'on puisse s'y rendre.

Nous n'avions pas vu le père Fiacre de la matinée. Sur le téléphone de Barney, l'écran affichait 9h27. C'était tard pour Sylvie, mais pour le moment, il n'était pas utile de la réveiller. Nous retournâmes devant la salle de séjour et prîmes place sur les petites marches, attendant sagement les instructions de voyage. À 10 heures, il n'y avait toujours aucun signe du père Fiacre et Barney commençait à s'inquiéter de ne pas voir sa mère. Il monta les marches quatre à quatre et frappa à la porte. Il insista quelques minutes, sans signe de vie. Il tambourina de plus belle à s'en rougir la paume de main qu'il ne sentait plus. Son cœur battait dans ses tempes. *Et si... ?* Non, il ne devait pas penser à ça. Ce n'était pas possible. Au même moment, la voiture du père Fiacre entra dans la cour. Barney l'entendit et dévala les marches. Le souffle court, il demanda le double de la chambre de Sylvie. Père Fiacre décerna l'urgence de la situation et ne posa pas de questions. Il se hâta d'aller chercher la clé. Lorsqu'il lui remit, Barney escalada les marches à nouveau.

Dix minutes plus tard, Barney réapparut. Sylvie était main-tenant réveillée, mais elle semblait avoir de la fièvre. Mon ami composa le numéro que le docteur Petit lui avait donné. Le confrère de Dakar nous demanda de venir le voir dans la journée, le plus tôt possible. C'est ainsi que notre voyage vers Sokone se transforma en aller simple pour l'hôpital.

Tous les quatre réunis dans la voiture du père Fiacre, nous retenions notre souffle. Abasourdis par l'incompréhension et la peur, nous suivions Barney qui avançait d'un pas décidé jusqu'à l'accueil du centre de soins. Nous attendîmes plus de trois heures avant que le médecin ne prenne Sylvie en charge. Trois longues heures d'attente dans le silence, où je craignais que Barney n'explose à tout moment. Le médecin arriva enfin et s'excusa de ne pas avoir pu se libérer plus tôt. Personne ne répondit. Sylvie et Barney le suivirent.

Le résultat du scanner ne montrait rien d'anormal. Les tumeurs déjà présentes n'avaient pas grossi et aucune autre n'était apparu.

— C'est encourageant, annonça le médecin.

— Mais pourquoi a-t-elle de la fièvre s'il n'y a pas d'aggravation ? demanda Barney.

— Malheureusement, je ne saurais vous l'expliquer avec précision. L'hypothèse la plus vraisemblable est une réaction au traitement, qui survient plus tard que ce qu'on a l'habitude de voir. En temps normal, les patients peuvent avoir de la fièvre et se sentir très fatigués les premiers jours. C'est plus rare de voir ces symptômes arriver au bout de dix jours.

— Donc c'est bien le traitement, et non la maladie ? demanda Sylvie.

— Encore une fois, c'est difficile à dire. Il n'y a pas d'aggravation de votre état, ce qui laisse penser que ce n'est pas le cancer qui fait une poussée agressive. Cependant, c'est possible. Et dans ce cas, la fièvre prouve que votre corps est en train de se battre, et le traitement l'y aide. Vous avez aussi fait un long voyage. Le changement de rythme est déstabilisant pour l'organisme.

— Et si je stoppe le traitement, est-ce que ça ira mieux ? demanda Sylvie.

Barney lui lança un regard grave.

— La chimiothérapie orale est un traitement assez récent. Mais comme la chimiothérapie classique, les effets varient fortement d'un patient à un autre. Ce qui est sûr, c'est que votre état de santé ne se dégrade pas. Je peux seulement vous conseiller de vous reposer et prendre votre mal en patience. Si les symptômes s'aggravent, alors il faudra sérieusement envisager d'autres soins.

— Ce n'est pas ce que je souhaite, répondit Sylvie.

— Et cela sera votre choix, je ne suis pas à votre place. Cependant, si vous en ressentez le besoin, nous avons d'excellents psychologues ici à l'hôpital, à qui vous pourriez parler de cette décision. Monsieur Gemini, pouvez-vous sortir un instant s'il vous plaît ?

Barney sortit de la salle.

— Madame Lenoir, je suis dans l'obligation de vous demander : avez-vous un traumatisme quelconque vis-à-vis de l'hôpital, ou un proche qui aurait eu un cancer de ce type avant vous ?

Sylvie sourit.

— Je travaille à l'hôpital. Je suis infirmière. Et contrairement à la majorité des gens, je m'y sens très bien.

— Vous savez peut-être que parfois, le corps refuse le traitement à cause du mental. La peur, la culpabilité, le choc... sont des éléments qui ne favorisent pas la guérison. Il n'y a pas de maladie dans votre famille, une expérience de mort foudroyante ?

— Non. Enfin, mon père est mort de façon violente, mais c'était d'une crise cardiaque, rien à voir avec la plèvre. C'était violent, mais pas traumatisant. Au contraire, c'est ce qui m'a donné la vocation de soigner les gens.

— Soigner les gens c'est bien, mais se soigner soi-même, c'est tout aussi important.

Le visage de Sylvie s'assombrit.

— Pour tout vous dire, mon mari est mort des suites d'un accident de voiture, après trois années dans le coma. Je n'ai pas l'habitude d'en parler... J'évite, avec les enfants, et les confrères. C'est un souvenir douloureux pour tout le monde.

— Vous n'en parlez donc jamais ?

— Non. Mon mari est décédé dans l'hôpital où nous exercions ensemble. Où j'exerce toujours. Tout mon entourage connaît l'histoire. Je ne veux pas leur faire revivre ça. Mes fils aînés ont été suivis par un psychologue.

— Vous parlez beaucoup des autres, mais jamais de vous. Vous aussi avez vécu un épisode traumatisant, madame

Lenoir. Je ne suis pas psychologue, mais vous le savez tout autant que moi par notre profession : un corps malade ne peut pas se soigner sans un mental sain. Votre refus de traitement peut s'expliquer par la simple perspective de vous soigner dans le même hôpital que votre mari. C'est un souvenir trop douloureux pour être revécu.

— Oh, je n'ai pas besoin de ça pour m'en souvenir. Il n'y a pas un jour qui passe sans que j'y pense.

— Ne vous punissez pas, vous n'êtes pas responsable.

— Si, je le suis.

— Nous avons un très bon service psychologique dans cet hôpital. Prenez le temps d'y réfléchir. Si vous avez besoin que je vous conseille quelqu'un, vous avez mon numéro. Je vous prescris des médicaments contre la toux et des somnifères pour les mauvaises nuits. Il n'y a rien à faire de plus pour le moment. Reposez-vous et prenez bien votre traitement. Les prochains jours seront déterminants.

— Merci, docteur. Je sais ce qu'il me reste à faire.

— J'insiste : prenez soin de vous, madame Lenoir.

Sylvie remercia le médecin et retrouva Barney sur le seuil de la porte.

— Alors, qu'est-ce qu'il préconise ? demanda-t-il à sa mère.

— Il m'a dit de me reposer.

— Tu veux qu'on reste quelques jours supplémentaires à Dakar ?

— Non. J'ai juste encore besoin de quelques jours de répit. Pour accepter. La guérison se fait par vagues, n'est-ce pas ?

— C'est certain.

Barney enroula son bras autour du cou de sa mère. Ils rejoignirent la salle d'attente, où père Fiacre et moi-même les attendions Nous quittâmes l'hôpital. L'après-midi de cette journée hors du temps était déjà bien entamé lorsque nous rentrâmes au scolasticat. Il fallait que Sylvie se repose. Le voyage pour Sokone attendrait encore une nuit.

Après dîner, Barney s'allongea sur son lit. Il avait besoin

d'être seul. Depuis dix jours maintenant, l'espoir faisait des yoyos dans sa tête et fatiguait son cœur. Mais il était bien présent, cet espoir, et plus fort que jamais. Une réaction au traitement, même celle-ci, était la preuve qu'il agissait. Maintenant, le chemin irait dans un sens ou dans l'autre. Il fallait être encore un peu patient. Lorsque sa mère se sentirait prête à annoncer sa maladie à son frère et sa sœur, elle serait prête à passer à l'étape supérieure. Elle finirait par accepter la chimiothérapie intraveineuse parce que c'était la seule solution. Elle disait elle-même qu'elle avait besoin d'accepter. Quand ce sera fait, le traitement ne serait plus son ennemi. Elle avançait, ce n'était plus qu'une question de temps. Quelque part, Barney avait l'impression d'avoir déjà sauvé sa mère. Et il continuerait à la sauver et croire en sa guérison jusqu'à ce qu'elle prenne le relais.

Pour moi aussi, cette journée avait été longue. Je n'avais fait qu'attendre les miettes des explications qu'on voulait bien me donner. Mais j'acceptais cette situation, à présent. Les choses bougeaient, on mettait des mots sur des maux. Et grâce au père Fiacre, j'avais constaté qu'être simplement là au moment où on avait besoin de vous, c'était déjà beaucoup. Je souris. Je comprenais les mots de ma mère, à présent. Le père avait attendu dans le silence avec moins d'informations que moi. Il n'en avait pas demandé. À son image, il fallait juste que je sois là, pour Barney, qui portait sa mère sur ses épaules, et pour Sylvie, qui commençait réellement son combat grâce à l'amour qu'il lui témoignait. Aujourd'hui, je sentais que j'étais là où je devais être. Cela faisait longtemps que je ne m'étais pas sentie réellement en phase avec moi-même.

Je m'allongeais sur mon lit et attrapais le stylo noir et le bloc de papier que j'emmenais partout avec moi. Je n'étais pas assez régulière pour tenir un vrai journal, mais il m'arrivait quelquefois de noter les sensations de ma journée. J'écrivis : *quand revient-on vraiment, après être parti ?* Sans plan, je laissais mon esprit vagabonder. Je pensais d'abord à Sylvie qui, après s'être égarée un instant dans le rejet, apprenait à revenir à la vie. Et puis, je pensais au départ physique, celui pour lequel on fait ses valises. Celui qu'on réalise après l'affirmation des mots *je pars*. Je réécris mon propre départ pour New York. *J'ai un peu peur, maman. Je sais.* Sous forme de tirets en vrac, je notai ce que j'avais appris et vécu, les sensations toujours tenaces, ce qu'on pense n'être qu'un petit rien, mais qui nous suivent pendant longtemps. Des heures durant, je ne quittai pas mon stylo, et c'était merveilleux. J'avais la sensation d'être coupée du monde, d'être cent pour cent connectée à tout ce qui se passait dans mon corps, toutes mes idées trop souvent mises de côté. Tout ça, je le recrachais sans contrainte, en formant des phrases, en formant des pensées, en formant une histoire. Je repensais à ce qui m'avait amenée ici, à mes sentiments mélangés, au mauvais qui amène le bon et inversement, au fait que tout a un impact sur tout. Toutes ces réflexions amenées par le fait de partir, de faire des choix, de découvrir, de se poser des questions, de grandir... Tout ce qui avait été enfermé depuis longtemps en moi et me paralysait, prenait maintenant tout son sens via la bille de mon stylo.

Partir permet d'y voir plus clair. Mon histoire était peut-être insignifiante. Mais ça restait une histoire. Et chaque histoire méritait d'être racontée. Au bout du stylo, elle prenait vie, et mon histoire n'était plus seulement la mienne, mais celle de plusieurs personnes. Une simple histoire de vie.

Itinéraire

Jeudi 24 mai, 9h37, Dakar
En route pour le noviciat

Après le petit-déjeuner, nous nous apprêtions à prendre la route vers Sokone. Père Fiacre, ne pouvant plus nous accompagner, avait sollicité tout son entourage pour nous trouver un chauffeur, qui allait arriver d'une minute à l'autre. Trois heures de trajet en voiture séparaient Dakar et Sokone. Pour le transport, le chauffeur avait demandé la somme de quinze mille CFA, soit une vingtaine d'euros. En attendant la voiture, nous rassemblions nos affaires. Sylvie avait bouclé sa valise la veille au soir. Après une douche froide, la fièvre était partie aussi vite qu'elle était apparue, sans explication. Barney boucla sa valise en cinq minutes le matin même. Pour moi, c'était plus compliqué. J'étais fatiguée, et j'avais vidé l'intégralité de mes affaires au sol. J'analysais, assise sur mon lit, les dégâts de la bombe que j'avais provoquée. Quelques jours plus tôt, j'aurais fait le parallèle avec ma vie, me demandant par où commencer pour y mettre de l'ordre. Mais cette passivité était déjà de l'histoire ancienne. Je me levai avec vigueur, ce qui me valut des vertiges. Je n'avais quasiment pas dormi. Les gribouillis, les listes et les notes que j'avais écrits s'étaient développés jusqu'à devenir des scènes, une vision... À 5 heures du matin, la révélation avait opéré. La graine qui avait germé avait poussé d'un coup : j'allais écrire un livre. Cette idée avait explosé à l'intérieur de moi, me remplissant d'un doux parfum de bien-être. Et ce matin, cette sensation ne désemplissait pas. Sur un heureux hasard, j'avais trouvé ma voie. Mais l'étendue du projet me plongeait dans l'inconnu. Combien de temps faudrait-il pour écrire un livre ? Six mois, un an, plus ? Peu importe, au petit matin, j'avais passé un pacte secret avec moi-même : j'écrirai ce roman, jusqu'au bout. J'étais épuisée, mais incroyablement excitée. Mon seul problème était maintenant de l'assumer. Mais je préférais ne pas me mettre trop la pression sur ce point. J'en parlerai lorsque je serai prête.

— Tu nous rejoins ? me lança Barney à travers la porte.

— Oui, j'arrive, cinq minutes !

Barney jeta un œil autour de la pièce, me regarda et sourit. J'en étais encore à trier les chaussettes sales des propres. *Prête en cinq minutes, bah voyons !* Une bonne quinzaine de minutes plus tard, je descendis avec mon sac à dos qui me paraissait bien plus lourd qu'en arrivant. La voiture était arrivée et les cartons de fournitures remplissaient le coffre. Le chauffeur fixait les valises sur le toit de la voiture à l'aide de cordes qu'il serrait, sous les regards inquiets de Barney et Sylvie. Je lui tendis mon sac avec un peu d'appréhension, moi aussi. Nous remerciâmes chaleureusement le père Fiacre par des poignées de mains. Il enlaça Sylvie. Basile et Barney échangèrent leur numéro et le taxi démarra. Père Fiacre, Basile et les deux scolastiques du petit-déjeuner de la vieille nous saluèrent jusqu'à nous perdre de vue.

— Tu savais qu'ils remerciaient le Seigneur encore plus que nous, en France ? demanda l'un des scolastiques à Basile, en regardant la voiture s'éloigner.

— Non, comment tu sais ça ? lui répondit son camarade.

— J'ai vu la fille faire une fois. Avant de s'asseoir pour le petit-déjeuner, elle a dit amen !

*
* *

Le trajet ne se déroula pas comme prévu. La voiture tomba d'abord en panne. Puis le chauffeur percuta une chèvre sur la route. Après cela, il dut s'arrêter toutes les vingt minutes pour faire refroidir le moteur endommagé. Le chauffeur ne s'en inquiétait pas, alors, par effet domino, nous restions calmes. Cette situation était même amusante. Sylvie avait bien dormi et se sentait beaucoup mieux. Elle avait retrouvé du rose sur ses joues et, par ricochet encore, Barney était apaisé, donc je l'étais aussi. Dans notre petit groupe soudé d'étrangers hors de chez soi, nos repères devenaient les émotions des uns et des autres.

En fin de journée, la voiture quitta la voie principale et s'engagea sur un chemin pour traverser le village de Sokone. Les roues s'enfonçaient de temps à autre dans le sable, obligeant le chauffeur à donner des coups d'accélérateur, qui s'accompagnaient d'une odeur de brûlé. Enfin, au bout d'un chemin semblant mener vers nulle part, la voiture s'arrêta. Un baobab cachait l'entrée d'un portail au milieu d'un mur en brique. En ouvrant la portière, la chaleur nous saisit. Le thermomètre du tableau de bord affichait trente-six degrés, soit huit degrés de plus qu'à Dakar. Barney resta en retrait pour aider le chauffeur à défaire les cordages des sacs, qui, par chance, étaient les seules choses qui avaient réellement tenu sur la route. Le portail s'ouvrit sur un petit monsieur bien en chair avec une canne. J'aurais été incapable de lui donner un âge. Sourire jusqu'aux oreilles, la sympathie se dessinait sur les traits de son visage. Il se présenta.

— Bienvenue ! Je suis Cala. Ne vous embêtez pas avec vos sacs. On va venir les chercher. Didier m'a dit vos prénoms, mais, vous m'excuserez, je suis un vieil homme avec une mémoire encore plus vieille, dit-il en riant.

Deux jeunes hommes passèrent le portail en nous saluant d'un signe de la main. Ils se hâtèrent pour récupérer nos affaires. Père Cala nous invita à le suivre. Sa canne n'était pas superflue, l'homme boitait méchamment. Nous passâmes le portail et découvrîmes un grand espace extérieur. Le sol aride, composé de sable, n'empêchait pas le développement de grands arbres comme celui devant la bâtisse. Le bâtiment principal, un bloc de béton brut, menait directement sur la cuisine et la salle à manger. À gauche de la grande salle, un couloir ouvert sur l'extérieur s'enfonçait sur une petite cour avec un jardin, encadré par les chambres des habitants, façon motel. Nous traversâmes cette place pour atteindre un autre bâtiment plus loin, derrière la chapelle, où se trouvaient trois chambres à coucher apprêtées pour notre arrivée. Elles ressemblaient à celles de Dakar, excepté qu'un espace salle de bain était intégré à chacune d'elles, encadré par un demi-mur et un pommeau de douche fixé au plafond. Une grande moustiquaire était nouée au-dessus du lit comme un filet de pêche. Je fis une moue dégoûtée : de nombreux insectes morts y étaient capturés. Père Cala nous mit en garde : dans cette région, les moustiques étaient particulièrement virulents ! Il continua la visite par l'extérieur en nous présentant la chapelle, le poulailler, la porcherie et le potager.

— Ce sont les novices qui entretiennent tout ça, affirma-t-il pour répondre à nos mines suprises.

Le noviciat était la deuxième année de formation des futurs prêtres, après M'Bour et avant Dakar. Sans aucun doute la plus importante, et la plus dure. Les novices passaient cette année coupés du monde dans cet espace autosuffisant, où chacun participait à la vie de la maison selon le rôle qui lui était attribué. Nous allions apprendre que chaque journée était intense et chronométrée. Pour le moment, père Cala insista sur la fonction la plus importante du noviciat : réfléchir à l'avenir pour être certain de faire le bon choix, sans pollution extérieure, en tête à tête avec ses pensées et guidé par l'enseignement religieux. Une année de détox, en somme. Selon père Cala, la rigueur et la méditation étaient les bases d'un mental solide.

Nous longions le bâtiment et nous retrouvâmes à nouveau à l'entrée, devant la cuisine, où un espace avec quelques bancs était abrité du soleil. Nous nous installâmes sous ce porche et père Cala rappela les porteurs de bagages pour faire le service. Les novices arrivèrent avec une petite table et des boissons. C'était l'heure de l'apéro. Sylvie accepta un petit verre de vin. Père Cala se servit un whisky, qu'il annonça être sa boisson préférée. Je lui fis part de mon étonnement : je pensais que les prêtres ne pouvaient pas boire d'alcool. Il me répondit que rien n'était interdit, sauf l'excès. La notion du mariage me vint en tête, mais je me tus. Il était trop tôt pour les débats. Particulièrement pour Barney et Sylvie, qui semblaient davantage perdus dans cet environnement, où la religion avait plus de place qu'à Dakar. Je pris une bouteille de bière locale, appelée *Gazelle.*

— Elle est bonne ! Assez légère, annonçai-je. Elle me paraît grande...

Et effectivement, elle l'était : soixante-trois centilitres. L'heure du dîner sonna et père Cala crut bon de me rassurer en disant que je n'avais pas à finir si vite, je pouvais prendre la bouteille avec moi. La salle à manger était bien plus petite que celle de Dakar. Nous prîmes place debout derrière les chaises désignées pour nous. Nous entourions le père Cala en bout de table où il présidait. Les novices arrivaient. Je les comptai rapidement : ils étaient dix. L'ambiance semblait familiale. À la fin de la prière, de grands plats en aluminium furent déposés sur la table, garnis de riz, de poisson et de quelques légumes. Pour accompagnement, un bol d'oseille fut proposé en sauce, ainsi qu'un bol de piment rouge écrasé. Je gouttai, regrettant vite ce choix. L'intensité du goût offrit à mon visage sa plus belle grimace, ce qui fit rire le novice à ma droite et brisa la glace. C'était celui qui nous avait apporté les boissons. Il s'appelait Gaspard, c'était l'intendant de la maison. Un titre qu'il annonça avec fierté. Car être intendant n'était pas une mission facile, et il était honoré que cette lourde tâche lui soit attribuée par le père. Nous eûmes une discussion pudique, propre aux rencontres, saccadée de moments silencieux. En face de moi, Barney restait en retrait. Père Cala posait des questions à Sylvie sur sa vie d'infirmière. Ils en vinrent à parler des enfants. Sylvie montra une photo de chacun d'eux qu'elle gardait dans son portefeuille. Barney fit la moue en voyant la sienne qui datait de l'adolescence, appareil dentaire, boutons et autre inconvenance qu'on préfèrerait oublier. Elle montra ensuite une photo récente d'Eleanor en tutu, qui avait la grâce de sa mère. Et pour finir, la photo de Timothé, qui était la plus ancienne des trois. Nicolas était sur le cliché. Ils construisaient la cabane en bois au fond du jardin. Timothé, marteau à la main, souriait de joie face à l'appareil. Il lui manquait une dent de devant. J'observai davantage la photo. Je n'aurai jamais reconnu le frère de Barney, car à bien y réfléchir, je ne l'avais jamais vu sourire. Le cliché provoqua un trouble chez Sylvie également. Soudain, la scène qui se déroulait sous ses yeux ralentit, le bruit se tassa et sa vue se brouilla.

*
* *

— Maman ? Tu m'entends ?

Sylvie ouvrit les yeux sur le visage encore flou de Barney.

— Qu'est-ce qu'il s'est passé ? lui demanda-t-elle.

— C'est plutôt à toi qu'il faut poser cette question, répondit-il. Tu es tombée de ta chaise, d'un seul coup, comme une masse, inconsciente. Ta tête a fortement tapé le sol. Tu vas ressentir une douleur vive dans les quelques minutes qui arrivent. Ce n'est pas étonnant, on ne s'est pas bien hydraté aujourd'hui avec le voyage.

Elle caressa sa tête. Une douleur aiguë s'activa au moment même où sa main s'y posait.

— Aïe.

— Mais ne touche pas !

Je frappai à la porte. Barney me dit d'entrer.

— Comment te sens-tu, Sylvie ?

— Bien. Je vous assure. Je ne sais pas pourquoi j'ai perdu connaissance comme ça.

— Il faudrait retourner à l'hôpital, juste pour être sûr.

— Non ! Je vous assure que je vais très bien.

Barney fit la moue. Si sa mère assurait qu'elle se sentait bien, il fallait lui faire confiance. Mais était-ce bien prudent ?

— Barney, pourquoi tu ne lui tapotes pas le visage avec un gant de toilette humide ?

— Pourquoi ferais-je ça ?

— Parce que, dans les films, ils font ça...

Sylvie se leva pour vérifier son équilibre. Elle partit chercher un tensiomètre dans sa valise. Le résultat semblait normal.

— Bon, coupa Barney, on va te laisser te reposer. On va tous aller dormir même, ça nous fera le plus grand bien !

— Attendez tous les deux, dit Sylvie. J'ai quelque chose à vous dire.

Barney et moi nous arrêtâmes net sur le seuil de la porte.

— Je souhaiterais qu'on ne parle plus de maladie. Plus de questions sur ma forme ni sur ma prise de cachets. S'il y a un problème, je vous le dirai. Mais en attendant, on est tous les trois en voyage au Sénégal, et c'est merveilleux. Tu peux faire ça pour moi ? dit-elle en regardant son fils.

— Bien sûr, répondit Barney, mais si d'autres symptômes arrivent, on est obligé...

— Barney, je t'assure que je vais bien. À partir de maintenant, si vous m'entendez tousser ou si vous me sentez fatiguée, ne me parlez pas d'hôpital. Ni avec moi ni entre vous d'ailleurs. Je vous promets que si je sens qu'il y a un problème, nous irons. Notre séjour est déjà bien entamé et pour le moment nous n'avons rien fait ensemble, la maladie a pris bien trop de place. Ça va changer. Allez bonne nuit mes enfants. Reposez-vous bien.

Nous lui sourîmes et quittâmes la pièce.

Sylvie ne mentait pas. Malgré l'épisode de la perte de connaissance inexpliquée, elle se sentait bien plus en forme que les jours précédents. La maladie l'avait écorchée un instant. Mais pas aujourd'hui. Ni demain. Ni aucun autre jour. Elle attrapa la plaquette de cachets dans la table de chevet. Elle la tâtonna un instant puis le remit à sa place.

Barney et moi fîmes quelques pas dans le jardin. La nuit étoilée était rafraîchissante. Nous nous asseyâmes sur le banc à côté du grand arbre.

— Tout va bien ? lui demandai-je.

— Ça va, répondit Barney en haussant les épaules.

Ce qui voulait dire que ça n'allait pas trop. Il semblait déstabilisé, un peu perdu.

— Une nouvelle étape ?

— Sûrement. Mais j'ai l'impression que celle-ci échappe davantage à mon contrôle.

Il m'envoya un regard d'animal blessé qui implorait de ne pas répondre. Nous restâmes un instant dans le silence à observer les étoiles. Je voulais lui parler de mon nouveau projet, mais cela m'intimidait.

— Je vais me coucher, annonça-t-il.

— Ah ! Eh bien, bonne nuit !

Je le regardai s'éloigner dans l'obscurité et m'allongea sur le banc. Barney allait encaisser, il était sur la bonne voie. Il ne fallait juste pas le laisser s'enfermer dans son silence. Demain serait un jour nouveau. Je souris de satisfaction. Nous vivions deux sortes de voyage, au sein du même voyage. Même trois, en réalité. Mais le mien était moins compliqué que celui de Sylvie ou de Barney. J'étais ici pour soutenir mon ami, mais je prenais sa force également. On n'est jamais vraiment grand, en réalité. La vie est surprenante d'apprentissage, à tout âge.

Jouvence

C'est la chaleur qui finit par me réveiller sur les coups de 11 heures. Et j'aurais pu dormir davantage, si je ne m'étais pas réveillée en nage, trempée de sueur sous le drap fin en matière synthétique. Malgré ses murs épais, la chambre était un vrai four. J'avais ouvert la fenêtre la veille au soir pour laisser entrer l'air frais, qui ne l'était — hélas ! — plus du tout à cette heure de la journée. Ma jambe me grattait à un endroit, puis à un autre. Très vite, ce fut l'intégralité de mon membre qui me démangeait. Foutus moustiques ! Je n'avais pas étendu *le filet de pêche*, le surnom que j'avais donné à la moustiquaire qui entourait le lit. Grave erreur ! Je quittai la chambre et fus frappée par une nouvelle vague de chaleur, humide, insupportable. À peine quelque pas dehors et mon débardeur jaune se collait déjà sur ma peau. J'avais opté pour les petites manches, en espérant que cela ne soit pas trop choquant pour le lieu.

Je m'avançai sur le chemin, longeant la chapelle, arrivant au petit portail sur la cour. Le silence régnait. Je me dirigeai jusqu'à l'entrée de la bâtisse et fus soulagée de trouver père Cala, assis sur une chaise dans le jardin. Il avait l'air d'un sage homme regardant passer la vie, abrité par un arbre qui avait déjà vécu une centaine d'années. Quand il me vit arriver, il me fit son plus chaleureux sourire, et m'invita à m'asseoir sur la chaise à côté de lui.

— Alors, tu as bien dormi ? me demanda-t-il.

— Comme un bébé !

— Tu as faim ? Je peux demander à Gaspard de ramener le petit-déjeuner.

— Ne dérangez pas Gaspard pour moi, il est déjà tard. À ce propos, où sont les novices ?

— En classe. Très souvent, c'est moi qui donne cours, mais ce matin c'est père Clément qui les reçoit. Puisque nous sommes tous les deux, profitons-en. Que fais-tu dans la vie, Majoli ?

Je n'eus pas le cœur à le reprendre sur mon prénom. Majoli n'était pas le pire surnom qu'on puisse me donner.

— Je suis à la recherche d'un travail !

— Ah ! Et tu souhaites travailler dans quoi ?

— Je ne sais pas, je n'ai pas encore trop décidé.

— Tu n'as pas une idée de ce qui te plairait ?

— Si...

— Tu ne veux peut-être pas me dire ? Tu as le droit de ne pas vouloir me parler de toi.

— Non, ce n'est pas ça. En fait, j'aimerais écrire un livre, et je ne sais pas encore bien ce que ça signifie. Qu'est-ce que je vais devoir faire ? Comment écrit-on un livre, aussi ? C'est un projet avec un vaste inconnu.

— Ah ! C'est intéressant.

— Oui... J'ai envie de m'accorder cette parenthèse.

— Une parenthèse ?

— Oui, une parenthèse à la vraie vie.

— Il n'y a pas de fausse vie. Ni de parenthèses. Il n'y a que des moments de vie, que nous choisissons ou que nous subissons.

Je ris doucement.

— Êtes-vous en train de m'analyser, père Cala ?

— Je ne t'analyse pas. Mais je fais en sorte que les gens s'analysent eux-mêmes. C'est le plus important pour avancer.

— Je pense que le plus important, c'est plutôt que, moi, j'en sache davantage sur vous et le noviciat ! Didier nous a dit que vous aviez un rôle important dans l'association.

Quand vous êtes-vous rencontrés ?

— Au détour d'un village, lorsque j'étais en mission en France, il y a déjà plusieurs années de ça. Nous avons une paroisse à Pantin, au nord de Paris. C'est la seule fois où j'ai pu y aller avec des novices. Maintenant, je n'en aurais plus le courage... Didier est venu nous parler, intrigué par nos danses. Je l'ai invité à venir ici le mois d'après. Et nous ne nous sommes jamais quittés. La première fois qu'il est venu, il a arpenté les villages alentour. Je me souviendrai toujours, il revenait avec les larmes aux yeux, révolté par le manque de moyens. C'est là qu'il a rencontré Bakary, il a dû vous parler de lui. C'est un brave type dont le village est très pauvre. À son retour en France, Didier a fondé son association. La suite, vous la connaissez... Depuis, c'est le noviciat qui accueille les membres qui viennent en mission, et j'en suis très fier.

— Bakary, c'est celui qui a monté un club de foot ?

— Oui, c'est ça.

— Nous avons des affaires pour lui.

— Je sais, nous irons le voir bientôt.

— Didier vous a-t-il dit ce qu'il a prévu ?

— Oui, ne t'inquiète pas, je sais tout ! Et je me charge de l'organisation. Votre rôle, c'est de vous sentir bien. Et si vous avez besoin de quelque chose, vous me demandez !

— Merci, père Cala. J'ai hâte d'amener les premières fournitures. Comment se passe la vie d'un novice ?

— Oh ! Tu le verras de tes propres yeux.

— Je ne peux pas savoir maintenant ?

— Non, non. Il vaut mieux patienter pour avoir le plaisir de vivre les choses. La connaissance ne vaut pas l'expérience.

— Je ne peux donc pas poser de questions ? dis-je sur un air de faux défi.

— Bien sûr que si. Mais les réponses arriveront en temps voulu. Pour le moment, apprécie l'instant.

— À quelle heure déjeunez-vous ?

— 13h, 13h30, comme ça.

— Très bien.

Le père laissait planer le silence, et je ravalai mes questions.

— Es-tu déjà allée au confessionnal ?

— Non, répondis-je.

— Est-ce que ça t'intéresserait de faire une séance ?

— Non, répondis-je encore tout aussi simplement avant de nuancer mes propos. Je ne pense pas en avoir besoin. Je ne suis pas une Sainte, mais je n'ai pas de péché à confesser. Car c'est bien là, le but du confessionnal, non ?

Malheureusement, Didier ne nous avait pas donné de ligne de conduite à suivre sur la question de la religion. Mais au vu du lieu, il m'était difficile d'avouer que je ne croyais pas en Dieu.

— Oui, ça peut en être un. Mais c'est aussi un lieu d'échanges, tout simplement. Un lieu où les pensées et les mots ne sont pas jugés.

L'image d'une séance de psychothérapie me vint en tête.

— C'est presque comme une séance chez le psychologue, affirma le père.

— Ah ! criai-je d'une intonation victorieuse.

Il me regarda avec surprise.

— Es-tu déjà allée chez le psychologue ?

— Non.

— As-tu du mal à te confier ?

— Non... répondis-je timidement cette fois, mal à l'aise par la tournure que prenait cette conversation.

— Tu devrais, ça fait du bien. Il n'est pas nécessaire de ressentir le besoin de parler pour le faire. Au contraire, plus tôt on parle, mieux c'est ! C'est ce que j'enseigne aux novices : une communication transparente. C'est la base d'un esprit sain.

— Ce n'est pas toujours très simple de communiquer, et de mettre des mots sur ses émotions.

— C'est vrai. Il faut du courage et la volonté de travailler sur soi pour y arriver. Je ne dis pas que c'est simple. Mais ça s'apprend, tu peux en être certaine.

— Père Cala... dis-je prudemment. En parlant d'honnêteté, je dois vous avouer quelque chose. J'espère que vous ne m'en voudrez pas, mais le plus tôt sera le mieux. Voilà : je ne suis pas croyante.

Père Cala rit doucement.

— C'est évident. Mais si tu ne crois pas en Dieu, j'espère au moins que tu crois en beaucoup d'autres choses. Mais je ne me fais pas de soucis pour toi, malgré ce que tu dis, tu sembles très *croyante*. Tes camarades, en revanche, auraient bien besoin de s'ouvrir à la foi. Peux-tu garder une confidence ?

— Il me semble que oui. Mais tout dépend de la confidence.

Le père rit à nouveau.

— Je vais te faire ma confidence, car je sens que je peux avoir confiance en toi. Moi aussi, j'ai une mission pendant votre séjour. C'est de libérer Sylvie et Barney du poids de leur parole.

— C'est Didier qui vous a demandé de faire ça ?

— Non, c'est notre Seigneur qui me l'a demandé. Didier m'a parlé de la maladie de Sylvie, et du fait que c'était incurable.

— Vous a-t-il dit depuis combien de temps durait leur relation ?

— Non, pourquoi ?

— J'espère que ça n'a pas commencé quand le mari de Sylvie était toujours dans le coma, c'est tout.

— Pourquoi ?

Je le regardai, surprise.

— Ce n'est pas votre rôle de rappeler l'importance de la fidélité ?

— Ça peut l'être. Mais le prêtre n'est pas là pour jeter la pierre. Surtout dans un contexte aussi complexe. Mon rôle est de guider ceux qui souhaitent l'être.

— Vous êtes un curieux personnage, père Cala.

— Si tu ne crois pas en notre religion, tu peux m'appeler Joseph.

— Non, je préfère père Cala. Je trouve que c'est plus respectueux.

— Bien, répondit le père en souriant.

— Pour ce qui est de Barney et Sylvie, vous risquez d'être déçu, car les choses ont déjà beaucoup évolué. Sylvie a accepté un premier traitement. Barney et elle se comprennent bien mieux.

— Ça, c'est bien, c'est très bien même ! Mais les choses les plus saines sont celles qui arrivent sans bruit. Et les efforts devront redoubler s'ils ne veulent pas voir le soufflé retomber. Et sache, Majoli, que c'est là le plus dur dans la vie : poursuivre ses efforts. Ce n'est pas après la première claque qu'on mesure la puissance d'un homme à se relever, mais au bout de cent ! Laissons-les s'habituer à leur nouvel environnement, le reste viendra. Il est bientôt midi, l'heure de l'apéro a sonné !

— Dans ce cas, je vais prendre une petite douche et je reviens.

— D'accord, mais ne tarde pas, ou la Gazelle s'en ira !

À 13 heures, la cloche sonna le passage à table. Nous prîmes les mêmes places que la veille, autour de plats de poulet, légumes et riz, et toujours beaucoup d'oignons.

— Avez-vous entendu les *tams-tams* ce matin ? demanda père Cala.

Les *tams-tams* sonnaient l'ouverture de la messe dans la chapelle sous nos fenêtres, mais je ne les avais même pas entendus. Barney répondit par l'affirmative, disant qu'il s'était réveillé très tôt.

— La prochaine fois, viens t'asseoir dans la chapelle pour la messe de six heures. Elle est donnée tous les jours par les novices.

— Merci, mais je ne me réveille pas si tôt d'habitude... mentit Barney en s'étirant.

— Vous avez bien mis la moustiquaire ?

— Non... lui répondis-je en lui montrant mes jambes

meurtries de piqûres...

— Oh, Marjorie... dit Sylvie. Et ton antimoustique ? On désinfectera ta jambe tout à l'heure.

En fin de repas, père Cala attrapa sa petite cuillère qu'il fit résonner contre la paroi de son verre. *Ding ding ding.* Les conversations se turent et le silence prit place sur l'ensemble de la table.

— Comme vous le savez, nos invités sont arrivés hier. Je n'ai pas pu vous les présenter avant, puisqu'il y a eu un petit incident — *il adressa un clin d'œil à Sylvie* — mais heureusement, tout semble être rentré dans l'ordre. Je vous présente donc Barney, Sylvie et Majoli — *Barney me regarda en souriant* — Ils vont rester avec nous pendant dix jours. Ils sont là pour une mission, celle d'acheminer les fournitures aux écoles. Aussi, ils vont découvrir notre communauté, notre culture. Je compte sur vous pour leur adresser le meilleur accueil qui soit, et profiter du temps calme de cet après-midi pour vous présenter. Merci pour votre attention.

Un discours important et léger à la fois. C'était le ton du père Cala envers ses élèves : imposant, mais doux. Le jour même, nous fîmes la connaissance d'Anselme, le petit rigolo de la bande venu de Côte d'Ivoire, tout comme Franck et Boris. Adam du Burkina Faso était le plus jeune de la troupe. Il n'avait pas plus de vingt ans. Gaspard, Moïse, Marcel, Pierre et Valentin étaient tous les cinq Sénégalais. Nelson venait du Congo et se distinguait par son talent d'orateur. Dix novices, dix futurs prêtres. Dix hommes bien différents de notre mode de vie et de pensées, que nous étions prêts à découvrir.

Cette journée avait été de celles où le temps paraissait infini. Transformée, Sylvie se mit dans son lit. La boîte de cachet traînait sur la table de chevet. Comme la veille, elle ne prendrait pas son comprimé ce soir. Elle décida de les ranger pour de bon. Elle avait dit au médecin de Dakar qu'elle savait ce qu'il lui restait à faire : elle devait juste garder l'illusion, pour Barney. Mais pour elle, elle devait retrouver le pouvoir sur la situation. Et comme par magie, le développement des symptômes s'était arrêté dès qu'elle avait repris le contrôle de ses décisions. La seule chose qui lui importait était de veiller à ce que Barney l'ignore. *On ne soigne pas un corps malade dans un esprit malade.* Elle avait décidé qu'elle n'était plus malade. Elle aurait aimé que quelqu'un comprenne son point de vue. Mais elle comprenait à l'inverse que cette position soit difficilement acceptable pour l'entourage. Elle l'avait déjà tant vécu par son métier.

Elle sortit son téléphone rangé dans cette même table de chevet et l'alluma. Elle aussi avait pris l'option internationale sur son forfait de téléphone. Mentir s'avère parfois nécessaire, pour protéger ceux qu'on aime. À l'écran, cinq appels manqués de Didier s'affichaient. Elle prit une grande inspiration qui lui brûla la gorge. Elle toussota. Elle devait faire deux choses importantes ce soir. Elle décida de commencer par la plus facile. Dans ses contacts, elle sélectionna le docteur Petit, et écrivit ce SMS : *Salut Daniel, j'arrête le traitement. Ne t'en fais pas, je vais bien. Je sais qu'il faut qu'on en parle, mais tu n'as pas de soucis à te faire. Ne dis rien à Barney. Je t'appelle dès que je peux. Je t'embrasse, Sylvie.* Ensuite, elle retourna dans ses contacts et appela Didier, qui décrocha après la première sonnerie.

— Ah, te voilà enfin ! dit la voix au bout du téléphone.

— Barney m'a dit que tu avais essayé de me joindre sur son téléphone. Mais on était occupé aujourd'hui, on faisait connaissance avec la maison, ça n'aurait pas été très poli que je m'éclipse, je suis désolée.

— Je comprends. Nous avons parlé une petite minute avec ton fils, j'avais quand même besoin de savoir si tout allait bien depuis l'hôpital. Alors, que penses-tu de Sokone ? Et du père Cala ? Je ne connais pas cette génération de novices, mais je ne doute pas qu'ils vous ont bien accueillis. Ah, je suis content de vous savoir là-bas ! Et je suis content de t'avoir en ligne. Et je suis content que tu ailles mieux, et...

— Didier, coupa Sylvie.

— Oui ?

— Tu te souviens quand je t'ai dit que, à un moment du voyage, il ne faudrait plus qu'on s'appelle ?

— Que se passe-t-il ? demanda Didier avec l'inquiétude dans la voix.

— C'est le moment. Je suis vraiment désolée. Mais il ne faut plus que tu attendes. Tout va bien se passer à présent. On se manquera, mais tout ira pour le mieux. Il faut que je me concentre uniquement sur mes enfants.

Il y eut un silence tel que personne n'entendit le son de deux cœurs qui se brisent simultanément.

— Sylvie...

— Je suis désolée, répéta-t-elle en pleurant.

— C'est trop tôt pour moi.

— Tu savais que ce moment viendrait.

— C'est trop tôt, répéta-t-il. J'ai besoin de savoir comment tu vas, comment Barney avance, j'ai besoin de savoir ce que tu vois, si tu aimes Sokone, de t'encourager quand tu appelleras Timothé... Quand tu m'as dit que ce moment viendrait, je pensais que ça serait bien plus tard, quand tu aurais fait du chemin. Quand...

La voix au bout du fil se brisa. Sylvie restait muette. Le poids de la tristesse lui écrasait la gorge.

— C'est justement parce que tu veux savoir comment je vais qu'il faut qu'on arrête là. La maladie va réapparaître tôt ou tard et bientôt, on ne parlera plus que de ça. Et même quand on n'en parlera pas, je sentirai toujours une attente de ta part. Je t'avais dit que je voulais une meilleure fin pour nous.

— Je gardais l'espoir que tu reviendrais, dit Didier.

— Je suis désolée. Vraiment désolée, répondit-elle d'une voix tremblante. Didier, tu as été mon sauveur depuis l'accident de Nicolas. Je t'ai sincèrement aimé toutes ces années, n'en doute jamais. Tu auras toujours une place très importante dans mon cœur. Tu continueras d'avoir des nouvelles de la mission à travers les enfants. Mais plus de ma part directement. Sois heureux. Tu le mérites tellement.

Et elle raccrocha pour ne pas faire marche arrière. Son cœur éclata sous le coup de la brutalité. Elle tenta de se consoler en se répétant que c'était la chose la plus juste à faire. Elle y avait déjà réfléchi et elle ne pouvait plus attendre de se sentir faible à nouveau pour épargner ceux qui restaient. Au même moment, un appel entrant du docteur Petit s'afficha. Elle le refusa, éteignit son téléphone et le rangea dans la table de chevet. Malgré la chaleur de la pièce, elle eut soudain très froid. Elle remonta le drap jusqu'à ses joues qui absorba ses larmes.

Dans l'autre pièce, Barney regardait passivement des vidéos défiler sur son téléphone. Il avait sommeil, mais il savait qu'il ne parviendrait pas à s'endormir. Depuis leur arrivée à Sokone, il se sentait mal. Il sentait que quelque chose lui échappait. Pourtant, tout se déroulait comme prévu. Ne pas savoir ce qui clochait le rendait fou. Toute la journée, il avait imité les sourires sur les visages pour dissimuler le mal-être qui grandissait à l'intérieur de lui. La religion était trop présente ici. À Dakar, père Fiacre n'avait pas tenté de se rapprocher d'eux personnellement. Ici, c'était autrement différent. Les novices lui posaient des questions, ils l'oppressaient. Il pouvait toujours raccourcir le voyage. Cette éventualité le rassurait. Il se donnait trois jours pour prendre une décision, il verrait bien comment les choses évolueraient en ce laps de temps.

Klaude

PABAM PABAM PAM PABAM PABAM PAM

Je me réveillai en sursaut et en sueur. La moustiquaire me collait aux pieds. Je l'avais étendue la veille au soir, et quelques insectes morts étaient tombés du filet. Tête dans le brouillard, je me demandais d'où venait ce tintamarre. Avant de me souvenir qu'il s'agissait des tambours de la chapelle. Je soulevai le filet et passai vite dessous pour éviter que mon corps n'entre en contact avec la matière. Mon téléphone, posé sur la table de chevet, indiquait une heure très matinale. Je m'approchais de la petite fenêtre et soulevais le rideau beige, fin et sale. Il faisait tout juste jour, la brise fraîche me caressa le visage. J'avais une vue directe sur la chapelle. Je distinguai les novices, debout devant l'autel. Leurs voix s'élevèrent en chœur, amplifiées par l'écho du bâtiment. Les tambours reprirent du service. Je me rassis finalement sur le lit en dégageant la moustiquaire.

Je pris le stylo posé sur la table de chevet. La veille, nous avions passé une bonne partie de l'après-midi à jouer à des jeux de société avec les novices. Boris, un des Ivoiriens, m'avait appris à jouer aux échecs. Entre nous, je n'avais pas fait beaucoup d'efforts pour retenir les règles. La conversation m'intéressait davantage. Boris avait passé son enfance dans une famille très croyante. Pour lui, la vocation de prêtre était naturelle. C'était un garçon avec une voix très grave et un humour pince-sans-rire qui me plaisait bien. Je fus soulagée de constater que l'humour était compatible avec la vie religieuse. Globalement, le noviciat ne ressemblait en rien à l'idée que je m'en étais faite. Nous nous attendions à être accueillis dans un lieu que nous confondions avec un monastère, où le silence était maître, et nous nous retrouvions entourés de voix fortes et de rires plus audibles encore. Bien que la grande majorité des novices fût timide, je n'avais pas hésité à aller à leur rencontre. Barney et Sylvie, réservés eux aussi, étaient restés en retrait, ce qui les avait contraints à... se parler. Ils avaient beaucoup parlé au père Cala également, et je n'avais pas eu l'écho de leur conversation. Du chant de la chapelle, je distinguai à présent des *alléluias*, *amen*, rythmés au son des tam-tam. C'était agréable à écouter, et même entraînant. Je me relevai et commençai à danser en chantant avec eux. *Ameeeeen*, *alléluias*, *ameeeeen*. Puis le chant laissa place à une voix forte et directrice. La messe commençait. *Mais pourquoi diab... dieu, ont-ils besoin de faire la messe si tôt ?* Je me penchai sur mon stylo et mon cahier. Jusquelà, j'avais noté des anecdotes vécues à New York, en tant que jeune expatriée débarquée dans la ville. Chaque passage était complété des sentiments ressentis par ce vécu : excitation, peur... C'étaient là les deux sentiments qui revenaient le plus. À présent, j'y voyais plus clair, et je commençai à distinguer comment tout cela pourrait s'assembler. Avec les mots aussi, il suffisait de danser.

Il m'était encore trop difficile de répondre à certaines questions. Quel était le but de ce livre, si ce n'était de me faire plaisir ? Il y avait bien un autre but. Personne ne fait quelque chose seulement pour se faire plaisir. L'action de l'homme est toujours motivée par un sentiment d'achèvement, la recherche de la réussite, un soulagement de conscience, et que sais-je encore. Même quand on est allongé sur le sable au bord d'une mer à trente degrés, on ne pense pas *je me fais plaisir*, mais plutôt *ceci est ma récompense pour avoir bien bossé*. Bien sûr, ce livre était accompagné par une volonté d'achèvement, l'envie de mener un projet, mais c'était plus que ça. C'était comme un grand cri intérieur. Une exposition de mon être, une mise à nue. Alors, s'il fallait trouver un sens, peut-être fallait-il que je me demande simplement pourquoi j'avais choisi d'aller à New York ? J'aurais pu choisir n'importe quelle pomme, mais j'avais choisi la plus grosse ! *Oh, excellent ça, je le note.*

Une petite heure plus tard, des voix de foules vinrent remplacer la voie du prêtre. Je retournai jeter un regard par la fenêtre. Les paroissiens se rassemblèrent devant la chapelle et se saluaient. J'aperçus père Cala et les novices avec une vingtaine de villageois. Je décidai que ce n'était toujours pas le moment de me joindre à eux. Je voulais rester encore un peu dans ma bulle créative. Je retournai m'allonger sur le lit. New York m'avait changée, je n'étais plus la même personne. Il fallait trouver un moyen d'illustrer cette idée, que le début du livre soit différent de la fin. Je me rendormis en réfléchissant.

PAM PAM PAM PAM PAM. Je me réveillais en sursaut pour la seconde fois de la matinée C'était une belle illustration de mon état du moment : sursaut (créatif), (ivresse d') adrénaline, une envie de tout découvrir et de me replier du monde. On tapa à nouveau contre la porte en ferraille de la chambre. Je reconnus la voix de Sylvie et lui ouvris la porte.

— Marjorie, tout va bien ? On t'attend pour faire le tour des activités !

— Le tour de ?

Je répondis un peu penaude en imaginant une grande kermesse de l'autre côté.

— Au petit-déjeuner, le père nous a raconté la vie de la maison et, tous les matins, les novices s'activent à leurs tâches quotidiennes. Ils vont nous les présenter, et je suis certaine que tu ne veux pas rater ça, alors je suis venue te chercher. Tu viens ?

— Sylvie, tu as donné bien trop d'informations dans la même phrase...

Elle rit d'un air léger.

— Excuse-moi ! Je suis dynamique aujourd'hui, ça me rend heureuse.

— Tu as vaincu les effets secondaires du traitement, on dirait !

Une ombre suspecte passa sur son visage. Une personne peu observatrice serait complètement passée à côté. Dommage pour Sylvie, j'étais très observatrice.

— Oui ! Je te laisse te préparer, on t'attend sous l'arbre.

Suspect. Très suspect. Je n'avais plus du tout envie de rester en réserve à présent. S'était-il passé quelque chose hier lors de la discussion entre père Cala, Sylvie et Barney ? Je m'habillai et quittai la chambre. Je suivis le chemin dallé qui longeait la chapelle, arrivai au petit portillon entouré de fleurs, traversai la cour ouverte et m'échouai sur la petite terrasse mal bétonnée devant la cuisine. Le chemin me paraissait déjà familier. À quelques mètres, j'aperçus Barney et Sylvie sous l'arbre. Je me stoppai un instant pour les observer, animés par une conversation qui semblait très drôle. Assis sur le banc, tournés l'un vers l'autre, Sylvie gigotait ses mains en parlant. Barney, en travers du banc, enlaçait ses genoux sur sa poitrine. Il était tourné vers sa mère avec un air léger et enfantin. Sylvie était rayonnante, et Barney était beau. Je n'avais jamais porté une attention particulière à son physique. Barney était mon copain Barney. La plupart du temps, j'en oubliais qu'il était aussi un garçon séduisant.

Nous entamâmes notre tour des activités d'entretien de la bâtisse, confiées aux novices pour assurer l'autonomie du lieu : le poulailler, la porcherie, le potager, l'intendance et l'entretien du jardin. J'avais la sensation de visiter un musée. Le tableau se serait nommé scènes de vie d'autrefois. Ou *vie autochtone*. De mes yeux d'ingénue, j'aurais résumé cette visite par des mots simples qui, faute de s'accrocher à la connaissance, s'accrochaient bien à la perception. La porcherie, ça pue ; le poulailler, ça piaille ; le potager, c'est apaisant ; l'intendance, c'est fatigant ; l'entretien des fleurs, c'est juste pour faire joli. Alors quand on nous demanda de s'essayer à une activité, le choix ne se fit pas attendre.

— Très bien, répondit Gaspard l'intendant qui gérait aussi bien la maison que ses camarades. Marjorie, vous partez avec Valentin et Boris au potager. Sylvie, vous partez avec Moïse au poulailler. Barney, avez-vous décidé de ce que vous vouliez faire ?

Je le vis faire la moue avant de répondre.

— Désolé, je ne suis pas vraiment un gars de la ferme.

— Aucun souci, vous irez à l'entretien des fleurs avec Pierre et Adam devant la chapelle. Sans ça, vous n'auriez pas un chemin si fleuri pour aller jusqu'à vos chambres ! Bon, et bien, à tout à l'heure !

Barney suivit Pierre et Adam, l'un des plus vieux novices et le plus jeune. Sa démarche suffisait à démontrer le manque d'entrain de celui appelé à une tâche qu'il n'a pas envie de faire. Sylvie eut très vite du fil à retordre, car nous avions mal refermé la porte du poulailler après notre visite, et la volaille s'était échappée. Moïse et elle couraient après les poules, les canards et les oies pour les ramener de là où elles venaient. Je l'entendais rire à pleins poumons. Elle toussa fort, et s'arrêta un moment. Puis elle reprit sa course, avec un mélange de rires et de toux qui la faisait pleurer et la faisait rire davantage.

— Tu veux ma pelle ? me demanda Valentin. Nous n'en avons que deux. Tiens...

— Merci.

Je ne bougeai pas, attendant qu'il se mît à la tâche pour que je puisse l'imiter. Mais au lieu de s'activer, il restait planté devant moi.

— Tu n'as jamais cultivé de potager ? me dit-il.

— Non, répondis-je en souriant.

— Ce n'est pas grave, dit-il avec un sourire qui s'étirait jusqu'à ses grands yeux globuleux.

Ma première et unique tâche du potager consistait à faire de petits trous espacés pour planter des pieds de tomates. Bien que les premiers furent hésitants, j'apprenais vite. Déjà, je faisais de parfaits trous de culture. J'abandonnai la grande pelle et continua avec une plus petite, accroupie au plus proche de la terre. La sentir et la travailler me rapprochait d'elle. Malgré tout, le potager était grand. Arrivée à la moitié du travail, je me lassai de cette tâche répétitive. Mon dos me faisait mal à force de rester accroupie. Je m'étirai, soupirant un instant face à la parcelle encore vierge de trous. Je décidai d'annoncer à mes coéquipiers novices que c'en était fini pour moi. Mais en arrivant à leur hauteur, je vis qu'ils étaient occupés à arracher des cultures dont les racines semblaient si bien imprégnées dans le sol qu'il fallait mettre toute leur force à la tâche. Ils suaient à grandes gouttes et grimaçaient de peine. Les veines de leur bras semblaient sur le point d'exploser. Ils ne me virent pas arriver. Ils ne me virent pas repartir non plus, honteuse que j'étais d'avoir voulu abandonner. Je repris ma petite pelle, soufflai pour me donner du courage et repartis à la tâche.

La cloche sonna 10 heures, l'arrêt de l'activité, au moment même où je finissai mon tout dernier trou. Je me laissai tomber sur le sol, m'allongeai en croix. Mes cheveux collaient sur mon visage suant. La terre venait s'ajouter à ce mélange, mais cela m'importait peu. Je ne faisais plus qu'un avec elle, et j'étais fière de moi. La persévérance, c'était là un bien beau sentiment. Je souriais davantage, en évitant de manger les grains de terre qui s'accrochaient à mon visage. Les novices qui passèrent à côté de moi s'inquiétaient de me voir ainsi. Je leur assurais que tout allait pour le mieux, sans me relever. Barney arriva à son tour. Il m'agrippa le bras et me releva avec une force qui me fit sursauter.

— Tu es au courant que tu es pleine de terre ?

— J'étais bien. En revanche, toi, tu n'as pas l'air de t'être foulé !

Barney était aussi propre qu'à son habitude.

— Je dois avouer que nous n'avons pas beaucoup travaillé. Pierre travaille beaucoup avec père Clément, qui enseigne à l'école Sainte-Thérèse en classe de CE2.

— Encore ! Décidément, tu as pris un abonnement. C'est drôle, je ne pensais pas que l'éducation te fascinait à ce point.

Il haussa les épaules.

— Le CE2, c'est juste parce que c'est la classe d'Emma.

— Emma ?

— Bah tu sais, la fille de la femme que j'ai fréquentée.

— Ah, oui… Bon, je vais me doucher.

Je regretterai vite de ne pas avoir vraiment écouté mon ami. Mais il ne fallait pas me flageller pour autant. Il est rare dans la vie que nous écoutions vraiment. Nous entendons, et passons à autre chose. Si seulement, on prenait la peine d'écouter plus, on comprendrait bien plus vite. Je partis sur le chemin de ma chambre en passant devant Sylvie, ardemment occupée à réparer le grillage du poulailler.

Au déjeuner, père Cala nous annonça que la directrice de l'école Sainte-Thérèse était en déplacement jusqu'à mardi.

— Père Cala, dis-je, Didier nous a laissé un sac de sport pour un ami à Sokone.

— Bakary ? Mais il n'habite pas Sokone…

— Non quelqu'un d'autre dont je ne me souviens plus du nom, mais il a dit que vous travaillez souvent avec lui.

— Klaude ! Ah oui, je me souviens ! C'est drôle cette histoire. Klaude a parié que Didier ne savait pas d'où provenaient les cacahuètes. Didier a accepté le défi, mais il ne connaissait pas la réponse. Il devait donner un souvenir d'enfance à Klaude. Ah ! Sacré Didier… Si vous voulez, vous pouvez aller voir Klaude cet après-midi. Gaspard ! cria-t-il au novice à quelques mètres de lui, tu emmèneras nos amis quand tu iras au marché, d'accord ?

— Oui, bien sûr, répondit-il.

— Voilà, c'est bien.

Je me tournai vers Gaspard.

— À quelle heure vas-tu au marché ?

— Au plus tôt ! Ça ira pour vous ?

— Après manger ?

— Non, voyons... Après la sieste !

— Ah, je ne savais pas que vous faisiez une sieste.

— On est obligé, il fait trop chaud ! Et on se lève tôt. Vous devriez essayer.

À 16 heures, Gaspard vint nous chercher pour aller au marché. Sylvie décida de ne pas nous suivre. Non pas pour se reposer cette fois, mais pour finir le travail en cours sur le grillage du poulailler.

— Alors, comment se sont passées vos activités du matin ? demanda Gaspard pour débuter la conversation, tandis que nous franchissions le portail du noviciat.

— J'ai beaucoup aimé ! répondis-je avec enthousiasme

— Marjorie va se reconvertir en jardinière, ajouta Barney sur un air taquin.

— Ah ?

— N'écoute pas trop ce que dit Barney. Il dit beaucoup de bêtises.

— Mais jardinière, c'est un super métier ! C'est quoi d'ailleurs, votre métier ?

— Barney est kinésithérapeute !

Je répondis du tac au tac pour détourner la réponse à cette question.

— Ah ! dit Gaspard sur un air sincèrement enthousiaste.

— Oui, et j'aime beaucoup mon métier.

— C'est génial ! répondit Gaspard. Bravo !

— J'ai une question, ajoutai-je pour vite passer à autre chose, comment attribuez-vous les tâches de la maison ?

— C'est le père qui décide de la répartition. On tourne tous les trois mois environ. Comme ça, tout le monde a des compétences dans tous les domaines. Avant d'être intendant, je me suis occupé du poulailler, puis du jardin. C'est intéressant, et ça fait partie de l'apprentissage. Récolter le fruit de son travail, se sentir en symbiose avec son environnement, respecter la nature autant que son prochain sont autant de concepts qui font partie de l'apprentissage.

— Honnêtement Gaspard, je ne vois pas le rapport, dit Barney.

— Ce n'est pas une évidence, mais je vais tenter de t'expliquer. Dans la vie religieuse, nous devons vivre simplement et être très organisés. Ici, on apprend à se détacher de tout, dans un esprit et un corps sain. On se lève à 5 heures, on médite à 5h30, messe à 6 heures, petit-déjeuner à 7 heures, tâche de 8 à 10, douche, puis cours de 10h30 à 12h30, déjeuner, sieste, répétition de la messe à 16 heures, sport ou activité paroissiale à 17, révisions à 19, dîner à 20h30, prière du soir à 22 heures, puis au lit. Cette organisation nous permet d'avoir un cadre sain pour réfléchir, et oblige nos corps et nos têtes à garder le même cap. C'est une transition entre l'avant, où on vivait dans l'oisiveté, et plus tard, où nous vivrons pour servir le Seigneur.

Barney fit à nouveau une belle grimace que Gaspard ne vit pas.

— Qu'est-ce que vous en pensez, maintenant ? demanda Gaspard à Barney.

— Tu me dis vous ?

— Bah oui, c'est normal, dit Gaspard.

— Mais on a le même âge ! répondit Barney.

— Peut-être pas. Et c'est pareil.

— Alors je dois te dire vous ?

— Non ! Vous, vous avez le droit.

— J'ai le droit de te dire tu, mais tu n'as pas le droit de me dire tu à moi ?

— Mais si, j'ai le droit ! répond Gaspard en riant. Mais je ne vais pas le faire. C'est le respect.

— Tu trouves que je te manque de respect ?

— Non ! Mais vous êtes invités.

— Alors si tu veux faire selon le souhait des hôtes, je préfère que tu me tutoies. Et je pense que Marjorie préférera également.

Je fis un clin d'œil à Gaspard en signe d'approbation. Il était sacrément élégant, ce novice. Il portait un jean et un tee-shirt couleur cramoisie avec l'allure d'un homme en costume. Il avait les traits fins, et se tenait naturellement droit.

D'une démarche sereine, il embrassait le monde avec une grande douceur. Nous avions marché quelques mètres en s'éloignant du noviciat et nous avancions maintenant devant plusieurs habitations devant lesquelles de vieilles dames étaient assises sur des tabourets, ou directement sur le sol. Elles semblaient occupées à regarder passer la vie. Gaspard les saluait, et elles leur rendaient son salut.

— *Salam aleykoum !*

— Il y a deux façons de saluer, c'est ça ? demandai-je.

— Comment ça ?

— Je comprends *salam aleykoum*. Mais parfois tu dis autre chose, et les autres gens aussi.

— Ah ! *Aleykoum salam ?*

— Oui, ça !

— C'est quand on rend le salut. Si tu parles en premier, tu dis *salam aleykoum*. Et si tu réponds, tu dis *aleykoum salam*.

La moindre connaissance d'un monde inconnu me faisait le même effet que la découverte d'un trésor. Ni une ni deux, je m'exécutai à reproduire le comportement de Gaspard.

— *Salam aleykoum !* lançai-je.

Barney m'attrapa le bras.

— Mais qu'est-ce que tu fais ?

— Heu, quoi ? Je fais quoi ?

— Bah tu dis *salam...*

— Bah, je dis bonjour !

— Mais ça ne se fait pas ! Ce ne sont pas des potes que tu salues !

— Je ne vois pas le rapport ?

— Bah ça ne se fait pas, c'est tout. Tu ne viens pas chez les gens en leur disant bonjour dans leur langue que tu prononces mal, avec un vocabulaire que tu viens d'apprendre.

— *Aleykoum salam !* me répondit la vieille dame que j'avais saluée. Elle me fit un signe de la main en souriant à pleines dents ; façon de parler, car il ne lui en restait que trois. Je regardai Barney qui évita mon regard. Il me lâcha le bras et nous reprîmes notre route.

— *Salam aleykoum !*

— *Aleykoum salam !*

— Franchement les gens n'ont pas l'air si choqués...

— Oui bon, ça va.

Gaspard semblait apprécier mon initiative. Il nous dit même que c'était bien la première fois que des visiteurs *faisaient l'effort* de s'acclimater. Cette expression me choqua. L'acclimatation est pour moi ce que le vouvoiement est pour Gaspard : du respect. Et il n'était pas question de faire *l'effort* de respecter quelqu'un, ça devait être naturel. Gaspard pointa une maison sur notre passage qu'il désigna être la maison de son père. Nous avions discuté assez longtemps avec lui pour savoir que sa famille n'habitait pas cette région du pays. Comme Basile, Gaspard était originaire de la Casamance, plus au sud. Nous comprîmes donc qu'il ne parlait pas de son père, mais d'une sorte de tuteur, un modèle. Une horde d'enfants sortit à toute hâte de la maison lui sautèrent au cou. Ils se retournèrent vers nous pour nous serrer la main, du haut de leurs trois pommes et demie. Ils firent une file bien rangée. Ils nous donnaient tous le même nom à Barney et moi, que je compris totalement qu'au bout du troisième enfant : *toubab*.

— Pourquoi m'appelles-tu ainsi ? demandai-je à l'enfant qui partit aussitôt se cacher sans me répondre.

— C'est comme ça qu'on nomme les personnes blanches, répondit Gaspard.

Je cachai ma surprise. Ne connaissait-il donc pas le principe de racisme ordinaire ? Et pourquoi *toubab*, d'abord ?

Je n'eus pas le temps de poser la question que le *père* de Gaspard sortit de la maison et nous salua tous les trois par un câlin collant de sueur. Le *père* nous souhaita la bienvenue et nous offrit un gros sac d'oranges jaunes en cadeau. Nous marchâmes encore quelques minutes lorsque Gaspard annonça que nos chemins se séparaient. Il allait continuer vers le marché de son côté.

— Vous allez dans cette direction et vous demandez Klaude, dit-il avant de s'éloigner dans la foule.

Ce n'est qu'après qu'il ait totalement disparu que nous nous regardâmes avec Barney, distinguant l'absurdité de la situation. *Demander Klaude* n'était pas une adresse connue du GPS.

— Il y a des gens là-bas, annonçai-je en fixant un groupe de garçons qui jouaient au foot.

— Ouais. Tu vas leur demander ?

— Non, vas-y toi, répondis-je à Barney.

— Je ne vais pas demander à des inconnus où se trouve Klaude alors que je ne connais même pas Klaude !

— Bah et moi, je le connais peut-être ?

— Non, mais toi, ça ne te dérange pas.

— Et si justement, j'en ai ma claque d'être la personne sociale du groupe. Il est temps de *faire un effort*, Barney !

— Chifoumi ?

Je perdis deux fois. Au jeu et sur l'impact de mon discours de vie, détruit par une bataille de chifoumi. À part m'inventer un mutisme foudroyant, je n'avais plus de raison pour ne pas aller demander Klaude. Je partis donc en soufflant vers le groupe, qui semblait rajeunir à mesure que je m'approchais d'eux. De loin, ils paraissaient avoir la vingtaine, au moins. De près, ils ne paraissaient même plus majeurs. Par un réflexe humain qui associe la taille à l'âge, je rentrai en communication avec le plus grand d'entre eux, qui eut un mouvement de recul à mon approche.

— Heu, bonjour ! *Hum, salam aleykoum !*

— *Aleykoum salam*, répondit le plus grand.

— Je cherche Klaude. Savez-vous qui est Klaude ?

— Klaude le coiffeur ?

— Heu... Non. Désolée.

Je rebroussai chemin jusqu'à retrouver Barney qui n'avait pas bougé.

— Alors ? me demanda-t-il quand j'arrivai à sa hauteur.

— Il ne connaissait pas le bon Klaude. Ils m'ont demandé si je parlais de Klaude le coiffeur.

— Et ?

— Bah j'ai dit non !

— Il n'est pas coiffeur ?

— Bah... je n'en sais rien, moi, s'il est coiffeur ! Mais il s'appelle Klaude. C'est pas un nom de coiffeur ça !

— Oh tu me fatigues...

Il partit en direction des jeunes d'un bon pas. Je le suivais, plus lentement. C'est vrai qu'il n'y avait aucune contre-indication à ce que nous puissions chercher un Klaude coiffeur. Barney demanda à un autre membre où demeurait Klaude, interrompant pour la deuxième fois leur partie. L'adolescent finissait d'indiquer le chemin lorsque j'arrivai à leur hauteur. Nous avions l'air de deux *toubabs* paumés et il était facile de nous mener en bateau. Quoiqu'il en soit, nous n'avions pas d'autre choix que d'avancer dans la direction indiquée. Nous tâtonnâmes dans la rue, cherchant un salon de coiffure comme nous les connaissions. Mais à la vue du garagiste qui n'était qu'un simple établi avec des cadavres de voitures rouillées, nous comprîmes vite qu'il était inutile de chercher une devanture reconnaissable. À nouveau, nous demandâmes Klaude sur notre chemin. Nous avançâmes encore jusqu'à tomber sur une petite arche légèrement enterrée. Nous descendîmes deux marches en baissant la tête. Devant nous se dressaient deux tabourets et un grand miroir. Nous entendîmes de l'agitation dans l'arrière-boutique et lorsqu'un vieux monsieur nous vit, il cria :

— Klaude ! *wolof non perceptible*

Klaude le coiffeur arriva.

— Bonjour ! tenta Barney en se raclant la gorge. Êtes-vous Klaude ?

— Oui, bonjour !

Barney se tourna vers moi, hésitant. Je lui fis un signe d'encouragement pour l'inviter à persévérer. Klaude apparut dans l'encadrement de la petite pièce, écartant les babioles décoratives qui faisaient la séparation.

— Nous sommes des amis de Didier.

— Ah, Didier ! Avancez, je vous en prie, venez !

Il nous invita dans sa cour, et nous servit à chacun une canette de *Gazelle*. Une femme à l'allure élancée nous rejoint. J'avais déjà constaté que les Sénégalais avaient tous les yeux noirs. Mais cette femme les avait d'une couleur plus noire encore. Elle était fine avec des formes généreuses. Ses longs cheveux coiffés en petites tresses lui tombaient sur les hanches. Quand j'étais petite, j'avais une amie dont la maman était coiffeuse. Pour suivre la mode du moment, je lui avais demandé de me coiffer comme ça. C'était horrible. Une douleur atroce pendant presque deux heures. Et je n'avais que trois cheveux sur le caillou. La femme était vêtue d'un pantalon beige en toile et d'un chemisier léger, ce qui contrastait avec les vêtements des femmes du village, en robes larges et colorées.

— Je vous présente Monette, ma sœur.

Klaude ajouta que Monette tenait une structure d'hébergements touristiques à quelques kilomètres du village, au milieu de la mangrove.

— Ce n'est pas la haute saison, mais il y a quelques Français qui y demeurent actuellement, lança Monette.

Elle ponctuait chacune de ses phrases par un sourire éblouissant.

— Vous restez combien de temps ? reprit-elle. Huit jours encore ? Vous avez le temps de venir me voir ! Venez demain au *Fadidi* si vous voulez. Allez, je file, *salam !*

Peu de temps après, un bruit familier de canne se rapprocha et père Cala fit son apparition. Finalement, le devoir l'avait appelé en ville et il venait voir si nous étions toujours chez Klaude. Nous reprîmes une seconde canette de *Gazelle*. Le père annonça ensuite qu'il devait préparer son cours du lendemain. Nous sortîmes avec lui par une porte de l'arrière-cour, et tombâmes nez-à-pot d'échappement avec un quad sur lequel le père Cala prit place.

— Bon, vous montez ? Un là et un là ! s'exclama-t-il dans notre direction en désignant deux parties métalliques au-dessus des roues arrière. Klaude ! Amène deux coussins !

Intriguée, je montai sur le quad. Barney semblait un peu plus réticent, le coussin entre les mains, il fronçait les yeux sans bouger. Il y avait plusieurs hypothèses à sa méfiance : le manque de fiabilité de l'engin, qui devait être entretenu par le garagiste aux cadavres de voitures ; la confiance sceptique de se faire conduire par un homme boiteux ; ou le malaise de se faire conduire tout court. Car évidemment, Barney était bien le genre à ne jamais laisser les autres conduire.

— Allez, Barney, viens !

Il souffla en me regardant avec de grands yeux, dans lesquels je lisais clairement : *dans quoi est-ce que tu vas encore nous fourrer ?*

— C'est bon ? demanda père Cala en démarrant le moteur.

Barney sauta juste à temps sur le bolide qui prenait déjà la route.

— C'est bon ! criai-je pour couvrir le ronronnement de l'accélération.

Nous partîmes en nous cramponnant à l'arrière du quad. Le visage de Barney se détendit. Rien ne pouvait faire de l'ombre à ce moment singulier. Ni l'inconfort des barres métalliques qui traversaient la fine épaisseur des coussins, ni la poussière qu'on inhalait, ni l'irrégularité de la route sableuse qui nous secouait. C'était peut-être ça, la clé pour écrire mon livre : débrancher le cerveau, ne se laisser guider que par la sensation, par l'encre de l'âme, l'encre de la sincérité. Savourer ce moment de liberté comme on ressent l'air du vent qui fouette le visage, les cheveux qui flottent dans des directions opposées, le regard complice d'un ami. Se laisser la possibilité de ressentir et ne jamais oublier. Le long de la route, des enfants criaient et riaient en nous voyant passer. Certains couraient derrière nous en criant : *toubab ! toubab !* C'était pour ça que j'étais partie à New York, mais je ne le savais pas au moment du départ. C'était pour cette sensation que je retrouvais en écrivant : celle de se sentir en fusion avec chacune de ses actions, et sentir les sentiments amplifiés qui les accompagnent. Le voyage, c'est une seconde vie.

Libération

Samedi 26 mai, 18h03, Sokone
Au noviciat

— Père Cala, vous ne trouvez pas que le mot *toubab* pour désigner les étrangers est un peu... connoté ? demandai-je en descendant du quad, garé dans l'arrière-cour du noviciat.

Il rit de bon cœur.

— Non, il n'y a rien de méchant dans ce mot. C'est un mot descriptif.

— Bon, si vous le dites. Et peut-on savoir sur quoi portera votre cours demain ?

— Demain, le thème sera l'accompagnement des jeunes à la sexualité. Et si vous prépariez le cours avec moi ? nous demanda-t-il en attrapant un cahier de brouillon usé sur l'étagère.

Il s'installa sur la grande table et nous invita à le rejoindre. La curiosité me démangeait. Le père était un drôle de personnage. Doux, humain, inattendu. Je n'aurais jamais pensé entendre un prêtre enseigner la contraception. Pourtant, comme nous l'expliqua le père, cela faisait partie de l'enseignement du prêtre-piariste. Celui-ci devait accompagner les paroissiens dans tous les aspects de leur vie, comme un confident qui les guide. Il ajouta qu'un bon prêtre était celui qui évoluait avec son temps. Le sujet faisait débat dans la paroisse, mais c'est ainsi qu'il voyait les choses et les enseignait. Il intervenait également auprès des jeunes dans les établissements secondaires. Il nous surprit davantage quand il nous raconta avoir participé à la création d'une unité d'accompagnement à l'avortement au centre médical de la paroisse, lorsqu'il enseignait au scolasticat de Dakar, il y a dix ans de cela.

— Je regrette cette période, parfois. Car à Dakar, les gens étaient plus ouverts. Ici, c'est la campagne. J'ai essayé de reproduire l'unité, mais aucune fille n'est jamais venue. Nous devons d'abord changer les mentalités.

— Je pensais que les discours des religieux étaient plutôt contre l'avortement... osais-je timidement.

— L'enfant est un cadeau de Dieu. Mais il vaut mieux ne pas inciter à concevoir trop vite, prévenir les transmissions, s'assurer de la pérennité de l'enfant à naître ou non... Dieu veut avant tout que ses enfants soient heureux. Et l'on ne naît pas heureux si on ne peut pas manger à sa faim. La surnatalité sévit en Afrique. C'est un fait. Tout le monde ne pense pas ainsi. Même au sein de l'école piariste. Mais moi, c'est ainsi que je vois les choses. Et c'est ainsi que je l'apprends à mes élèves. Ils doivent être préparés à tout entendre, et à proposer des solutions, sans gêne. Mais attention ! Je n'inciterai jamais une femme à avorter si elle ne le souhaite pas, peu importe sa condition. L'enfant sera accueilli dans notre maison paroissiale et nous ferons notre possible pour l'aider au mieux.

Pauvreté, maladies, infanticides... Le père exposait ces sujets en tirant délicatement chaque ficelle du nœud des non-dits avec une argumentation objective. Nous lui disions qu'il était révolutionnaire. Il disait qu'il n'était qu'un partisan d'une religion qui veut avant tout conserver les Hommes. C'était son combat à lui.

Nous abordions notre troisième dîner au noviciat avec un regard nouveau, et un nouveau convive. Père Clément, enseignant à l'école Sainte-Thérèse, nous rejoint peu avant le son de cloche qui annonçait le souper. Lorsque je l'entendis prononcer les mots *classe de CE2*, je sus que j'avais perdu la compagnie de Barney. Je ne me trompai pas, les deux hommes rentrèrent immédiatement en conversation. Sylvie, qui manquait à l'appel, arriva les cheveux mouillés et le teint rose.

— Excusez-moi pour le retard, j'étais sous la douche, j'ai foncé en entendant la cloche ! dit-elle en s'asseyant.

Sylvie me raconta qu'elle avait passé la journée à retaper tout ce qui était dans le poulailler.

— La serrure ! Totalement pourrie. Pas étonnant que les poules s'échappent.

Elle mangeait de bon appétit, comme si elle avait subi trois jours de privation. Ce qui n'était pas tout à fait faux. Quelque chose avait changé chez elle. Le teint blafard des premiers jours s'était métamorphosé en un éclair. Elle était vive.

— Au fait Sylvie, nous n'avons pas parlé de la journée d'hier. Vous avez passé beaucoup de temps ensemble, le père, Barney et toi. Vous avez discuté de choses intéressantes ? demandai-je l'air de rien, entre deux bouchés de riz frit.

Je perçus le sourire du père Cala, en bout de table entre nous deux. Un sourire à la fois complice et réprobateur. *Je t'ai dit de ne pas t'en mêler, sois patiente !*

— C'est vrai que le père est très curieux, répondit Sylvie en lui adressant un clin d'œil. Il nous a posé beaucoup de questions sur notre passé familial. De bons souvenirs qui font du bien, dans ce contexte...

— Un bon souvenir est tout aussi efficace qu'un bon médicament, dit le père, les yeux rivés devant lui, lançant cette phrase sur un ton exagérément désinvolte.

C'était donc ça, la technique du père Cala, vieille comme le monde : d'abord, la mise en confiance. Comme s'il lisait dans les pensées, il m'adressa un nouveau clin d'œil. *Et n'oublie pas de ne pas t'en mêler !*

— Nous avons rencontré Monette aujourd'hui, une jeune femme étonnante, dis-je.

— Monette ? demanda-t-elle.

— Oui, la sœur de Klaude.

— Klaude ?

— Klaude le coiffeur. L'ami de Didier.

— Ah ! Je n'aurais pas pensé qu'il était coiffeur. Et qu'a-t-elle d'étonnant, cette Monette ?

— Elle portait un pantalon. Toutes les femmes qu'on a croisées étaient en robe ou en jupe. Alors, ce décalage m'a surprise. Elle dégageait un air d'indépendance assez fort. Je pense qu'elle te plairait !

— Ah ça ! rebondit père Cala. Pour être indépendante, elle l'est ! Monette est une chef d'entreprise. Et elle a un sacré caractère ! Sylvie, vous devriez aller lui rendre visite demain avec les jeunes. Il y a une plage pour se baigner dans la mangrove. Prenez votre maillot de bain !

Après le dîner, un temps libre était accordé aux novices jusqu'à la prière de 22 heures. Certains d'entre eux ressortaient les jeux de société de la veille, réclamant une revanche à leur adversaire. Un groupe de discussion s'était formé, dont Gaspard l'intendant faisait partie. Je vis Valentin le jardinier avec une guitare, assis à même le sol, le dos contre le mur, entouré des deux plus jeunes novices, Adam et Anselme. Je m'avançai vers eux.

— Tu sais jouer de la guitare ? me demanda-t-il.

— Autant que je sais planter des tomates... lui répondis-je.

— Ah, répondit-il d'un air amusé. Alors, il faut apprendre ! Il joua un air assez simple en frottant trois cordes.

— À toi !

Il me tendit brusquement l'instrument. Adam et Anselme regardaient la scène avec un air amusé.

— Merci...

Évidemment, n'ayant jamais tenu une guitare de ma vie, je n'étais pas en mesure de reproduire la moindre note. Mais je décidai de persister sur un air très sérieux. Je jouais n'importe quoi avec une mine des plus concentrée. Je tint assez longtemps pour les intriguer.

— Madame, laissez-moi dire ce que tout le monde pense tout bas, dit Anselme. C'est horrible.

Adam partit dans un fou rire que Valentin et moi suivîmes

avec joie. Barney m'appela de l'autre bout de la terrasse. Je redonnai la guitare à Valentin, me levai et saluai mon public avant de partir en trottinant joyeusement à hauteur de mon ami.

— Tu sais jouer de la guitare ? me demanda-t-il, surpris.

— Pas du tout.

Le père Clément se trouvait aux côtés de Barney.

— On discutait avec père Clément de la possibilité d'aller animer un atelier de français dans sa classe, reprit Barney. On pensait leur apprendre à écrire une lettre, reprit-il. Et comme tu aimes écrire, c'est l'idéal.

— Comment tu sais que j'aime écrire ?

— Tu as toujours aimé ça, ce n'est pas un scoop. Au lycée, tu voulais devenir la fille dans *Sex and the City* — *Père Clément fronça les sourcils* — tu penses que ton blog à New York était inattendu, mais pour moi, ça coulait de source.

— Mais je croyais que tu n'avais pas lu ?

Pendant que j'étais à New York, je racontais mes anecdotes sur un blog que j'avais écrit pour m'amuser. C'était une bonne façon de raconter à mes proches ce qui m'arrivait. Je l'avais presque oublié. Mais je me souvenais de la crise de jalousie de Barney. Comme si c'était possible de tromper son meilleur ami avec sa nouvelle ville. La seule fois qu'on s'était appelé, il avait tenu à me notifier qu'il ne lisait pas le blog, puisque je ne prenais pas le temps de lui expliquer mes péripéties de vive voix.

— J'ai menti. Je lisais. Toutes les semaines j'ai lu, me répondit-il.

La distance avait mis une épée de Damoclès sur notre amitié. Elle venait de tomber, mais à côté de nos têtes. Et d'un coup, j'eus terriblement envie de lui parler de mon projet de livre, mais père Clément était toujours là.

— Est-ce qu'on peut se voir demain pour organiser cet atelier ? demanda-t-il.

— J'ai dit à Sylvie que nous irions voir Monette demain, répondis-je.

— Nous pouvons nous séparer, répondit Barney. Tu iras chez Monette demain avec maman. Moi, j'irai à l'école.

— Comme tu veux, répondis-je, un poil déçu.

— Très volontiers ! Alors à demain Barney. Et Marjorie, je vous dis à très vite également !

La cloche sonna l'heure de la prière et les novices se dirigèrent doucement vers la chapelle. En passant à côté de nous, Valentin nous invita à venir à la messe de la chapelle le lendemain matin.

— Non merci, répondit Barney d'un air froid. Il se racla la gorge et reprit pour adoucir ses propos. Merci, sans façon. Mais amusez-vous bien !

Valentin s'en alla sans avoir l'air franchement déçu, il haussa les épaules et trottina pour rejoindre les autres. Les novices ne reviendraient plus. Après la prière de 22 heures, ils devaient rejoindre leur chambre en silence.

— *Amusez-vous bien ?* Vraiment, Barney ?

— Tu préférais que je dise quoi ? Bonne beuverie sur le sang du Christ ? lança Barney, piquant.

— Tu pourrais faire un effort avec les novices. Je sais que tu n'es pas croyant. Tout le monde le sait, d'ailleurs, tu le montres bien assez. Mais ces gens nous acceptent tels que nous sommes.

— Pas besoin de faire un effort pour comprendre qu'ils veulent nous endoctriner avec leur Jésus qui nous sauvera. Ou d'autres conneries encore. Je vais me coucher.

La violence de ses propos me surprit.

— Barney ! C'est dommage ta réaction.

— Ah, tu trouves ça *dommage ?* répondit-il avec un petit rictus.

— Oui ! On a l'occasion de découvrir de merveilleuses choses, de rencontrer des gens différents, et leur religion fait partie intégrante de la découverte...

— Oh ça va ! Tu n'as même pas vu que je n'étais pas bien ici. Tu sembles hébétée par ta découverte, à boire n'importe quelles paroles du père Cala. Il y a ceux qui vivent dans leur petite bulle à croire aux miracles, et il y a la vraie vie. Je ne vais pas faire semblant. Ils m'agacent, à être si naïfs. La vie n'est pas un conte de fées, elle laisse des gens crevés sans même d'explication. Un beau jour, ta mère te dit qu'elle a un cancer qui ne lui laissera pas six mois. Il n'y a aucun Dieu qui fait le bien sur Terre, sinon, les choses se passeraient différemment. À chaque fois qu'ils l'invoquent, j'ai l'impression qu'ils se foutent de ma gueule, voilà.

Ses yeux bleu clair avaient pris une tournure violet foncé. Les veines de ses tempes étaient gonflées, remplies d'une fureur empoisonnée qui rongeait son âme sur le point d'éclater. Il s'effondra sur le sol, replia sa tête dans ses mains et se mit à sangloter. Il avait craché ses mots comme on jetterait des cailloux à la mer, comme l'étendue d'un désert sans vie, intense et sèche. Je n'avais jamais vu Barney pleurer jusqu'à cet instant. J'étais pétrifiée par son changement d'humeur. J'absorbai silencieusement sa souffrance comme une éponge. Je me laissai tomber sur mes genoux et l'enlaçai.

— Je ne veux pas en entendre parler, tu entends ? Si Dieu existe, il ne peut qu'être mauvais.

— Je comprends, Barney. N'en parlons plus. Fais comme tu le sens.

Le lendemain, je me réveillai à 6 heures. La mélodie et les voix qui répondaient à présent au *tam-tam* évoquaient une joie qui m'était inaccessible. Comme une mélancolie douloureuse. Les sanglots de Barney me revinrent en mémoire et me déchirèrent le cœur une seconde fois. Je changeai de position pour tourner le dos à la porte.

*
* *

Dimanche 27 mai, 09h37, Sokone

À 9h30, Barney se réveilla d'un mauvais sommeil. Son esprit ruminait. Il s'en voulait. Il se sentait plus faible qu'il ne l'avait jamais été. Des larmes lui montèrent aux yeux. La colère, l'impatience, la peine, l'incertitude et l'apaisement étaient arrivés à égalité sur la ligne des émotions dominantes. C'était impossible de lutter contre autant de sentiments. Il voulait partir, mais fuir la vérité ne retarderait pas l'échéance. C'était à son tour d'accepter.

Il traîna des pieds jusqu'à sa douche et fit couler l'eau froide sur son corps. Il resta ainsi quelques minutes, stoppa l'eau, se sécha, s'habilla et sortit de sa chambre. Il se dirigea sur le chemin fleuri, longea la chapelle et passa le portillon. Il continua sa route jusqu'au jardin où je me trouvais, en pleine activité dans le potager. Accroupie dans la terre comme la veille, j'avais repris ma tâche aux pousses de tomates. Je levai la tête vers lui, mis ma main sur mon front pour protéger mes yeux du soleil. Barney, debout, s'imposait de tout son charisme, l'allure dominante et le cœur vulnérable.

— Tu as bien dormi ? lui demandai-je.

— Oui, dit-il d'une petite voix. Tu as besoin d'aide ?

— Volontiers, je dois mettre ces pieds de tomates dans chaque trou. Mais ne t'avise pas de faire un meilleur travail que moi, j'essaie d'impressionner Valentin pour lui montrer que je sais un minimum me servir de mes dix doigts.

— Pourquoi lui en particulier ?

— Je sais pas, on a bien discuté, je l'aime bien. T'es jaloux ?

Piqué au vif, il me sourit et attrapa un pied de tomate. Nous continuâmes cette activité même après que la cloche ait sonné, pour finir ce que nous avions commencé, en silence, jusqu'à tous les planter.

Maman

Dimanche 27 mai, 14 h 22, Sokone
Chez Monette

Après le déjeuner, j'arrachai Sylvie à ses occupations dans le poulailler. Elle s'était lancée dans la conception d'une cage à poussins. Il faisait au moins cinquante degrés à l'intérieur du bâtiment en ferraille, mais elle n'en semblait pas incommodée.

— C'est incroyable, ce que tu arrives à faire avec trois clous et des parcelles de rondins de bois ! m'exclamai-je.

Elle rit.

— Quoi ?

— Bah, Marjorie !

— Bah, Sylvie ? répondis-je, amusée par son air désinvolte. Ce sont les rondelles de parcelles de bois qui te font rire ?

Elle pouffa de plus belle.

— C'est exactement ça !

— Bon, tu viens chez Monette ou pas ?

— Bah, je suis en plein chantier...

Je lui fis de gros yeux.

— Tu ne vas pas m'abandonner toi non plus !

— Bon ça va, ça va ! Je viens ! répondit-elle, amusée.

Elle enleva ses gants de travail.

— Je ne savais pas que tu étais aussi manuelle, lui dis-je.

— Ça faisait très longtemps que je n'avais pas bricolé. Pourtant j'adore ça ! Tu vois la cabane qu'il y a dans notre jardin ?

— Oui, répondis-je avec un pincement au cœur.

La cabane en bois noircie, à l'abandon dans le jardin de la maison des Gemini-Lenoir, m'avait toujours rendue triste.

— Ne le dis pas à Barney, mais Nicolas avait deux mains gauches. En menuiserie du moins, heureusement qu'il n'avait pas deux mains gauches quand il opérait. Bref, quand les enfants étaient couchés, j'allais discrètement renforcer ce qu'ils avaient assemblé. Si je ne l'avais pas fait, elle se serait écroulée, j'en suis persuadée !

Je la regardai, amusée.

— Nicolas savait que tu repassais derrière eux ?

— Bien sûr ! Il me regardait faire. C'était notre petit jeu. Attends-moi devant la cuisine. Je plante un dernier clou et j'arrive !

Nous partîmes aux heures les plus chaudes de la journée. Crème solaire sur le visage, châles sur les épaules, lunettes de soleil sur le nez, casquettes sur la tête et grande bouteille d'eau dans le sac, nous passâmes devant la salle à manger où Barney nous salua.

— Mais, vous y allez à pied, sous cette chaleur ? demanda-t-il.

— Ce n'est pas si long.

— Ce n'est pas si raisonnable.

— Ce n'est pas si terrible.

— Bon ça va, vous avez fini, on peut y aller ?

Barney et Sylvie s'amusaient à me faire tourner en bourrique. Ce n'était pas pour me déplaire. C'était si agréable de les voir comme ça. Nous quittâmes le noviciat, mais à peine deux-cents mètres plus loin, nous fûmes rattrapées par les novices Gaspard et Nelson, qui criaient de nous attendre.

— Qu'est-ce qu'il se passe ? demanda Sylvie, inquiète. Barney a un problème ?

— Non, Barney va très bien ! dit Gaspard en reprenant son souffle.

— Très bien, très bien... Je n'ai jamais vu un *toubab* si sérieux, si vous voulez mon avis ! ajouta Nelson.

— Le problème c'est vous, vous partez, comme ça ! répondit Gaspard.

— Les demoiselles veulent toujours qu'on leur coure après, dit Nelson.

— Nous allons chez Monette, on ne vous l'a pas dit ? demandai-je.

— Si, mais vous n'alliez pas partir toutes seules à l'aventure, quand même !

Parmi les novices les plus âgés, Nelson possédait un diplôme en théologie philosophique et aimait animer de grands discours. D'un air exagérément solennel, il nous annonça que nous étions parties nous aventurer dans la nature profonde et que, à ce titre, nous avions absolument besoin d'une escorte solide.

— Monsieur Gaspard et moi-même aurons le privilège, que dis-je, l'honneur, d'être votre escorte pour ce long voyage.

— Mais, vous prenez sur votre temps de repos, vous allez être fatigués ! répondis-je.

Gaspard me regarda avec un petit sourire. La douceur de ses traits reflétait la gentillesse de son âme.

— Eh bien, c'est avec plaisir que nous acceptons deux beaux jeunes hommes comme escorte, annonça Sylvie en attrapant les garçons par chaque bras.

Gaspard se retourna et me tendit son bras libre, auquel je m'accrochai.

— Vous connaissez des chants ? demanda-t-il.

Gaspard n'attendit pas notre réponse et commença à fredonner un air de chanson enfantine.

— *Gaspard c'est le nom qu'on m'a donné !*

— *Gaspard c'est le nom qu'on t'a donné !* reprit Nelson en chœur.

— G...

— G !

— A...

— A !

— S...

— S ! nous reprîmes tous les trois.

— Mais Gaspard, quel âge as-tu ? demanda Sylvie, amusée.

— Vingt-trois ans, pourquoi me demandez-vous ça ?

— Parce que, c'est le genre de chansons qu'on chante à l'école !

— Tout à fait madame ! Mais que croyez-vous que nous faisons, toute la journée avec des enfants ?

— Ça, ça dépend du prêtre... murmura Sylvie.

Nelson rit fort.

— Bon ! Parlons sérieusement. Marjorie, il faut te trouver un mari sénégalais !

— Pardon ?

— C'est très sérieux ! continua-t-il, sur un ton qui ne l'était pas.

— Ah, laisse-la tranquille ! Tu ne peux pas t'empêcher d'embêter nos invités... répondit Gaspard.

— Mais je pense à son avenir ! Moi, je viens de la République Démocratique du Congo, alors je n'ai pas beaucoup d'amis à te présenter ici. Mais Gaspard, lui, il a plein de cousins...

— Non non non, répond Gaspard sur son ton semi-réservé, semi-rieur.

— Mais Marjorie, sérieusement. Quel âge as-tu ?

— J'ai vingt-quatre ans. Et je peux t'assurer qu'en France, beaucoup de personnes ne sont pas mariées à cet âge ! répondis-je, sur la défensive.

— Mais, ce n'est pas correct ! C'est déjà tard pour fonder une famille. Plus tu vieillis, moins tu es fertile !

— Nelson ! coupa Sylvie.

— OK, j'arrête ! Nelson haussa les épaules.

Sylvie rouspétait, amusée. Je tâchais d'en faire de même, sans beaucoup de volonté. Je me sentais comme une pêche trop mûre, ratatinée au soleil. La chaleur écrasante nous faisait tous les quatre transpirer à grosses gouttes.

— Pour ça, je vous plains ! Même nous, on a du mal avec la chaleur. Au Congo, il ne fait pas si chaud. Alors pour vous, ça doit être terrible.

— Pourquoi as-tu quitté le Congo, Nelson ? Tu es taquin, mais toi, tu n'as pas l'air si jeune, tu as l'air d'avoir déjà bien vécu...

Sylvie m'adressa un clin d'œil.

— Vous êtes une femme rusée, Sylvie ! J'étais professeur de philosophie. J'ai passé ma thèse à Bordeaux, en France. Je connais bien votre pays ! Il fait froid, c'est pour ça que je sais que c'est dur. Et j'écris des livres aussi. Je mets mes réflexions par écrit pour dénoncer les dictatures africaines et le manque de respect des droits des hommes et des femmes.

Plus personne ne riait à présent. Sylvie commença à interroger Nelson sur ses expériences et ses réflexions. Le sujet m'intéressait beaucoup, mais je ressentais une onde négative qui m'empêchait de me concentrer. Et cette onde négative venait de Gaspard. Je profitais que les deux autres soient accaparés dans leur conversation pour ralentir le pas, obligeant l'intendant à s'adapter à mon allure.

— Qu'est-ce qu'il y a ? demandai-je.

— Tout va bien ! Pourquoi me demandes-tu ça ?

— Je vois bien que ça ne va pas.

— C'est faux, je t'assure... répondit-il d'une voix déjà moins assurée.

— Tu sais Gaspard, avant de recevoir des confessions, il faut pouvoir se confesser soi-même.

Bingo ! Gaspard cogita, et finit par cracher le morceau :

— OK, mais ça reste entre nous, d'accord ?

— Promis !

Je levai le petit doigt en l'air, attendant que Gaspard l'attrape avec le sien.

— Tu ne connais pas le serment du petit doigt ? Pourtant, dans ta vie religieuse, ce n'est pas les serments qui manquent ! Tu dois en avoir à gogo.

— À gogo ? Qu'est-ce que ça veut dire, à gogo ?

— Ça veut dire... non, laisse tomber, répondis-je.

— Non, explique-moi ! S'il te plaît.

Le ton de sa voix dénonçait sa soif d'apprendre. Nous

n'étions pas très différents, Gaspard et moi. Je lui expliquai la signification de *à gogo*, lui montrai le serment du petit doigt, et poussai même jusqu'à la démonstration du *croix de bois croix de fer*.

— Tu peux mentir pendant ton serment de la croix de bois, en croisant les doigts dans ton dos. Mais crois-moi, c'est la pire des choses que tu peux faire dans ta vie...

— Pire que tuer quelqu'un ?

— Bon, peut-être pas *aussi* pire. Mais c'est quand même très grave.

— Eh bien ! Je vais avoir plein de choses à apprendre à mes gosses, moi !

— Tu parles des élèves de l'école ?

— Oui ! Parfois, on remplace père Clément, ou d'autres enseignants absents à l'école. Alors je connais bien les élèves. Les remplacements se font sur la base du volontariat. Après, le samedi matin, certains enseignent le catéchisme. C'est aussi sur la base du volontariat... Et le dimanche après-midi, on donne des cours de soutien.

— Laisse-moi réfléchir, toi, tu te proposes pour tout je suis sûre !

— Oui, répondit-il avec un sourire enfantin. J'adore enseigner. C'est une vraie vocation.

— En fait, quand vous ne faites pas vos tâches de novices, vous faites l'école. Ou vous préparez les messes. Vous n'arrêtez jamais ! Mais si tu aimes enseigner, pourquoi ne pas avoir fait une formation de professeur ?

— Parce que j'aime Dieu aussi. Et c'est complémentaire. On enseigne le savoir aux enfants à l'école, et on leur enseigne comment devenir des hommes et des femmes meilleurs à l'église. Nous sommes des tuteurs de vie. Enseigner à un enfant la soif d'apprendre, le respect et la tolérance, c'est la base d'une bonne éducation.

Nous marchions quelques secondes en silence avant que Gaspard ne reprenne la parole.

— C'est vrai qu'on arrête jamais. C'est pour ça que cette

année, c'est un peu dur. Surtout qu'on est loin de notre famille.

À ces mots, Gaspard mit les mains dans ses poches de jean, et regarda ses pieds.

— C'est pour ça que tu es triste ? lui demandai-je

— Oh, mais je ne suis pas triste ! Je me sens mal quand Nelson parle. Tu promets autant que croix de bois, croix de fer de ne pas lui répéter ?

Je dessinais une croix sur mon épaule avec mes doigts, et lui montrais mon autre main pour prouver que je ne trichais pas.

— Bon, reprit Gaspard. Nelson se met beaucoup en avant, et ça m'agace.

— Tu es jaloux !

Il s'arrêta brusquement et se tourna vers moi, en prenant un air indigné comme devant la pire des insultes.

— Mais non ! Tu oses dire que je suis jaloux.

Il reprit sa marche l'air bouleversé.

— Pardon, je ne voulais pas te blesser, dis-je.

— Ce n'est pas faux... Mais tu vois ici, on apprend à se détacher de tout, du matériel, des mauvaises émotions, de notre famille... Alors l'envie et la jalousie sont bien deux de nos pires ennemis. Si je n'arrive pas à maîtriser mes sentiments, alors je n'ai rien à faire ici.

— Tu es dur avec toi-même !

Il haussa les épaules et je repris :

— Pourtant tu n'as pas l'air agacé. Tu as l'air triste. C'est vrai, ne me regarde pas comme ça ! Tu préfères être jaloux ou triste ? Et d'ailleurs, pourquoi es-tu jaloux ?

— Mais arrête de dire ça ! dit Gaspard en riant. Tu es...

— Pénible ?

— Je n'oserais pas !

— J'ai bien l'impression pourtant que si, tu as osé. Tu l'as dit avec les yeux.

— Je suis... mal à l'aise, dit-il en faisant l'effort de bien choisir ses mots. Nelson est agaçant, parce qu'il a l'air de ne jamais douter ni de lui ni de ses choix. Il a déjà vécu, il sait où il va, il sait que c'est le bon chemin pour lui, tu comprends ?

— Oui. Et pour toi, ce n'est pas le cas ?

— Je sais que Dieu m'a appelé. Et vraiment, j'aime ça ! Je te promets. Je suis toujours volontaire pour le catéchisme, et je suis parmi les meilleurs élèves du père Cala. Je suis bénévole pour tout, pour apprendre tout le temps. Et je sens que le père me regarde avec beaucoup d'espoir. Mais... il y a le doute. Toujours le doute. Quand on est loin des siens, on ne peut pas s'empêcher de vouloir les voir. Mais on ne les voit pas. Ils ont droit de venir le dimanche, Valentin par exemple, son frère habite à Sokone alors il le voit souvent. Mais c'est un cas rare. Les autres, on ne voit pas notre famille. Et pour ceux qui n'habitent pas au Sénégal, c'est pire. On a que deux semaines de vacances entre deux années, c'est trop peu pour rentrer. Adam au Bénin, Anselme en Côte d'Ivoire... ils n'ont pas vu leur famille depuis deux ans. Entre Nelson qui sait où il va, ceux qui sont dans de pires conditions, mais ne se plaignent jamais... ce n'est pas évident de clamer haut et fort qu'on a des doutes. Je ne me sens pas légitime.

— Je comprends... Et ta famille, tu ne peux pas les appeler ? demandai-je.

Gaspard me regarda d'un air ahuri. Décidément, ce garçon était un livre ouvert : toutes ses émotions se lisaient sur son visage.

— On n'a pas le droit !

— Je sais que vous n'avez pas le droit d'avoir de téléphone portable, mais vous pouvez appeler avec le fixe du noviciat de temps en temps, non ?

— On peut, mais cela doit rester exceptionnel. On vit en retrait du monde extérieur. Ça fait partie de l'apprentissage. Pas de nouvelles de la famille en dehors de l'appel autorisé quelques dimanches par-ci, par-là... Pas de nouvelles des amis non plus. Et ça tu vois, ça me rend triste parfois. Lorsque je suis arrivé ici, j'avais plein de copains qui avaient des projets de travail, d'études, de mariage... Et je ne sais pas où ils en sont aujourd'hui. Ma mère, elle peut me donner des nouvelles parfois, elle les connaît tous. Mais l'appel est si court. Quand je raccroche, j'ai encore plus de questions que j'en avais avant d'avoir appelé. Mais il faut rester fort, pour ne pas que la famille s'inquiète, et pour ne pas perturber davantage les camarades. Alors, je repose le combiné, le cœur lourd. Et chaque fois je me dis : j'aurais mieux fait de ne pas appeler. J'ai l'impression d'avoir chaque pied dans un monde différent, d'errer dans une galaxie, emporté seul par la pesanteur, où personne ne peut ni me voir ni m'entendre.

— C'est comme si tu t'expatriais, en fait...

— C'est le cas pour certains. Et pour les autres, c'est tout comme. Alors quand j'entends des hommes comme Nelson qui sont si confiants, ça me rappelle que, moi, je ne le suis pas.

— Mais il ne sert à rien de te comparer. Vous n'avez pas la même expérience. Et tu l'as dit toi-même : ta place est ici.

— Tu penses ?

— Moi je crois ce que je vois et ce que j'entends. Je suis certaine que Nelson a plein de doutes également. Ça aussi, tu l'as dit toi-même : vous gardez tous la face pour ne pas perturber les autres. C'est une solidarité silencieuse. Même si je ne suis pas fan du silence, je comprends que ça vous unisse. En tout cas, tu es parmi ceux qui ont l'air les plus confiants.

— Dis donc Marjorie, tu ferais un bon prêtre, tu sais !

— Ne me tente pas ! Et ta famille d'ailleurs, elle en pense quoi ?

— C'est aussi ce qui rend la chose compliquée. Mes parents me comprennent et me soutiennent. Mais mon oncle ! Il a dit que c'était de la folie. Que je ferais mieux de me ressaisir et trouver une femme, avoir des enfants... Et c'est pareil avec les filles, quand je dis que je suis prêtre, elles me disent que je ne devrais pas, que je suis beau garçon et que je ferai un bon époux.

— Et tu leur réponds quoi, à ces filles ?

— Que j'ai choisi. Mais les paroles des autres me font douter. Tout se joue vraiment cette année. Quand on fera nos vœux en septembre, ce sera le plus fort des engagements. Bien sûr, on sera toujours libre d'arrêter par la suite. Mais quand on fait les vœux après le noviciat, c'est sacré, ça veut dire quelque chose. Alors cette année, elle est difficile. Le temps de méditation du matin, avant la messe, nous permet de nous recentrer sur notre but, afin de ne pas nous égarer.

— Il y a encore beaucoup de choses que je ne sais pas. Tu m'apprendras ?

— Bien sûr ! Tu peux venir en cours avec nous un matin. Enfin, je demanderai au père, quand même...

— Oui, c'est mieux. Et tu sais quoi, Gaspard ?

— Oui ?

— Le doute c'est terrible. Mais le fond est là : tu as choisi. C'est tout ce qui compte.

— Merci, Marjo.

J'aurais aimé lui demander pourquoi il me disait merci. Mais j'avais déjà appris que, si le silence est d'or, une écoute attentive au moment opportun est un diamant brut. Nous accélérions le pas pour rejoindre les deux autres qui, toujours absorbés dans leur discussion, n'avaient pas remarqué notre absence.

— Je ne pense pas, Sylvie, je sais. Je sais qu'il est possible de dénaturer les vices de l'homme grâce à la spiritualité, grâce à Dieu ! Dieu est maître de toute décision, nous devons faire confiance au chemin qu'il ouvre pour nous. Choisir un autre chemin est pêcher.

Je comprenais l'agacement de Gaspard envers Nelson. Là où les autres novices étaient dans l'écoute, lui était dans le discours. Mais il fallait reconnaître que sa place n'était pas évidente à tenir. Apprendre après avoir passé des années à enseigner ; recevoir quand on a longtemps donné... Il avait du chemin à faire pour désapprendre et réapprendre. J'adressai un sourire complice à Gaspard.

Nous quittions le cœur du village. Le complexe touristique de Monette était entouré d'eau, mais on pouvait y accéder à pied en traversant un petit ponton, après un kilomètre de marche sur une grande étendue de sable. Le paysage actuel rappelait celui d'une marée basse sur la côte ouest, lorsque l'océan s'est retiré et que la plage s'étend à perte de vue. Une pause s'imposait. Je demandai au groupe de s'arrêter, le temps de s'hydrater. Nelson, le visage en sueur, accepta l'eau que je lui tendis. Il passa la bouteille à Sylvie, qui but et me passa la bouteille à son tour. Je la tendis ensuite à Gaspard qui refusa de boire, même après plusieurs insistances de ma part. Hors de question pour lui de nous priver de quelques gorgées d'eau dont nous pourrions avoir besoin plus tard.

Nous repartîmes et arrivâmes devant un petit cours d'eau. La Mangrove montait, étendait son pouvoir et nous barrait le chemin d'accès au petit pont qui menait chez Monette. Nous ôtions nos chaussures et traversâmes le cours d'eau qui nous arrivait aux genoux. Le ponton se trouvait en mauvais état. Nous le franchissâmes prudemment et arrivâmes devant un escalier, dessiné à même la terre et recouvert de cailloux, caché derrière la végétation dense. Le panorama désertique se transformait en paysage tropical. Alimentée par l'eau de la Mangrove, la flore s'en donnait à cœur joie. Nelson et Gaspard attendirent qu'on monte pour pouvoir nous rattraper, dans le cas où l'une de nous tomberait de l'escalier exigu, loupant une marche ou fouettée par une liane sauvage. Au bout de notre épopée, nous arrivâmes enfin sur le seuil du complexe touristique de Monette. L'endroit était calme et dépeuplé, à l'exception du jardinier qui nous regarda sortir de la jungle, ahuri. Les garçons arrivèrent aussitôt derrière, et saluèrent le jardinier qui se détendit en les voyant.

— Ah, vous êtes les amis du père Cala ! Je me demandais qui étaient les *toubabs* débarqués du sentier secret ! Je vais aller chercher Monette. Gaspard, fais visiter ! Je reviens ! annonça le jardinier derrière sa casquette.

Nelson conduisit Sylvie dans la zone de vie où les tables et les chaises s'étendaient, afin de s'asseoir et se reposer. Gaspard me fit faire le tour du propriétaire. Il connaissait bien l'emplacement, car les parents de Monette, qui habitaient à M'Bour, avaient été sa famille d'accueil l'année passée. Il m'expliqua que chaque novice était hébergé le week-end dans une famille chrétienne à M'Bour. Comme la plupart des élèves venaient de loin, cela permettait d'avoir un substitut familial. Il s'était rendu quelquefois à Sokone avec les parents de Monette, alors Gaspard connaissait bien le complexe touristique. Les emplacements étaient typiques des habitations sénégalaises, en bois, avec le toit recouvert de paille. Les logements étaient assez rustiques, bien que je puisse noter un effort réalisé sur la décoration, avec quelques vases et plantes.

Nous rejoignîmes les autres vers le cœur de la structure : une grande terrasse surélevée et complètement ouverte. Le vent passait à l'intérieur, une brise rafraîchissante nous caressait la peau. Sur la terrasse se dressaient la salle à manger et un grand bar. De l'autre côté, légèrement en contrebas, un coin plage relié par un escalier donnait accès à la baignade dans la Mangrove.

— C'est très sympa ! Et inattendu, déclara Sylvie.

Nous n'aurions jamais soupçonné l'existence d'une structure comme celle-ci à quelques kilomètres des villages. Je me demandais même qui pourrait bien connaître cet emplacement : y avait-il vraiment des touristes qui s'aventuraient jusqu'ici ?

— Bonjour ! annonça chaleureusement une voix derrière nous.

Nous nous retournâmes sur une Monette éblouissante. Je la trouvais encore plus belle que la veille. Elle portait une robe légère, marron foncé, qui fondait comme un glaçage gourmand sur sa peau chocolatée. Cette femme avait vraiment quelque chose que les autres villageoises n'avaient pas. Elle donnait une impression d'audace incontrôlable.

— Bienvenue ! Tu dois être Sylvie ? demanda-t-elle en lui serrant la main.

Les garçons annoncèrent qu'ils devaient partir pour ne pas louper la répétition des chants. Après les avoir salués, Monette nous invita à nous asseoir à l'une des tables.

— Qu'est-ce que vous voulez boire ? Je vous invite !

— Une *Gazelle* !

Nos voix se firent écho. Une *Gazelle* fraîche était appropriée dans ce cadre détendu, qui offrait un air de vacances. Sylvie eut un coup de foudre pour l'endroit et pour Monette. À peine présentées, le courant circulait entre les deux femmes, comme si celles-ci s'étaient toujours connues.

— Il te plaît, le petit Gaspard ? me demanda soudainement Sylvie.

Alors que je sirotais tranquillement ma *Gazelle*, le choc me fit avaler de travers.

— Mais voyons Sylvie, c'est un futur *prêtre*, répondis-je.

Je fus surprise de constater qu'à l'inverse, Monette ne fut pas du tout choquée par ce propos, et s'en amusait même, d'un air complice avec Sylvie.

— Tu as l'air toute chamboulée.

— Oui, mais c'est parce que...

— Oui ?

— Tout à l'heure, il m'a appelée Marjo. Pour le moment, c'est le seul à m'avoir appelée correctement. Il m'intrigue. Je me demande s'il a eu plus l'occasion que les autres d'entendre mon prénom. Tu vois, ce n'est pas ce que tu crois !

— Gaspard est un fin observateur, enchaîna Monette. C'est un garçon si charmant ! Ma famille est sa famille d'accueil.

— Il est adopté ?! s'étonna Sylvie.

Connaissant l'histoire, je n'écoutai plus la suite et en profitai pour observer les lieux. Derrière le bar, la porte de la cuisine était ouverte. Le jardinier, qui était aussi cuisinier, barman et sûrement d'autres fonctions encore, préparait le repas du soir pour la seule famille de touristes de la saison.

— La structure, c'est à vous ? demanda Sylvie à Monette.

— Il faut que tu me tutoies, Sylvie ! Je ne suis pas une vieille dame. C'est familial. C'est plutôt à mon père, en fait. Mais comme tu peux le voir, c'est moi qui gère.

— Tu as beaucoup de visiteurs ?

— Huuum, ça dépend. Parfois, les huit logements sont occupés. Et quand c'est vide, on organise des réceptions, des mariages, tout ça...

Il me semblait détecter un air triste dans sa réponse.

— Tu ne vois pas souvent ta famille ? demandai-je à Monette.

— Si, ils viennent régulièrement. Surtout mon père, pour voir comment les affaires tournent. Et mon frère Klaude habite à Sokone, on se voit tous les jours.

— Et toi, tu restes ici tout le temps ? demanda Sylvie.

— Oui... je reste.

Les deux femmes se regardèrent en souriant. Elles semblaient prolonger le dialogue avec leurs yeux. Je fus doucement mise à l'écart de ce moment. Je continuais à siroter ma bière, me faisant aussi discrète que possible.

— Pas facile hein, d'être une femme indépendante ? demanda Sylvie en adressant un clin d'œil à Monette.

— Non, pas facile. Tu fais quoi toi, dans la vie ?

— J'ai un cancer.

J'avalai de travers une nouvelle fois. Monette rit. Elle n'afficha ni gêne ni surprise, rien d'autre qu'un sourire calme. Je retenais mon souffle.

— Lequel ? demanda Monette.

— Poumons, répondit Sylvie.

Monette décala la bretelle de sa robe pour dégager le haut de sa poitrine sur laquelle figurait une cicatrice.

— Seins pour ma part, lança Monette avec un clin d'œil.

— Mastectomie ?

— Totale. On m'a remis une prothèse. C'était bizarre de vivre avec un faux sein au début, mais bon, on s'y fait. C'était il y a plusieurs années déjà. Depuis, le cancer me laisse tranquille. J'espère que ça durera comme ça. Le poumon, c'est opérable ?

Sylvie fit non de la tête. Monette déplia ses bras et attrapa doucement ses mains.

— Si c'est ainsi, alors, il ne faut pas rester les bras croisés à attendre la mort. Il faut danser ! Il faut faire une fête. J'inviterai le village, chacun ramènera à manger. Tu verras, ça sera super !

— Oh, je ne suis pas sûre. Je n'ai vraiment pas envie que tout le monde sache que je suis malade.

— Qui a parlé de maladie ? reprit Monette en parlant fort. Moi, je te parle de la vie ! C'est pour ça qu'on danse, c'est parce qu'on est vivant !

— Alors, dans ce cas... Dansons ! Et dansons ce soir ! lança Sylvie en riant.

— Haaa, ce n'est pas possible ce soir ! *Ta ta ta !* N'insistez pas, une fête de vie, ça se prépare. On va inviter tout le monde. On fera ça mardi, ou mercredi. Je verrai avec le père Cala. Il ne va pas être content, ça va mettre le bazar dans l'emploi du temps des novices. Mais il ne me refuse jamais rien !

— On fera ça ici ? demandai-je.

— Bien sûr, ici même !

— Ça fait longtemps que ta famille possède cette structure ?

— Ça va faire une dizaine d'années, répondit-elle, l'euphorie retombée.

— Quelque chose me dit que tu en as marre de cette activité, dit Sylvie.

— Tu as raison, reprit Monette en souriant tristement. J'ai toujours rêvé d'indépendance. Alors pour ça, je suis contente. Mais ici, je ne peux pas bouger. Je dois rester toujours là pour faire vivre le centre. Et moi, j'aurais aimé voyager. Surtout depuis mon cancer, j'ai envie d'autre chose. La vie m'a offert une seconde chance et je ne peux pas en profiter. J'ai fait des études qui ne me servent pas, c'est dommage. Monette haussa les épaules et regarda vers la Mangrove avec un regard éteint, en soupirant. Moi, j'aurais voulu voir la France. Juste quelques semaines. Mais la seule fois où mes parents ont bien voulu rester plusieurs semaines ici, mon visa a été refusé.

Nous étions restés tout l'après-midi à discuter avec Monette, sans prendre le temps de nous baigner. Nous en avions même oublié la chaleur, au frais, dans le courant d'air de la pièce. Le soleil couchant nous avait ramenés à la réalité, il fallait partir avant que la nuit ne tombe complètement. Monette avait insisté pour nous appeler un taxi, mais Sylvie et moi voulions marcher. Nous quittâmes la jeune femme en lui promettant de revenir très vite. Nous avions déjà descendu l'échelle et, à notre grand soulagement, le cours d'eau s'était retiré.

— Dis Sylvie, penses-tu, que, dans la vie, quoiqu'on fasse, on est jamais content ?

— Pourquoi me demandes-tu ça ?

— Monette. Elle n'est pas si heureuse que ça. Pourtant, de ce qu'elle nous a dit, gérer la structure familiale était un projet rêvé. Alors je me dis que, finalement, on est destiné à toujours vouloir ce qu'on n'a pas et être malheureux.

— Pas tout à fait, répondit Sylvie. Je pense que, dans la vie, il y a un temps pour tout. Monette approche des quarante ans, et toute l'indépendance qu'elle souhaitait dans sa jeunesse lui pèse aujourd'hui. Je pense qu'elle a été très heureuse. Regarde comme elle parlait du début du projet, d'avoir acheminé toute seule les travaux quand son père négociait les prêts... Un vrai bout de femme ! Elle me fait penser...

— À toi ! la coupai-je.

— Oui, je dois avouer qu'elle me fait penser à moi. Enfin, si on peut dire ça. Disons plutôt qu'on se comprend très bien et que je l'ai tout de suite senti quand on s'est dit bonjour. Mais aujourd'hui, Monette voudrait autre chose. Elle voudrait une famille.

— Comment tu le sais, elle te l'a dit ? Je n'ai pas fait attention...

— Elle l'a dit avec les yeux. Elle sent que son heure est passée et j'ai senti sa frustration. C'est comme si avec l'âge, plus personne ne te permettait d'être ce que tu veux être. Tu es dans une case depuis trop d'années pour pouvoir en sortir. Une femme entrepreneuse à quarante ans ici n'attire aucun homme, par peur de l'originalité, par peur de cette femme qui sort du moule. J'espère qu'elle trouvera quelqu'un pour partager la vie qu'elle souhaite aujourd'hui. Mais comme elle dit, dans les villages autour, tout le monde se connaît. Il n'y a pas de nouveaux habitants tous les quatre matins. C'est la campagne de chez nous, tu vois ce que je veux dire !

— Oui, très bien... Même si je suis sidérée que tu aies compris ça à partir de la discussion. C'est un peu comme toi, en fait. Parce que si tu n'avais pas eu Timothé par accident, tu serais devenu médecin, n'est-ce pas ?

— Je n'ai pas eu Timothé par accident.

— Ah ? Mais Barney m'a dit...

— Je ne parle jamais de cette période, ça ne m'étonne pas que Barney puisse l'interpréter ainsi. Laisse-moi te raconter...

Et Sylvie me raconta sa vie. Elle remonta jusqu'à ses dix ans. Elle habitait un petit village de l'est de la France avec son père et sa mère, très modestes. Ils ne manquaient de rien, jusqu'au jour où son père fit une crise cardiaque. Il mourut quelques jours plus tard à l'hôpital. Dans son malheur, Sylvie trouva sa vocation : elle serait médecin pour ne plus qu'aucun enfant ne perde son papa ! Aventurière et curieuse, la petite Sylvie attirait nombre de rumeurs de la part des villageoises, qui obligèrent sa mère à l'inscrire en pension catholique. Passionnée de science, elle s'attira la foudre des bonnes sœurs en contestant tous les mystères de Dieu.

— Pourtant, j'étais la seule à écouter les cours. Je réfutais tout ce que le prêtre disait, en récitant des théories scientifiques pour démontrer que les histoires bibliques n'étaient pas cohérentes. C'était même devenu un jeu. J'ai potassé plus de bouquins de science cette année-là que pendant tout mon parcours élémentaire.

Les sœurs la renvoyèrent chez elle, ce qui multiplia les rumeurs du village, mais sa mère en eut assez. *Si c'est comme ça, nous partons !* dit-elle un jour à sa fille, devenue adolescente. Mais ce déménagement affaiblit ses ressources. Sa mère cousait des chapeaux, et son affaire fonctionnait bien dans l'ancien village, mais plus dans le nouveau. Elle prit un emploi de serveuse dans la taverne. Lorsque Sylvie s'installa à Paris pour ses études, sa mère lui envoya le peu d'argent qu'elle avait, en cachant à sa fille l'état précaire dans lequel elle se trouvait, devenu alarmant. Elle mourut soudainement pendant la deuxième année d'études de Sylvie, qui n'avait rien vu venir. Si sa mère avait eu quelqu'un pour l'aider, son destin se serait déroulé différemment. Alors, elle changea de vocation. Elle décida de se tourner vers l'accompagnement médical, dans l'assistance, et dans l'humain. Elle serait infirmière. Un travail de l'ombre souvent sous-estimé, mais qui fait toute la différence pour les malades. Elle rencontra Nicolas sur les bancs de la fac, juste après cet épisode traumatisant...

— Ce fut un véritable coup de foudre. Il est vrai que ma grossesse arriva plus rapidement que prévu. Mais accueillir cet enfant, c'était une évidence. Nicolas et moi avions emménagé ensemble dans un des appartements de ses parents, à la condition de *régulariser notre situation*. Les parents de Nicolas étaient très croyants. Pour ne pas qu'on sache que j'étais enceinte avant mon mariage, ils exigèrent qu'on invite seulement nos témoins. J'ai cru que c'était accepté de partager le secret avec eux, alors, toute contente, j'ai annoncé ma grossesse au déjeuner. La mère de Nicolas partit dans une colère noire. Depuis, elle n'a jamais trop accepté Timothé. L'enfant bâtard, comme elle disait. J'ai gardé mon nom, en hommage à mes parents. Nicolas, c'était toute ma vie. Mon amour, mon meilleur ami, un père formidable que la vie a arraché à ses enfants bien trop tôt.

— Alors c'est pour ça que la mère de Nicolas ne voulait pas veiller sur Timothé, quand Nicolas était à l'hôpital ? Ça n'a pas dû être évident pour lui. J'ai l'impression que même pour Barney, toute cette histoire est un peu floue.

— Si je ne parle pas de cette période, c'est pour les protéger. Au début, avec le choc de l'accident, mes beaux-parents étaient d'accord pour garder les trois enfants le temps que je veille Nicolas à l'hôpital. Et puis, des semaines et des mois sont passés, et la mère de Nicolas, triste de ne pas voir son fils se réveiller, a commencé à décharger sa frustration sur Timothé. Comme si tout était de sa faute. Je l'ai même entendu le lui dire un jour, mot pour mot. *Si ton père est dans le coma, c'est ta faute.* Ça a été la goutte de trop, je n'ai plus jamais voulu qu'elle voie Timothé. Il était encore petit, mais bien assez grand pour comprendre l'impact des mots. Mon pauvre garçon... Donc après l'école, Timothé allait à pied jusqu'au centre-ville pour attraper le bus qui mène à l'hôpital. Tous les soirs, il suppliait son père de se réveiller. Ça a duré deux ans, jusqu'à ce que Nicolas parte pour de bon. Personne ne peut imaginer la souffrance que c'est de voir son fils comme ça, dit-elle avec une voix brisée. Vraiment, je ne pouvais plus supporter...

Elle s'assit soudainement dans le sable, comme touchée en plein cœur par sa propre confession. Je m'assis à côté d'elle et posa ma main sur son genou.

— Les années de coma de Nicolas m'ont donné l'habitude de faire de l'hôpital ma maison, où Timothé s'emmurait jour après jour dans un silence profond. Les deux petits me manquaient, mais ils étaient épargnés, heureusement. Timothé a tout pris en plein visage. Je l'ai vu sombrer dans son désespoir, impuissante, sans que les psychologues arrivent à lui venir en aide. J'avais espéré que la mort de Nicolas soit au moins libératrice pour lui, mais ce fut tout le contraire. À dix ans, il était déjà chez les gendarmes pour vol. J'aurais dû être plus présente pour lui. J'aurais dû arriver à surmonter ma propre tristesse pour apaiser à la sienne. Moi aussi, j'ai abandonné mon fils. Tout le monde l'a abandonné, cet enfant. Après la mort de Nicolas, j'ai continué à passer tout mon temps à l'hôpital. Comme pour sentir sa présence, comme si l'âme de Nicolas était toujours là-bas. J'accompagnais encore plus de patients. Je voulais que plus personne ne souffre. La culpabilité me rongeait.

J'écoutais, sans poser de questions. De toute ma vie, je n'avais jamais entendu Sylvie parler autant.

— Il était bien voulu, cet enfant. Il a été détecté hyperactif à deux ans. Ça m'a fait peur, mais pas Nicolas. Lui, il savait que son fils était destiné à faire de grandes choses. On ne s'est jamais compris, Timothé et moi. Tout ce que j'ai fait, je l'ai fait pour lui. Mais plus il avait besoin d'aide, plus il me rejetait.

— Il n'a pas supporté la mort de son père. Tu n'y peux rien, Sylvie...

Des larmes silencieuses coulèrent sur ses joues.

— En étant infirmière au moins, j'étais utile. J'étais proche des patients, je faisais leur soin, je les écoutais. Je donnais une oreille à ceux que personne ne vient voir. Et d'ailleurs, maintenant que je ne suis plus infirmière, je ne sais plus trop qui je suis. Ce métier, je l'ai trop aimé. À être dévouée corps et âme pour les autres, on s'oublie. Mais j'avais une raison pour m'oublier. Il fallait oublier la mère que j'étais. Il fallait oublier ce que j'ai fait.

Elle pleura à nouveau et s'excusa. Je lui dis qu'il ne fallait pas, qu'elle devait pleurer. Beaucoup de gens sont gênés par les larmes. L'humain est incapable de gérer correctement la tristesse. On préfère détourner le regard, comme devant un mendiant sur le trottoir. Alors qu'il faudrait justement saisir ces émotions pour les comprendre, les écouter... Avant qu'elles ne nous détruisent. Maman aurait dit *être bienveillant avec soi-même est le chemin le plus doux vers l'exigence*. Je pensais à elle en regardant Sylvie, aussi vulnérable qu'une enfant.

— Ça vaut ce que ça vaut, mais je ne te vois pas comme une mauvaise mère, moi, lui dis-je.

Elle sécha ses yeux et me regarda en souriant.

Nous reprîmes notre chemin, silencieusement, glissant sur le sable dur comme une brise matinale, sans y laisser de traces. Je frissonnais malgré la chaleur du soir. Une sonnerie interrompit notre marche. Je sortis le vieux téléphone de ma poche, celui qui possédait la carte SIM sénégalaise. J'avais pris soin de le prendre avant de partir, au cas où Barney chercherait à nous joindre. Il devait s'inquiéter de ne pas nous voir rentrer. Pourtant, l'écran du vieux téléphone n'affichait rien. Je regardai Sylvie, surprise. Gênée, elle sortit de sa poche son téléphone, décrocha et me fit un geste d'excuse.

— Allô ? Oui, je vais bien merci. Calme-toi, Daniel. Non, je ne dis pas ça pour te rassurer, je vais vraiment bien...

Elle me sourit gentiment d'un air coupable. Je restai interdite.

— Je sais, Daniel. On a déjà eu cette discussion, c'est un débat sans fin. Écoute, ce n'est pas le bon moment, je te rappellerai, d'accord ? Oui, je le fais vraiment, cette fois. Je te rappelle demain matin, sans faute.

Sylvie raccrocha. Je restai bouche bée.

— Tu as menti... dis-je dans un murmure.

Elle mit ses mains sur ses hanches et se pinça les lèvres sans un regard.

— Sylvie, tu as menti ! répétai-je plus fort.

— Je suis désolée que tu sois au courant.

— Tu as arrêté ton traitement, c'est ça ?

— Oui. Mais ne le dis pas à Barney.

— Pourquoi as-tu arrêté ton traitement ?

— Tu comprendras un jour j'espère. Aujourd'hui, c'est trop tôt. Mais en attendant s'il te plaît, n'en parlons plus, on s'était promis de ne plus parler de ce sujet.

— C'est trop dur de perdre sa maman. Je peux comprendre ton point de vue Sylvie, mais c'est trop dur, dis-je en détachant mes derniers mots.

Nous restâmes quelques minutes à regarder les premières étoiles dans le ciel.

— C'est pour ça que tu ne le dis pas à tes autres enfants ? Pour réduire l'attente ?

— Oui.

— Tu sais qu'ils vont te reprocher de les avoir privés de précieux moments de vie à tes côtés ?

— Oui.

Je n'insistai pas. Sylvie n'avait pas tort : je ne pouvais pas comprendre.

— Et ta mère à toi, tu sais de quoi elle est morte ? demandai-je.

— Les médecins m'ont dit qu'elle avait une maladie du cœur. Elle s'est éteinte soudainement. Mais apparemment, elle m'avait caché plusieurs séjours à l'hôpital dans les mois qui précédaient, et des conditions de vie qui se dégradaient. Elle ne pouvait plus payer le chauffage. Elle me donnait tout son argent.

— C'est triste.

— Oui, mais j'ai retenu une chose. Au début, j'en ai beaucoup voulu à ma mère de ne pas m'avoir dit que ses conditions de santé n'étaient pas bonnes. Elle savait qu'elle ne tiendrait pas longtemps, et elle m'a fait croire que tout allait bien. Je lui en ai voulu jusqu'à ce matin où Daniel m'a annoncé mon cancer au stade avancé. Et là j'ai compris. Je n'ai jamais voulu cacher mon cancer à Barney. Mais je ne veux pas qu'il sacrifie des années de vie pour s'occuper de moi. Car c'est à moi de m'occuper de lui. Et ça sera toujours ainsi.

— Sylvie ?

— Oui ? répondit-elle en souriant, amusée par mon air interrogateur en essuyant encore quelques larmes.

— Qu'est-ce que ça fait, de savoir qu'on va mourir ?

— Ça fait qu'il est temps de vivre sans se poser de questions. Et continuer à faire des projets. Tu connais la phrase de Gandhi ? *Vis comme si tu devais mourir demain, et apprends comme si tu devais vivre toujours.* Mourir, ça permet juste d'y voir plus clair. Mais ne t'inquiète pas, je sais qu'il faut vite que je prévienne Timothé et Eleanor. Tu vois Marjorie, je sais beaucoup de choses qui ne viennent pas avec les actes. Mais c'est si dur. Comment dire à ses enfants qu'on part ? Barney, il est fort. Les deux autres, c'est plus dur. Ils sont si fragiles...

— Tu sais, je ne pense pas que Barney soit si fort que ça, dis-je.

— C'est vrai qu'il est très sensible sous sa carapace. Mais heureusement, il s'est formé à affronter les choses de la vie. J'espère juste qu'il arrivera à s'ouvrir davantage. Mais il a des bons amis pour veiller à ce que ça n'arrive pas, et lui ouvrir l'esprit quand il le faut, non ?

Sylvie m'adressa un clin d'œil.

Nuances

Lundi 29 mai 2017, 10h26, Sokone
École Sainte-Thérèse

— En voiture Simone ! criai-je en m'accrochant au siège du conducteur.

C'était le matin de la visite de l'école et j'étais impatiente d'y aller. Accroupies à l'arrière du quad, mes jambes étaient déjà tétanisées. À deux passagers, cela restait accessible. À trois, il fallait faire preuve d'imagination. Barney, Sylvie et moi essayions de trouver une position confortable avant que le père ne démarre, direction Sainte-Thérèse où la directrice et les professeurs nous attendaient. Heureusement, l'école n'était pas loin, il nous fallait seulement tenir quelques minutes à bord de l'engin. Mais c'était assez pour m'avoir coupé le dos en deux. Avec difficulté, je m'extrayais de ma position. Barney me dit gentiment qu'il me remettrait *tout ça* en place en rentrant au noviciat. Personne n'avait les doigts aussi affûtés que Barney quand il s'agissait de masser un corps.

Père Cala sonna au grand portail de l'école qui s'ouvrit en dévoilant une cour intérieure, remplie d'une horde d'enfants qui se jeta sur nous en criant *toubab* ! Ils tendaient les mains pour serrer les nôtres, avec des sourires jusqu'aux oreilles. Je souriais en repensant à la réflexion que j'avais faite au père Cala sur ce mot : *toubab*. Dans la bouche des enfants, il était certain qu'il n'y avait aucune nuance de racisme. Les professeurs étaient également dans la cour et nous accueillirent chaleureusement à leur tour. Ils demandèrent aux enfants de se mettre en place. Vraisemblablement, ils avaient prévu leur accueil. Les enfants, disciplinés, se mirent en rang et commencèrent à chanter à l'unisson :

Si t'as d'la joie au cœur, tape dans tes mains (clap clap)
Si t'as d'la joie au cœur, tape dans tes mains (clap clap)
Si t'as d'la joie au cœur, si t'as d'la joie au cœur, si t'as
d'la joie au cœur tape dans tes mains (clap clap).

Sylvie et moi échangeâmes un regard : c'était définitivement trop mignon. Même Barney, un peu plus loin, affichait un sourire d'affection.

— C'est quand même une porte de prison au premier abord, ton fils ! lançai-je à Sylvie.

— Puis-je vraiment lui jeter la pierre ? dit-elle en souriant.

Sylvie semblait beaucoup s'amuser. Elle tapait des mains en même temps que les enfants.

— Les enfants, en rang, repartez dans votre classe ! cria la directrice pour se faire entendre dans le brouhaha de la cour.

Elle nous fit signe de la rejoindre et nous emmena dans une petite salle indépendante. La salle des professeurs faisait également office de bibliothèque et de salle informatique, avec un ordinateur qui ressemblait à un minitel.

— Voulez-vous du café ? demanda-t-elle.

Elle versa un sachet de café soluble dans quatre tasses d'eau chaude. La directrice s'appelait Jasmine. Elle nous présenta l'école et ses projets, dont le développement d'une vraie salle informatique pour que les enfants apprennent à utiliser un ordinateur. Elle insista également sur l'importance des livres dans la bibliothèque, venus de toute part, pour ouvrir l'esprit des enfants sur le monde.

— Nous avons une trentaine de livres, mais aucun auteur n'a la même nationalité ! Pour les ordinateurs, cela viendra. On va trouver.

Jasmine devait avoir la cinquantaine, comme Sylvie. Elle était douce, mais possédait une détermination dans le regard qui lui imposait un certain charisme. Sa robe bleu-turquoise soulignait son élégance. Elle était vêtue d'un habit du dimanche pour sa fonction de directrice. Un foulard du même tissu que sa robe recouvrait ses cheveux.

— Si je peux me permettre, demanda Sylvie, comment êtes-vous devenue directrice d'école ?

— J'étais au bon endroit au bon moment. Et père Cala savait qu'il pouvait avoir une confiance aveugle en moi. Ça fait partie de ma devise : confiance et discipline !

La directrice insista sur l'excellence des résultats. Depuis trois ans, presque la totalité des élèves de Sainte-Thérèse passait en cycle secondaire. Mais ceux qui étaient en échec scolaire n'étaient pas écartés. Grâce au réseau des écoles piaristes, les enfants étaient redirigés vers l'apprentissage de la couture ou vers le travail de la ferme. Lorsque l'heure de la récréation sonna, les enseignants nous rejoignirent. Chacun parla de sa classe et de son programme, sans évoquer le moindre problème. Il manquait certes un peu de matériel, mais l'école était bien entretenue, et les enfants vivaient bien.

— Le problème ne vient pas de l'école. C'est comme partout. Le vrai problème, c'est comment ça se passe à la maison, reprit l'un des instituteurs. C'est ce qui crée le plus d'inégalités dans la réussite. C'est d'autant plus vrai qu'aujourd'hui le pays se développe. Dans ma classe, j'ai le fils d'un ambassadeur qui arrive avec un nouveau cartable à chaque rentrée. De l'autre côté, j'ai cinq autres gosses qui vivent dans les habitations de fortune, au nord de Sokone. Disons que sur les deux cents élèves de l'école, il y en a cent en situation favorable. Les cents autres se font une place sans bruit.

Les élèves de primaire ne rentraient pas directement en CP. Au Sénégal, les écoles catholiques proposent une classe de CI, qui signifie cours d'initiation et sert à étudier le français. Les familles font usage de dialectes pour parler à leurs enfants, et l'école leur apprend la langue française pour continuer à étudier. Les écoles coraniques, à dominante musulmane, ne fonctionnent pas de la même manière, car les enfants n'y apprennent pas le français.

— L'enseignement du français est de moins en moins courant. Un vent de liberté balaye le pays qui revendique son indépendance, nous apprit le même enseignant. Si vous voulez mon avis, c'est dommage. On doit parler un langage international pour les affaires avec nos voisins africains. Et pour nous, c'est le français. Avant de développer une langue à nous, il faudrait déjà se mettre d'accord sur le dialecte à employer. Croyez-moi, si l'on devait faire un vote, je ne suis pas certain que le *wolof* l'emporterait !

Un vent d'approbation parcourut la salle des professeurs. Soudain, j'aperçus un groupe d'enfants quitter l'école par le portail.

— Oh ! Je me levai en sursaut. Attention, les enfants s'en vont !

— Comment ça ? s'exclama père Clément qui s'approcha de la fenêtre. Ah, mais non, ils vont voir les femmes, ce n'est rien.

Jasmine, qui constata mon interrogation, m'expliqua :

— Il y a un groupe de femmes qui préparent des sandwiches, ramènent des snacks... Elles sont là aux récréations, et le midi, pour que les enfants puissent manger. Pour ceux qui habitent loin, c'est très pratique.

— Vous n'avez pas de cantine ? demandai-je

— Non. Pour avoir une cantine, il faudrait avoir des produits sur place. Et je crains qu'on ne puisse pas financer un potager assez vaste pour nourrir deux cents enfants.

L'enseignant de CM2 quitta la salle pour aller sonner la cloche, ce qui annonçait la fin de la récréation. Père Clément nous invita à rejoindre sa classe. Aussitôt entrée, je fus interpellée par une élève.

— Regarde tata, j'ai fait une maison d'extraterrestres ! me dit-elle.

— Elle est trop nulle ta maison, n'y' a même pas de porte ! répondit une de ses camarades, qui apparut de nulle part, elle aussi.

— Mais c'est parce qu'il rentre par le toit ! Mais toi tu ne connais rien aux extraterrestres.

— Mais si je connais les extraterrestres d'abord ! D'ailleurs ils sont de toutes les couleurs parce que les bébés naissent bleus et après ils deviennent verts.

— Eh, mais n'importe quoi !

— Mais toi retourne jouer avec tes cartes nulles, on t'a pas sonné !

La deuxième fillette poussa la première. Père Clément exigea le silence, et les élèves rejoignirent leur place.

— Les enfants, vous connaissez déjà Barney, et je vous présente Sylvie et Marjorie. Ils viendront plusieurs fois cette semaine pour voir si vous êtes sages, c'est compris ?

Nous quittâmes la classe du père Clément et nous dirigions vers la sortie. Mais devant chaque classe, les enfants nous faisaient des coucous par la fenêtre, et le maître ou la maîtresse nous invitait à entrer. Dans la classe des CM2, le maître demanda aux enfants s'ils avaient des questions pour nous. Ils levèrent le doigt, Barney en interrogea un au hasard.

— Oui, toi ?

— Qu'est-ce que vous faites comme métier ?

Super, ma question préférée. Sylvie prit la parole la première. Les enfants étaient curieux. *Vous n'avez pas peur du sang ? Avez-vous déjà soigné une personne célèbre ? On mange quoi à l'hôpital en France ?* Barney expliqua son métier à son tour, mais le terme kinésithérapeute était un peu plus flou pour eux.

— Tu es un médecin !

— Plus ou moins.

— Bah c'est plus ou c'est moins ?

— Je soigne les maladies physiques !

— Ah ! Tu es le masseur de ton village alors ?

— Oui, le masseur de mon village, c'est un peu ça...

— Et vous, vous faites quoi ?

Le garçon qui avait posé cette question s'adressa directement à moi.

— Moi, j'écris un livre.

Silence total. Suivis de plusieurs *whaouh*.

— Et c'est sur quoi ?

— Est-ce qu'on sera dedans ?

— Vous êtes une personne célèbre alors !

Les questions fusaient, les enfants ne me laissaient aucun répit ni temps de réponse. Le maître les rappela à l'ordre.

— Silence ! On écoute la réponse.

— Alors, pour répondre à vos questions, c'est un livre sur la découverte de New York, en Amérique. C'est l'histoire d'un étudiant, un peu plus grand que vous, qui part y vivre et à qui il arrive toutes sortes de péripéties, et il grandit, il réfléchit sur le monde et il note tout dans son petit carnet...

— Whaouh.

— Vous êtes allée en Amérique ?

— Qui peut montrer sur la carte où est l'Amérique ? demanda le maître. Pas tous en même temps ! Non, non ! Asseyez-vous. Fatima, vas-y.

La petite Fatima d'1m60 partit au fond de la classe, vers une carte du monde étendue sur le mur, en piteux état.

— Super Fatima, et sais-tu où se trouve New York ?

Fatima resta plantée devant la carte avec un air malicieux. Un autre petit garçon d'1m72 — *mais ils mettent quoi dans leur biberon ici ?* — leva la main tellement haut vers le plafond que son corps semblait s'élever.

— Abdullah, vas-y.

Le garçon se dirigea vers la carte.

— C'est ici, m'sieur.

Il pointa son doigt sur un bout de carte. Comme cela semblait loin et petit à l'échelle du monde. Et pourtant, comme cela me semblait grand là-bas...

— Bravo, Abdullah ! Tu vois quand tu veux, tu peux partager tes connaissances sans faire le cancre. Tu peux te rasseoir.

J'aperçus une petite étincelle dans les yeux du maître, trahissant à la fois la fierté et la difficulté de la relation avec cet élève. Le *cancre* comme il disait, ne semblait pas être vraiment cancre à ses yeux. Au contraire, son regard montrait tout l'espoir qu'il investissait dans son élève au comportement perturbateur.

— OK, on dit au revoir à nos amis et on reprend nos calculs.

— D'accord, mais est-ce qu'ils reviendront ? demanda un enfant plus petit que les autres.

— Lucien, tu n'as pas été autorisé à parler.

Nous avions prévu de revenir pour les fournitures et pour l'atelier lettre, alors nous pouvions l'affirmer sans crainte.

— Oui, nous reviendrons. répondis-je en regardant se dessiner un sourire aux coins des lèvres du petit élève.

Nous quittâmes l'école à pied sur les coups de 13 heures. Père Cala était parti à la fin de la récré. Mais en plein midi, il faisait si chaud ! En l'espace d'une minute, nous devînmes moites. L'air humide nous écrasait la poitrine. J'essuyai mon front, empêchant une goutte de transpiration de s'échouer dans mes yeux. Au bout de cinq minutes, une voiture nous dépassa et s'immobilisa. À son bord, père Clément apparut tel notre messie.

— Je vous avais dit d'attendre un peu, la classe se finissait dix minutes après, mais non vous vous êtes pressés comme ça ! cria-t-il à notre égard en riant.

Nous montâmes dans le véhicule. Il faisait tout aussi chaud à l'intérieur, mais ne plus sentir le soleil brûler notre peau était un soulagement.

— C'est votre problème à vous ça. Les Européens, je veux dire. Vous courez toujours après le temps. Ça me rappelle la première fois où je suis allée à Rome. Oui ! Je suis déjà allé à Rome, pour consolider ma relation avec Dieu et aller au plus près du Pape. La classe, hein ? Mais je ne suis jamais allé à Paris. Peut-être un jour... Enfin, vous savez la première fois que je suis allé sur les terres d'Europe, j'ai eu très peur.

— Très peur ? lui demanda Barney, assis avec lui à l'avant.

— Oui, j'avais très peur ! reprit Clément. Je suis arrivé comme ça dans la ville, je me baladais pour voir comme c'était beau, et là, des gens se sont mis à me dépasser en courant ! C'était d'abord une femme, puis un homme, puis un groupe de touristes qui couraient derrière leur guide avec un petit drapeau espagnol. Enfin voilà, tout le monde courait là-dedans. J'ai eu peur que la ville soit en feu, alors je me suis mis à courir aussi ! Et j'ai suivi les gens...

Père Clément s'arrêta.

— Et ? demanda Sylvie, prise dans l'histoire.

— Eh bien, je suis arrivé devant un bus. Tout le monde courait, s'affolait et se bousculait les uns les autres, simplement pour monter dans un bus.

Nous retrouvâmes le père Cala au noviciat, qui s'excusa à nouveau d'avoir dû nous quitter précipitamment. Il expliqua que Klaude l'avait appelé en urgence pour visiter les travaux de la ferme. Dans un village voisin, la ferme de Sokone embauchait une vingtaine de personnes et permettait d'alimenter la plupart de ces habitants. Un projet d'agrandissement était acté, mais les matériaux n'avaient pas été correctement acheminés par le fournisseur.

— Klaude le coiffeur ? me murmura Barney à l'oreille.

— Je crois qu'il n'y a définitivement pas d'autre Klaude, répondis-je tout bas. Ils font tous dix métiers, on dirait.

— Ça va mieux, ton dos ? me demanda-t-il.

— Je ne serai pas contre une petite manipulation de ta part.

Les contorsions, les émotions et la chaleur de ces derniers jours avaient mis mon corps à rude épreuve. Mais il fallut seulement quelques secondes aux mains de Barney pour détendre mes muscles sollicités.

— Je ne veux pas remuer le couteau dans la plaie Barney, mais j'ai beaucoup réfléchi depuis le soir dernier, et je pense que tu as besoin de parler à quelqu'un. D'un point de vue professionnel je veux dire, quelqu'un qui te permette de prendre du recul sur la situation. Ça ne veut pas dire que tu es faible, hein.

Je prenais des pincettes pour ne pas blesser son égo. Mais je l'entendis retenir un petit rictus au-dessus de mon dos.

— C'est juste que ça t'aiderait à gérer tes émotions, tu as

besoin de pardonner des choses à ta mère... Et ça, même en te donnant toute mon amitié, toute mon énergie, et même tout mon cœur, je ne suis pas en mesure de t'aider. Tu comprends ?

Je ne sentis plus ses mains sur mon dos. Il ne disait rien. Je retins mon souffle en me mordant les lèvres. J'avais peut-être encore parlé un peu vite. Il reprit sa manipulation.

— Ce n'est pas faux. Mais tu sais, la seule personne à qui j'ai vraiment besoin de parler, c'est à toi. Moi aussi je fais mon chemin. Je parlerai à un psychologue en rentrant si cela est encore nécessaire, mais j'ai l'impression que ma thérapie, elle se fait toute seule, ici. Je suis même en meilleurs termes avec notre copain Dieu, si ça peut te rassurer.

— Ah, c'est bien, ça !

— Tu te fais beaucoup de soucis pour moi en ce moment.

— C'est normal.

— Tu ne me parles pas beaucoup de toi...

— Bah, je n'ai rien à raconter, moi.

— OK, mais si tu penses à un truc, moi aussi je suis là pour t'écouter, n'oublie pas.

Le soir, père Cala nous proposa un apéritif, que nous acceptâmes tous les trois bien volontiers.

— Père Cala, demanda Sylvie, pensez-vous rester formateur-piariste encore longtemps ?

— Oh non, je ne pense pas, répondit-il. Je suis bientôt à la retraite ! Après, je souhaiterais soutenir les associations de lutte contre les mutilations féminines.

— Vous ne serez plus prêtre alors ? demandai-je.

— Oh si. Quand on prononce nos vœux, c'est à vie. Mais c'est un roulement. Vous n'avez pas encore rencontré le père Jean et le père Gabriel. Le premier vient du Congo, le deuxième du Cameroun. Vous verrez, ils ont des accents prononcés ! rit-il. Nous autres, pères-piaristes, sommes envoyés dans des paroisses différentes à travers le continent. Nous n'avons pas réellement d'attache, ça fait partie de l'enseignement. Ni attache affective ni attache matérielle. Ainsi, nous conservons tout notre amour pour nos frères et sœurs. Je ne vais pas me retirer de la vie religieuse, mais trouver une autre façon de mettre mon enseignement au profit de la cause. Et moi, ça fait presque dix ans que je suis au noviciat. Place aux autres !

— Mais, ils ne vont pas vous manquer, vos jeunes ? demanda Sylvie.

— Oh si ! Tous les ans, je les vois partir, et moi je reste. Je m'attache à eux, c'est certain. Mais je garde la distance du formateur. Nous ne pleurons jamais au moment des aurevoirs. Car c'est la vie. Un au revoir n'est jamais triste. C'est un nouveau départ.

Oublier

Au début du déjeuner, le père Cala avait proposé à Barney de se joindre à l'équipe de football des novices, qui disputait un match l'après-midi même contre celle des jeunes de la paroisse de Sokone. Nous étions bloqués dans l'acheminement des fournitures. La voiture était tombée en panne le matin même et il allait falloir au moins la journée pour la réparer, alors cette proposition tombait à pic.

— Nelson ! appela Barney à l'autre bout de la table. On dit que c'est toi le capitaine de l'équipe. Il faut que vous me parliez de l'adversaire, car même en tant que remplaçant, je veux coller la raclée aux jeunes de la paroisse.

Nelson, avec ses grands airs, se leva et mit fin aux murmures.

— Ah ! Vous voulez rejoindre la grande équipe du noviciat de Sokone, championne en titre du grand tournoi de la chrétienté.

Rires dans l'assemblée. Nelson agita les mains pour qu'elle retrouve son calme.

— Bon, on va voir ce qu'on peut faire pour vous intégrer à nos rangs, monsieur Barney ! Vous n'aurez aucun mal à remplacer un joueur parmi nos plus jeunes recrues, ils ont tous des passoires à la place de leurs grands pieds.

Des exclamations et des sifflements s'élevèrent dans la salle. Lors des entraînements au noviciat, les novices s'étaient séparés en deux : l'équipe des seniors contre l'équipe des juniors. Le père Cala riait de bon cœur.

— Le foot est-il le sport national ? lui demandai-je.

— Non ça, c'est la lutte. Mais ici, on préfère le football, c'est un peu moins violent. C'est essentiel le sport dans leur apprentissage. Un esprit sain dans un corps sain. Et toi Majoli, tu joues au football ?

— Non. Mais ne leur dites rien, je vais essayer de leur faire croire que je suis une championne dans mon pays.

— Ah ça, c'est drôle oui, je suis dans la supercherie alors, je leur ferai croire moi aussi.

La voix de Sylvie vint couper le discours de Nelson.

— Acceptez-vous les femmes dans votre équipe ? demanda-t-elle.

Les exclamations se turent.

— Et pourquoi ne les accepterions-nous pas, chère madame ? Du moment que vous savez faire une passe ; le tour, ou plutôt le match, est joué !

Les exclamations de surprise reprirent de plus belle, jusqu'à ce que résonne la cuillère du père sur son verre. Nelson, emporté par son speech, fut rappelé à l'ordre par ses camarades.

— À quelle heure avez-vous fixé le match cet après-midi ? demanda le père, d'un ton qui avait repris son calme et son sérieux.

— Mon père, nous avons annoncé le match à 16 heures, affirma Nelson sous les regards accusateurs de ses camarades.

— Alors, je vous demande d'être à l'heure. Si le match est à 16 heures, cela signifie que vous devez partir à 15h30. C'est compris ? Vous devez montrer l'exemple. La ponctualité, c'est important.

Le père semblait avoir annoncé la mort d'un proche. La bonne humeur générale était retombée. Certains novices soupiraient, d'autres marmonnaient des sons à peine audibles, mais aucun ne bronchait ouvertement.

— Très bien, ajouta père Cala avant de sortir de table, laissant derrière lui le silence général.

Lorsque le père fut assez loin pour ne pas entendre, les langues se délièrent.

— Pourquoi t'as dit ça frère ? demanda Franck.

— Il m'a demandé l'heure, j'ai dit la vérité.

— Mais à 16 heures il fait un soleil de plomb ! Personne ne sera là, le match va commencer à 18 heures et nous on va attendre comme des idiots !

— Dans ce cas, il fallait dire 18 heures dès le début. Le père a raison, il faut montrer l'exemple.

— Mais frère tout le monde sait que 16 heures ça veut dire 18 heures ! Tu vis sur quelle planète toi ?

Nous nous levâmes tous. Comme à leurs habitudes, les élèves débarrassaient mes mains dès que je ramenais des ustensiles. Mais cette fois, je décidai de refuser. Je pris place devant l'évier. Mon comportement engendra une perturbation inattendue. Franck, l'un des novices ivoiriens, désigné pour s'occuper de la vaisselle au poste de l'évier numéro 1, se tenait à côté de moi, l'air très embêté. Mais s'il était gêné que je m'occupe de sa tâche, il l'était davantage de me dire quelque chose, et finit par abandonner son poste. Je me retrouvai aux côtés d'Anselme, le second Ivoirien du groupe et gardien du jour de l'évier numéro 2, à la tâche du rinçage. Je l'avais déjà vu faire le clown de loin, quand il pensait ne pas être visible aux yeux du père. C'était la cible parfaite pour ma supercherie.

— Dis-moi, Anselme.

— Ohla !

— Qu'est-ce qu'il y a ?

— Tu vas me poser une question.

— Heu. Oui. Enfin, sauf si ça t'embête, je...

— Hahaha ! s'esclaffa-t-il. C'est toi que j'embête.

— Tu sais garder un secret ?

— Oh. Oui. Très bien même.

— Bon... Puisqu'on parlait de foot, je suis gardienne dans l'équipe féminine de France. On se prépare pour la coupe du monde, qui aura lieu dans deux ans.

Anselme lâcha les couteaux qu'il avait dans les mains, qui partirent se réfugier au fond de l'évier sous l'eau savonneuse. Il se retourna vers moi, un sourire en coin.

— Ah oui ? me souffla-t-il, d'un air taquin sous ses petites lunettes rondes.

Il fallait tâcher d'être plus convaincante.

— Et oui, monsieur ! Ce que j'aime le plus, c'est analyser la trajectoire de la balle. Il faut être très vigilante, tu sais. Quel poste tu joues, toi ?

— *Hum...* Il me regardait avec une bouche en cul de poule, toujours sceptique, mais ma tactique semblait le déstabiliser. Moi, je suis attaquant, je cours vite. Tu verras comme je cours vite au match. Tu viens ?

— Non, je ne pense pas.

— Mais, il faut venir ! C'est notre coupe du monde à nous. Si tu ne viens pas à notre coupe du monde, je ne regarderai pas la tienne. Alors ?

— Bon, on va voir.

Lorsque la vaisselle fut finie, je cherchais Barney dehors et tombai sur Sylvie et père Cala en pleine discussion.

— Je serais bien allée voir le match, lui disait Sylvie, mais je voulais retourner voir Monette. Pourquoi pas me baigner également. Tant pis, je ne serais jamais revenue à 16 heures, vu l'heure qu'il est.

— Oh vous avez le temps ! lui répondit le père. Le match ne démarrera qu'à 18 heures, 17h30 au mieux !

— Mais vous leur avez bien dit d'être à l'heure !

— Les novices le seront ! Ils n'ont pas le choix, c'est la règle. Mais l'autre équipe ne sera pas là à 16 heures, c'est certain.

Il rit en s'asseyant sur la chaise la plus proche.

— Vous n'avez pas été là assez longtemps encore pour comprendre l'heure sénégalaise ! Allez voir Monette, vous avez le temps. Bon, vous avez de la chance, c'est la seule Sénégalaise à être à l'heure.

Barney s'était rassis à table, concentré sur des livres d'école. Je m'approchai, il ne me vit pas. Alors quand il leva la tête, il sursauta, ce qui me fit sursauter aussi.

— Tu m'as fait peur ! dis-je.

— Bah, tu m'as fait peur aussi !

— C'est quoi, tout ça ?

— Ce sont les manuels scolaires de Pierre. Les mêmes que père Clément utilise pour sa classe. Ils sont hyper bien faits. Pierre remplace le père Clément dans sa classe demain. Il m'a mis au défi de préparer la classe moi aussi. On comparera nos préparations.

— C'est un bien drôle de jeu, si tu veux mon avis. Tu ne veux pas plutôt m'entraîner à faire deux-trois passes de foot, en toute discrétion ?

Il leva la tête vers moi avec un regard perplexe.

J'avais entendu la remarque du père et partis du noviciat sur le coup des 17 heures. Les novices et Barney étaient partis depuis plus d'une heure. Je les rejoignis sur le terrain à 17h30. Le match avait commencé depuis quelques minutes. Anselme, sur le banc des remplaçants, m'aperçut et me fit signe de le rejoindre.

— Bah alors Anselme, tu ne joues pas ?

— Je me suis blessé sur le chemin ! C'est trop bête. Ma cheville s'est tordue à cause de ce con de Adam qui m'a taclé pour s'échauffer...

— Wow, est-ce vraiment raisonnable de jurer ?

— Je ne l'insulte pas, je dis ce qui est !

— Et si Dieu t'entendait ?

— Bon, c'est vrai, ce n'est pas bien. Mais ce con de Adam, quand même ! Et maintenant je suis tout seul sur mon banc là, c'est trop nul.

— Ce n'est pas grave, vous allez tourner...

— Ouais ouais, tu crois qu'ils vont me laisser la place, ces chacals ? Et Barney ! cria-t-il, si t'as décidé d'avoir les pieds en compote tu laisses ta place hein !

Barney lança un regard noir dans notre direction. Anselme, aussi petit soit-il, avait la hargne d'un troll. L'équipe des novices semblait souffrir, les jeunes de la paroisse dominaient l'action, et se rapprochaient dangereusement du but. Lorsqu'ils furent parvenus à se dégager assez pour attaquer, Boris, le gardien des novices, prit de l'élan et plongea vers la balle, qu'il n'attrapa pas. En revanche, il prit l'attaquant de plein fouet.

But. Boris resta à terre. Le choc avait été violent. Temps mort. Le novice fut relevé au bout de quelques minutes, escorté par ses coéquipiers sous les applaudissements des spectateurs, assis sous l'ombre des arbres.

— Heureusement que tu es là, finalement ! me dit Anselme. Eh les gars ! cria-t-il à nouveau vers ses coéquipiers. Marjorie prend les buts, c'est une championne !

— Hein ?!

— Bah oui, c'est le moment de jouer comme si tu étais en coupe de France !

— Mais, tu voulais jouer, je ne vais quand même pas prendre ta place...

— Si si, ma cheville me lance à nouveau, tout d'un coup… me répondit Anselme avec un sourire en coin.

Il m'attrapa par le bras et me mit sur mes pieds en deux temps trois mouvements. Il n'était pas seulement hargneux, il était aussi très vif et doté d'une force bien cachée. Et apparemment, trop malin pour s'être fait rouler par ma supercherie. Qu'est-ce qu'il m'avait pris de faire croire un truc pareil ? Hors de question de se dégonfler maintenant... L'équipe avait besoin d'une championne ! *Allez Marjorie ! Go Knicks, Go !*

Je marchais doucement vers le terrain et vers le but, désormais sous ma responsabilité. Je sentais les regards sceptiques de toutes les personnes présentes au match, joueurs comme spectateurs. Je relevai doucement la tête, interceptant le regard de Barney, espérant un encouragement de sa part. Mais de tous, c'est lui qui semblait être le plus dépité. Il me regardait, mains sur les hanches, en secouant la tête. *Non, ne fais pas ça...* me dit-il par son regard.

Trop tard ? répondis-je. *Tu as intérêt à jouer assez bien pour que la balle n'arrive jamais vers moi.*

Le coup de sifflet retentit. Les adversaires semblaient plus grands sur le terrain que sur le banc des remplaçants. Les novices reprirent sur les chapeaux de roues et profitèrent d'un instant d'égarement de la part de l'adversaire pour attaquer. But pour l'équipe ! Le ballon fut remis en jeu. Soudain, un attaquant de l'équipe adverse intercepta la balle et se dirigea droit sur moi. Mon cœur s'arrêta.

— RATTRAPE-LE NELSON !

J'hurlais plus fort encore qu'aucun d'entre eux ne l'avait fait, tentant de dissimuler ma peur en encouragements très, très vifs. L'attaquant qui avait blessé Boris intercepta la balle. Il courait encore plus vite que les autres, et arriva à se dégager suffisamment pour avoir une belle ligne de mire vers mon but. Et le drame arriva. Il prit de l'élan et shoota. Ma supercherie me revenait à toute vitesse en pleine figure. Je regardais la scène en spectatrice impuissante, mais, sous l'élan de l'adrénaline ou de la folie, je courus à mon tour et plongea vers la balle qui arrivait à l'allure d'un TGV Paris-Marseille. Le temps s'était arrêté, je ne voyais plus que cette balle vers laquelle j'allongeais tout mon corps, des pieds jusqu'au bout du bout de mon petit doigt. Mais j'avais plongé trop tôt. Je la pris en plein visage, et tombai raide sur le sol.

— *Toubab* à terre !

— Elle est morte, tu crois ?

— Laissez-lui de l'air, qu'elle respire !

— Je suis vraiment désolé, j'aurais dû taper moins fort...

— Elle joue vraiment en coupe de France ?

— Oui, c'est pour que j'ai tiré un grand coup, je pensais qu'elle rattraperait...

— Pardon, pardon, laissez-moi passer...

Barney bouscula l'attroupement devant moi pour arriver à ma hauteur. Toujours sonnée, j'ouvris doucement les yeux, aveuglée par le soleil. Le sable s'était collé tout le long de mon dos humide, je mangeais mes cheveux, collés eux aussi sur mon front. Un goût âcre dans ma bouche me fit sursauter et je bondis aussitôt en position assise. Je tâtai mes dents, puis mon nez où une vive douleur apparut.

— Alors championne, comment te sens-tu ?

Barney s'était accroupi à côté de moi, il faisait un geste au cercle des spectateurs pour leur demander de s'éloigner encore. Ils s'exécutèrent en signe de bonne volonté, mais ne partirent pas trop loin. Le buteur me regardait d'un air intrigué, désolé et honteux.

— Ça va mon nez ? Barney, mon nez, il est comment ?

Il me regarda avec un air qui ne présageait rien de bon.

— Oh putain ! criai-je spontanément.

— Je suis désolé Marjorie...

Les larmes me montèrent aux yeux, j'étais défigurée. J'accentuai la pression sur mon nez pour le remettre droit, quitte à rendre la douleur plus vive encore. Mais à part quelques gouttes de sang, rien ne semblait avoir bougé.

— Je suis désolé...

— JE TE JURE QUE SI TU TOURNES AUTOUR DU POT ENCORE UNE FOIS !

— Je suis désolé parce que malheureusement, rien n'a changé. Tu as toujours un gros nez. Mais soit dit en passant, très solide ! Tu peux en être fière. Ah et aussi, ta supercherie n'a pas marché. Je pense qu'ils sont tous au courant que tu n'as jamais couru derrière un ballon avant aujourd'hui.

Barney se mit à rire sous mon visage déconfit. Je me frottais le corps pour me débarrasser de tous les grains de sable. Tout le monde semblait partager le soulagement de me voir debout. Au loin, un cri de victoire se fit entendre et se rapprocha de la foule.

— OUUUUUUUAIS !

Le corps qui accompagnait la voix fluette et vive poussa deux personnes de l'équipe adverse et rompit le cercle. La tête d'Anselme apparut.

— Bravo ! Tu n'avais pas menti alors, t'es vraiment une super championne ! Tu viens d'empêcher un but que même notre gardien habituel, aussi bon soit-il, hum, n'aurait jamais arrêté ! Avec toi c'est sûr, on ne se prendra plus aucun but de tout le match.

— On est reparti ? cria Valentin à l'équipe.

— Heu les gars, désolé, mais moi je suis K-O... répondis-je.

Ils semblaient tous avoir oublié que je venais de frôler la mort.

— Ah, mince ! Bon, on va tenter de gagner sans toi alors. Anselme, arrête de nous faire croire que tu as mal pour éviter de jouer, tu rentres !

Anselme resta six minutes top chrono sur le terrain avant de simuler une rupture du ligament, tantôt à la cheville, tantôt au genou. Il me rejoignit sur le banc des remplaçants.

— Tu n'es pas une championne de France, n'est-ce pas ? me demanda-t-il, aussitôt assis.

— Tu y as cru quand même, au moins un petit peu !

— Oui. C'était drôle, mais tu as menti ! Et tu ne peux plus le refaire. Maintenant si tu mens, c'est direct en enfer ! Dieu ne pardonne pas deux fois.

— Dans ce cas, je ne vais pas le contrarier.

À nouveau, il eut un sourire au coin des lèvres.

— Tu n'es pas croyante non plus ?

— Non.

J'haussai les épaules et balançai mes pieds d'avant en arrière, un peu gênée d'annoncer haut et fort que je ne partageais pas leurs convictions. Convictions pour lesquelles ils sacrifiaient leur vie.

— Ne sois pas gênée, je l'ai su presque aussitôt après votre arrivée. Ça se sent. Et Barney et toi ne venez jamais à la messe du matin.

Au loin, une frappe rebondissait sur la hanche de Valentin en défense, qui encaissa le coup en hurlant à ses camarades de bien se placer, et reprit sa course en boitant légèrement.

— J'espère que nous ne vous laisserons pas une mauvaise image. Même si nous ne sommes pas croyants.

— Une mauvaise image ? Non, pas du tout. On apprend de tout le monde. Tu m'apprends des choses dans ma vie religieuse sans t'en rendre compte.

— Ah oui ? Quoi donc ?

— Tu m'apprends qu'on peut s'intéresser à une croyance sans la partager. Et qu'il ne faut définitivement pas mentir, même pour rire, sinon on se retrouve avec un nez qui gonfle.

— Mon nez gonfle ?!

Anselme pouffa de rire.

— Tu as dit qu'on ne devait pas mentir ! m'exclamai-je, vexée.

— Eh, c'est toi qui a juré ! Mais d'accord, à partir de maintenant, plus de mensonges, même pour rire.

Un coup de sifflet indiqua la fin du match, les adversaires se serrèrent la main.

— Ahhh, je n'en pouvais plus moi, vivement la douche ! prononça Anselme dans un soupir.

— Mais, tu n'as presque pas joué. Et je t'ai vu, tu n'as même pas couru !

— J'ai encouragé si fort mon équipe que je mérite le repos aussi !

— Alors toi, tu es un sacré numéro !

— Un numéro... Alors c'est le 23 !

— Pourquoi ?

— Ah d'accord donc tu ne connais rien au foot ni au basket en fait. Bon, entre deux enseignements sur Dieu, on parlera des choses sérieuses. Je te laisse, je file, avant qu'ils me piquent tous l'eau chaude.

Il n'y avait pas d'eau chaude au noviciat. Je regardais s'éloigner Anselme avec amusement. Barney s'approcha de moi, rouge et poisseux, ses chaussures à la main. En parlant de chaussures, je remarquai que la plupart des joueurs avaient joué avec des sandales de plages en plastique au pied. Certains étaient mêmes pieds nus. Nous prîmes le chemin tous ensemble vers le noviciat.

— Valentin ! prononçai-je à son intention en m'approchant de lui.

— Ah, salut ! Ça va mieux ? dit-il en désignant mon nez.

— Oui, merci... Tu ne mets pas de chaussures pour jouer au foot ?

— Non.

— Mais tu n'as pas mal aux pieds ?

— Bah, un peu, si !

— Alors pourquoi tu ne mets pas de chaussures ?

— Parce que je ne trouve pas ça pratique !

— Si on t'offrait des chaussures, tu les mettrais ?

— Si elles sont vieilles, ok. Si elles sont neuves, je ne prendrai pas le risque de les abîmer.

Au noviciat, c'était la ruée vers les douches. Sylvie, qui était revenue de chez Monette, regardait l'agitation d'un air calme à l'ombre de l'arbre.

— Alors, ils ont gagné ? demanda-t-elle.

— On a gagné, répondit Barney en me dépassant. 2-1. Et tout ça grâce à Marjorie ! Tu savais qu'elle était gardienne de foot dans l'équipe féminine de France ? Incroyable !

Sylvie sourit sans chercher à comprendre. Nelson, un livre à la main, s'avançait vers elle.

— Sylvie, lui dit-il, ceci est un de mes livres. Je vous en fais cadeau. Si vous avez le temps de lire pendant le reste de votre séjour, nous en discuterons avec grand plaisir. Mais pour le moment et pour le reste de votre vie, ce livre est mon présent pour vous.

— Merci beaucoup, Nelson.

Il la salua en s'inclinant comme un sujet vers son roi, puis repartit. Sylvie examina le livre sous tous les angles, avec les yeux pétillants d'un enfant devant ses cadeaux de Noël.

— *De l'art de la dictature.* Eh bien, il ne plaisantait pas quand il parlait de dénoncer des sujets sensibles... Ils sont étonnants, ces novices !

*
* *

Mercredi 31 mai, 5h54, Sokone
Au noviciat

La pièce était remplie d'invités, tous venus saluer la nouvelle autrice de la maison. Dans tout Paris, on disait que jamais une plume n'avait provoqué autant d'émotions. On m'annonçait. En montant sur la scène, je sentis le poids des regards posés sur moi. Le projecteur m'éblouissait. J'étais prise de vertige, mais il fallait avancer. Ce moment, c'était la récompense de plus d'un an de travail. Mais lorsque mes lèvres se posèrent sur le micro, je ne pus prononcer le moindre mot. Je n'entendais plus que des sons sourds, des raclements de gorge, des toussotements graves. Je prononçais les mots de mon discours longtemps répétés dans ma tête, mais aucun d'eux ne se rendait audible. L'assemblée se mit à rire, se moquant de mon incapacité à parler. Leurs rires résonnaient maintenant comme des ultrasons, qui me dévoraient la tête. Je partis en courant aussi vite et aussi loin que je pouvais.

Je me réveillai en sursaut, les draps inondés de sueur. Ce n'était qu'un rêve ! Un cauchemar, même. J'attrapai mon téléphone pour regarder l'heure : 5h54. La messe des novices allait bientôt commencer. Je restai allongée une minute, laissant mes souvenirs vagabonder sur les événements passés. Dakar paraissait si loin. Soudain, le déclic. Je me levai, sortis de la moustiquaire infernale, m'habillai en vitesse et attrapai mon châle pour me couvrir les bras. Je sortis de la chambre et, d'un pas résolu, je me dirigeai vers la chapelle.

Je fus surprise de constater qu'elle était déjà presque pleine. Plusieurs villageois étaient là. Les novices étaient assis sur les quatre bancs qui encadraient l'autel, placés du plus jeune au plus âgé. Je trouvai une place au dernier rang, souhaitant rester aussi discrète que possible. Un calme absolu régnait. Les novices étaient encore en méditation. J'observais. L'intérieur de la chapelle était très sobre. Des portraits des pères fondateurs de la division piariste recouvraient les murs, ainsi qu'une peinture du Christ crucifié. Une petite statue de Jésus en bronze prônait discrètement sur l'autel. Soudain, un raclement de gorge se fit entendre à l'entrée de la chapelle. Les novices entamaient les notes au tam-tam. Père Clément, accompagné d'un autre prêtre, se tenait à l'entrée en tenue de messe. Les voix entamèrent les *amen, alléluias, amen !*, les prêtres parcoururent l'allée et s'installèrent derrière le pupitre. Les voix se turent et tout redevint silencieux.

— Chers amis, nous sommes réunis ce matin pour accueillir la parole de Dieu. Pour entamer notre réunion, je vous invite à accueillir la parole de Saint Marc : et ainsi l'homme quittera son père et sa mère pour se lier à une femme...

Au moment des chants, ma voisine de banc, une femme forte avec un ruban dans les cheveux assorti aux motifs dorés de sa robe, me tendit un petit livre. Elle me montra les paroles à chanter. Je n'avais aucune envie de chanter des chants d'Église, mais je devais jouer le jeu.

— *Je suis venue à toi Seeeeigneuuuur.*

Je restais aussi discrète que possible, même si la dame me faisait signe de chanter plus fort. Valentin tourna la tête vers l'audience et m'aperçut. Il me sourit. Les novices guidaient la chorale, mais ils ne connaissaient pas toutes les paroles, et certains chantaient franchement faux, ce qui m'obligea à retenir un fou rire naissant. Le cours de musique de l'après-midi n'était effectivement pas de trop. Malheureusement pour eux, ils avaient manqué celui de la veille à cause du match de foot, et le manque d'entraînement se faisait sentir.

Au moment de l'hostie, Gaspard se leva et ouvrit un petit coffre dans le mur, qui contenait un grand verre et un plat en or, destinés respectivement à accueillir le sang et le corps du Christ. C'est le moment que je redoutais. Quand ce fut au tour de ma rangée d'aller se recueillir, je fus la seule à rester assise, en regardant mes pieds. Quand je relevai la tête pour voir si la rangée de l'autre côté était revenue, j'aperçus une autre personne restée elle aussi assise dans une rangée vide. C'était Sylvie.

À la fin de la cérémonie, les prêtres quittèrent la chapelle suivis des novices puis des villageois au compte-gouttes. Chaque personne sortante saluait les précédentes qui s'étaient placées en ligne suite à leur étreinte. J'étais presque la dernière à sortir, il me suffisait de suivre le mouvement. La première personne que je saluais fut le père Clément, qui me fit une poignée de main énergique en me demandant comment j'allais. L'autre père, plus timide, me souhaita une agréable journée. Père Cala, qui avait bien sûr assisté à la messe, me serra la main des deux siennes. *Bravo Majoli !* me dit-il en riant de bon cœur. J'arrivais au niveau des novices. Valentin me fit un clin d'œil, Boris manqua de m'arracher la main, Nelson me donna la paix du Christ, Pierre me fit une tape sur l'épaule et Gaspard formula tout haut ce que tous les gestes précédents signifiaient.

— C'est super que tu sois venue !

Si j'avais su que cela leur ferait si plaisir, je serais venue plus tôt. On n'imagine pas, avant de l'avoir vécu, à quel point il est important de partager un bout de la vie des gens qui nous entourent. À voir leur expression, je donnais l'impression d'avoir fait quelque chose d'extraordinaire. Je finis par saluer les villageois avant de rejoindre Sylvie.

— J'imagine que ce n'est pas la première fois que tu viens, dis-je.

— Tu imagines bien. Je suis venue dès le deuxième matin. Je suis étonnée de te voir que maintenant. Je pensais que tu serais la première à te jeter dans l'inconnue.

— Il y a eu quelques péripéties sur mon trajet. Tu laisses la place à la croyance à présent ?

— Aussi étonnant soit-il ! J'en ai eu besoin, après le deuxième soir passé ici, où j'ai... Bref, disons que je me suis forcée à avancer. Tu te souviens du moment où nous faisions connaissance avec tout le monde ? Tu es directement partie à la rencontre des novices. Barney et moi avons longtemps parlé avec père Cala. Il nous a expliqué davantage ses convictions religieuses, l'origine de ses croyances... Et j'ai trouvé qu'il y avait beaucoup d'humanité dans son discours. L'aversion que j'ai pour la religion vient surtout du mauvais souvenir de ma belle-mère et des vieilles villageoises dont je t'ai parlées. Je crois que je n'ai jamais rien eu contre Dieu, en vérité. Père Cala m'amène doucement vers le confessionnal. Lorsque je serai prête, j'irai. Je dois me faire pardonner des choses moi aussi, avant de mourir.

— Tu es une vraie cachottière ! lui dis-je avec un clin d'œil.

— Dans la découverte, chacun a droit à son jardin secret, me répondit-elle en me lançant un clin d'œil.

Les villageois quittèrent le noviciat et père Cala nous invita à rejoindre le petit-déjeuner.

— Qu'as-tu pensé de notre messe ? me demanda père Cala, en s'asseyant à la table du séjour.

— Mes connaissances en matière religieuse ne me permettent guère de vous donner une opinion utile. Mais j'ai beaucoup aimé partager davantage le quotidien de la maison !

— C'est bien !

— D'ailleurs, si ça ne vous ennuie pas, j'aimerais continuer sur ma lancée et assister à un de vos cours.

— Bien sûr ! Gaspard m'a averti de cette volonté. Ce sera avec plaisir, tu peux te joindre à nous pour le cours de 10 heures. D'ailleurs, à ce propos...

Père Cala tapa son verre avec sa petite cuillère, comme il le faisait souvent pour annoncer la fin du repas. Je vis Anselme regarder son assiette avec regret.

— Vous pourrez reprendre votre petit-déjeuner après l'annonce, dit le père Cala. On doit parler de l'organisation de ce matin. Il y a un groupe de travail en avance sur l'autre. Levez la main, le groupe concerné. OK. Vous, vous aurez cours à 10 heures. Les autres, vous irez à la pêche avec nos invités, Sylvie et Barney. Majoli va venir assister au cours. Autre chose : ce soir, c'est la fête. Ne vous y habituez pas trop ! Nous allons tous chez Monette. Elle organise une réception pour fêter nos invités avec le village. On a des choses à préparer. Gaspard ? Voilà, vous voyez avec Gaspard qui répartira les tâches et vous dira quoi faire. Aussi, il va déléguer les courses à ceux qui vont à la pêche, pour que vous puissiez y aller en chemin. Voilà, merci.

Le brouhaha repartit.

À 8 heures à peine, la chaleur était déjà présente, mais pas désagréable. Au loin, Boris retournait la terre. Valentin n'était pas encore là. Je partis attraper un outil dans le placard entre le poulailler et la porcherie, et me dirigeai vers le jardin.

— Alors, quelle est la tâche du jour ? demandai-je.

— On prépare la terre pour cueillir les arachides. Nous allons bientôt les récolter,, répondit Boris de sa voix grave.

— Les arachides, ce sont les cacahuètes ?

— Les caca, quoi ? Non. Les arachides, ce sont les arachides. Dis-moi Marijo — un nouveau surnom à ajouter à ma liste — est-ce qu'il y a beaucoup de livres sur l'astronomie en France ?

— Heu... Oui. Je ne sais pas s'il y en a plus qu'ailleurs, mais oui, il y en a.

— Est-ce que tu pourras me ramener un livre d'astronomie quand tu reviendras ? J'aimerais comprendre les étoiles.

Fidèle à lui-même, il me regardait avec un visage dénué d'expression, derrière ses petites lunettes carrées. Sa question me surprit. Avant de revenir, il fallait déjà songer à partir. Et aucun de nous trois n'avait encore pensé au départ. Nous n'avions pas de billets retour.

— Je ne sais pas si je viendrai au Sénégal une deuxième fois, tu sais, c'est loin...

— Quelque chose me dit que tu reviendras, dit-il en haussant les épaules. Je peux te poser encore une question ?

— Bien sûr, Boris ! Tu peux me poser toutes les questions que tu veux.

— Bon... Dans vos magasins-là, vous avez beaucoup de sortes de chocolat ?

— Oui, plein ! Mais pour le coup, je ne suis pas sûr que le chocolat résiste au voyage !

— Non, mais... Je n'en veux pas, c'était pour savoir.

— Tu n'aimes pas le chocolat ? lui demandai-je.

— Non. C'est le fruit de l'esclavage. Dans mon pays, la Côte d'Ivoire, beaucoup de gens de ma famille et de mes amis travaillent dans les exploitations de cacao. Et moi, je sais où ça va ! Enfin bon, ne le prends pas mal, ce n'est pas contre toi. Mais ça m'énerve.

Avec sa pelle, il donna de violents coups dans la terre, me

laissant confuse dans mon sarouel troué. Après dix jours de voyage, le tissu acheté cinq euros au marché avait fait son temps.

— Je suis désolée, finis-je par dire.

Boris releva la tête et me sourit. Je remarquais pour la première fois ses dents du bonheur.

— Je suis désolé de te faire sentir désolée. C'est bizarre vos magasins quand même, vous ne savez même pas d'où vient ce que vous mangez. On pourrait mettre du poison dans votre chocolat, et vous n'y verrez rien.

— Il y a des contrôles, quand même.

— Des contrôles qui contrôlent bien ?

— Des contrôles qui contrôlent, répondis-je en haussant les épaules.

La culpabilité laissa place à une légère frustration de se sentir jugée sans procès. Le silence pesa. Valentin arriva avec un air léger qui contrastait avec l'ambiance.

— Alors, prête pour le jardinage du jour ?

— Je n'ai plus envie de jardiner. Je pars me reposer...

— Comment ça ?

— Je pars, je te dis.

Il attrapa mon bras alors que je reprenais mon chemin.

— Mais si tu ne vas pas t'occuper des tomates aujourd'hui, elles faneront. On ne peut pas toujours repousser les tâches ennuyeuses, tu sais.

— Vous n'avez pas besoin de moi, je venais juste pour apprendre.

— Au début oui, mais tu as la charge de cette culture maintenant. Ce n'est pas bien d'abandonner ses responsabilités.

Le plus frustrant dans les paroles de quelqu'un qui vous agace, c'est lorsque celui-ci a raison, mais qu'on ne veut pas l'admettre.

— Bon. Si c'est pour les tomates, alors...

Je repris la direction du jardin avec Valentin. Ici, c'est la nature qui dicte les lois. Et si je n'assumais plus de manger du chocolat, il fallait bien entretenir les tomates.

Partir

— Oui allô, Barney Gemini, fils de Sylvie Lenoir, je vous écoute.

— Barney ?

— Papa ?

La voix de son père donna à Barney des frissons de surprise.

— C'est comme ça que tu te présentes maintenant, comme le fils de ta mère ? J'ai dû louper quelque chose. Est-elle devenue Présidente ?

Son père rit. Ce n'était peut-être pas le vrai son de son rire, il ne s'en souvenait plus. Mais celui-ci était vraiment agréable.

— Rien de tout ça, désolé p'a. On est au Sénégal et j'ai le seul téléphone relié à la France, comme maman attendait un appel du médecin, j'ai cru que c'était lui. Mais je suis content que ce soit toi.

— Ah, c'est bien ça ! C'est très bien que ta mère prenne le temps de voyager. J'espère que toi, tu ne feras pas comme nous. Lorsqu'on a le nez trop près de son quotidien, on oublie de respirer, et on s'asphyxie. Voyage, mon fils. Pars, explore le monde. La vie est trop courte.

— Tu es au courant, pour maman ?

— Oui, on sait tout là-haut. Je veille sur vous. Mais ne te fais pas trop de soucis avec ça. Profite plutôt du temps qu'il vous reste. Et quand elle sera partie, prends le temps de vivre un peu plus. Fais-toi confiance Barney. La vie est pleine de surprises. Elle met des opportunités sur ton chemin. Écoute-les.

— J'aurais aimé que la vie nous laisse du temps, à nous aussi.

— Je sais, Barney. Moi aussi. Vous me manquez jour après jour. Mais on se retrouvera. En attendant, il faut que tu parles à Timothé et Eleanor. C'est trop dur pour ta mère.

— J'avais secrètement espéré que maman guérisse avant. On n'aurait même pas eu besoin de leur dire. Ce voyage nous laissait un temps d'espoir.

— Mais tu sais que cela ne marche pas comme ça. Tu l'as déjà compris. Je dois te laisser, fils. Mais n'oublie pas que rien n'arrive par hasard.

Son père disparut et Timothé se dressa devant lui. Ce n'était pas le Timothé d'aujourd'hui, celui-ci avait dix ans. Il apparut avec un visage en feu. La douce voix de son père se transforma en un son démoniaque dans la bouche de son frère. Il faisait très chaud, tout à coup. Son frère hurlait. Tu n'as jamais voulu écouter ! Tu ne m'as jamais cru ! C'est ta faute !

Barney se réveilla en sursaut et en sueur. Il faisait une chaleur à mourir dans la pièce.

Comme à son habitude, il se dirigea vers la douche froide. Il s'habilla machinalement et quitta sa chambre. Il tomba de suite sur Pierre, occupé à l'entretien des fleurs encadrant la chapelle.

— Ah, je t'attendais ! On a encore trente minutes pour être tranquille. D'ici, le père ne peut pas voir que je fais semblant de bosser. Tu as préparé ton cours ? Suis-moi, on va à la bibliothèque.

Pierre le guida dans la salle et ils s'installèrent sans tarder.

— Les compositions florales, ça pourrait être une belle activité artistique à proposer aux enfants. Mais il n'y a pas assez de fleurs. Tu en penses quoi ?

— Il n'y a pas autre chose qui pousse en abondance et qu'on pourrait utiliser ?

— Les déchets ? répondit Pierre de son rire malicieux. Des déchets, il y en a plein les rues !

Barney s'était également fait la réflexion que les rues étaient sales. Comme à Dakar, les déchets domestiques étaient souvent jetés dans des endroits vastes.

— Vous sensibilisez les élèves à l'environnement ? demanda Barney.

— Oui, sur ça, beaucoup déjà. Mais il y a encore des choses à apprendre... *Torop*, même. Oh là, je vais encore te mettre des idées dans la tête à toi.

— Tu ne crois pas si bien dire...

— Qu'est-ce que ça veut dire cette expression, je parle bien ?

— Ah, ça veut dire que tu as *torop* bien compris.

Pierre rit aux éclats.

— Non, on ne peut pas dire *torop* bien compris. Ça ne fonctionne pas là. Mais si tu veux parler écologie, discute avec le père Clément. C'est un sujet qui le touche depuis tout petit, alors il sera content d'avoir des idées pour éduquer les gosses là-dessus. Tu sais, Clément et moi, on a fait les bancs ensemble.

— Les bancs ?

— L'école, Barney ! Toute ma famille est à Sokone, la sienne aussi.

— Tu as le même âge que le père Clément ?

— Bah ouais. Je sais, je fais plus âgé que lui.

— Ce n'est pas une question de physique, mais ça m'étonne que tu sois encore en formation si vous avez le même âge.

— Et, tu réfléchis un peu ou quoi ? Je n'ai pas fait la formation directement après l'école, moi.

— Qu'est-ce que tu as fait alors ?

— J'ai travaillé, mon frère ! J'ai fait de l'argent. Beaucoup, même. J'avais une entreprise. J'étais fleuriste, tu vois. Regarde comme elles sont belles, mes fleurs ! Mais je n'ai pas besoin de les entretenir aujourd'hui.

— Ça explique beaucoup de choses, répondit Barney. Mais pourquoi ce changement de carrière ?

— De carrière, non, mais tu t'entends ? Arf !

— Barney ! Mais où est-il ?

Après avoir frappé plusieurs fois à sa porte de chambre, Sylvie chercha son fils dans les lieux de vie habituels. Mais aucun signe de lui, ni sur le banc sous l'arbre ni dans la salle à manger. Elle s'était rendue dans la cuisine, dans le jardin, le poulailler, la porcherie... Aucune trace de lui.

— Je suis dans la bibliothèque !

Une voix finit par se faire entendre vers le patio central, là où se trouvaient la plupart des chambres des novices.

— Ici !

La tête de Barney sortit d'une pièce inconnue à l'angle du couloir.

— Mais qu'est-ce que tu fais ? dit-elle tout en le rejoignant à l'intérieur.

— Je suis avec Pierre, on avance sur notre projet pédagogique.

— Barney a de très bonnes idées pour enrichir le programme, coupa Pierre. C'est incroyable qu'il ne soit pas professeur ! Je le convaincs de se reconvertir. Je n'ai pas encore réussi, mais ça va venir, madame Sylvie.

— Barney est un très bon kinésithérapeute. Le meilleur du département d'ailleurs. Il a travaillé dur pour ça, et il est passionné par son métier, répondit Sylvie sur un ton sec.

— Ah oui, je ne doute pas de ça ! Mais ce n'est pas de kinésithérapie dont on parle quand on passe des heures à discuter. Je crois qu'il faut savoir écouter la passion aussi.

Un soupçon de provocation se fit sentir. Barney restait muet entre sa mère et son nouvel ami.

— On ne gâche pas des années de travail pour une passion qui partira aussi vite qu'elle est venue, enchaîna Sylvie.

— Je suis d'accord avec vous, madame Sylvie, il faut savoir être raisonnable. Mais ce n'est pas déraisonnable d'envisager cela. Surtout qu'il a les études pour, il suffit de passer le concours. Je vous dis cela moi, je ne sais pas, c'est lui-même qui m'a dit.

— C'est Barney qui t'a dit qu'il pouvait passer le concours ?

— Je suis là, au cas où vous auriez oublié... s'exprima

Barney dans un raclement de gorge.

— Sylvie, nous n'avons pas le droit d'être ici en dehors des heures de classe. J'espère que vous n'irez pas nous cafarder... ajouta Pierre.

— Et il me semble que tu devrais être occupé à faire ta tâche du matin également, non ? L'obéissance n'est pas censée être un des piliers de ta formation ?

Sylvie prononça ses mots avec beaucoup d'agacement et tourna les talons pour quitter la pièce. Pierre siffla entre ses dents en haussant les sourcils. Barney, après avoir passé de nombreuses heures avec l'intéressé, connaissait Pierre et ses ambitions. Il n'était pas là pour la vie religieuse. Bien que très croyant, sa motivation première n'était pas de devenir prêtre, mais d'enseigner. Mais devenir prêtre permettait, en plus de la fonction de professeur, d'accompagner l'élève sur sa vie en globalité. D'être un vrai tuteur pour lui en tant que personne emblématique du village. La passion de Pierre avait renforcé l'intérêt de Barney pour l'éducation. Les heures passées à discuter ensemble avaient déjà porté leurs fruits. Ils avaient de belles propositions à faire au père Clément.

— Eh beh, je n'ai même pas eu le temps de dire que moi aussi j'étais en reconversion, et que ça se passait plutôt bien...

— C'est toi qui t'es mis en tête cette histoire ! répondit Barney, amusé. N'en veux pas à ma mère, elle aime savoir que j'ai une situation stable.

— Mais, imaginons que ce que je dis devienne un vrai projet. Il n'y a rien d'instable. Si j'avais la chance d'avoir les études qu'il faut pour faire un métier qui m'attire, je le ferais sans hésiter.

— Mais j'aime beaucoup mon métier de kiné, il faut que tu comprennes ça.

— Et ce qu'on fait ensemble, tu n'aimes pas ?

— Si, c'est super. Mais de là à s'y investir professionnelle-ment, c'est autre chose.

— Je dis juste qu'il faut changer, dans la vie. Personne n'est fait pour faire la même chose tout le temps. Tu es doué,

Barney ! Rentrer en France pour masser des vieux, franchement, y'a mieux à faire... Ici, on te laisse la voix pour te faire
entendre, tu ne pourrais jamais proposer un programme pédagogique comme ça en France !

— Mon métier ne se résume pas à masser des vieux, répondit Barney en souriant. Et je ne sais pas si enseigner me
plairait vraiment. Mais j'y réfléchirai.

— Barney, la vie, c'est maintenant. Tu ne peux pas rester
assis à réfléchir. Quand tu te relèveras, il sera trop tard !

Barney sentit un frisson le parcourir.

— Tu as été honnête avec moi. Alors je vais l'être avec toi.
Les prochains mois seront entièrement organisés autour de
ma mère.

— Mais tu n'as plus huit ans ! s'exclama Pierre.

— Écoute-moi ! reprit Barney.

— Je t'écoute, mon ami.

— Vous ne savez pas tout sur ma mère. Elle est malade.
Très malade. Ses jours sont comptés.

— Je suis désolé... répondit Pierre, avec un regard sincère.
Je vais prier pour elle.

— Tes prières ne la sauveront pas.

— Non, elles ne la sauveront pas. Mais je prierai pour
qu'elle trouve la paix intérieure.

Je ne crois pas aux miracles, tous les religieux ne sont pas
des illuminés, si tu vois ce que je veux dire, dit Pierre en
baissant la voix.

Barney s'esclaffa, surpris.

— T'es sérieux ? Tu parles du père Cala ?

— Hé ho moi je ne dis rien hein ! répondit Pierre avec un
clin d'œil à son tour. Je dis juste que chacun à sa façon de
vivre sa religion. Et comme toi tu es contre, je peux te le dire
sans gêne.

— Je ne suis pas *contre*.

— Ah bon ? Alors pourquoi tu as *gueulé* comme un fou il
y a plusieurs soirs ? Tu disais que Dieu, c'était des conneries.
Tu pensais que personne ne t'entendait ? Mais mon frère,

un sourd t'aurait entendu, même. Tout le monde connaît ton opinion.

Barney ne sut quoi répondre.

— Ne te sens pas bête. Moi aussi, je serais en colère si ma mère était souffrante. Ça explique ce que tu as dit. Mais ce n'est pas la faute de Dieu. Ce n'est pas la faute des hommes non plus. C'est encore pire que la guerre dans ton cas. La guerre, on dit que c'est la création des hommes. La maladie, c'est la création de rien. Ça tombe juste comme ça, sur n'importe qui, quel que soit son âge, sa situation ; que tu sois bon ou mauvais, riche ou pauvre... Il n'y a pas plus injuste que la maladie. Et dans un sens, elle est fatalement juste ; une fatalité qui n'a de source que l'inexplicable. Le manque d'explication, c'est ce qui rend fou. La prière permet d'apaiser les âmes. Les miracles n'existent pas. Mais si la maladie frappe de façon inexpliquée, alors la guérison peut venir par le même chemin. Il ne faut jamais perdre espoir, même quand on te dit le contraire. *Il tapa sur l'épaule de Barney.* J'ai un bon pressentiment, moi, reprit-il.

— Tu ne peux pas dire ça, souffla Barney, touché par ce qu'il venait de dire.

— Si, je peux le dire. Ce n'est pas plus difficile que d'articuler des mots ensemble. Regarde : je crois en la guérison. Essaie, ça te fera du bien. Et viens prier avec nous demain. Pas pour nous faire plaisir, ni pour parler à Dieu puisque tu ne veux pas le rencontrer. Mais pour te parler à toi-même. Oh ! Regarde l'heure, il faut que je me presse, si le père me trouve ici, je suis mort !

Tout en se levant, Pierre tapa à nouveau sur l'épaule de Barney et partit de la pièce en un éclair, le laissant seul avec ses pensées.

— Bon, le sujet du jour tombe bien, ou ne tombe pas bien, ça dépend, dit père Cala en ouvrant la classe.

Il était 10h01 quand le cours commença. Assise aux côtés des novices autour des tables en forme de U, je me trouvai directement en face de l'enseignant. Gaspard, Pierre, Moïse, Nelson et Marcel étaient les seuls présents. Ils avaient du retard sur les autres, car ils avaient manqué quelques cours pour remplacer les professeurs de l'école plusieurs matins de suite.

— Nous reprenons donc le cours d'il y a deux semaines sur le triangle de la mort. Est-ce que quelqu'un peut me rappeler de quoi il s'agit ?

Silence. Personne ne prit la parole. On se serait cru dans une classe de collégiens qui n'avaient pas fait leurs devoirs. Ce qui ne ressemblait pas au caractère de ces cinq novices.

— Le triangle de la mort représente les tentations de l'Homme, face auxquelles le religieux doit résister. Il s'agit de l'alcool, de l'argent et des femmes, dit Moïse.

Je retins une exclamation de surprise. J'avais pourtant bien entendu. Mon genre entier faisait partie du triangle de la mort. Je comprenais mieux le malaise de l'assemblée.

— La dernière fois, nous avons cité quelques expériences que certains confrères échus ont éprouvées face au triangle de la mort. Marcel, peux-tu expliquer à notre invitée pourquoi il est important de connaître le triangle de la mort ? demanda père Cala.

Sans relever la tête de sa table, Marcel expliqua que cerner les tentations était fondamental pour pouvoir les surmonter. À la fin, il jeta brièvement un regard vers moi.

— Vous avez presque achevé cette année de noviciat. On a beaucoup parlé des tentations, pour pouvoir y faire face. Toutes les semaines, je vous ai chacun reçu individuellement pour faire le point sur votre chemin dans cet apprentissage. Cette année de réflexion était particulière pour apprendre le détachement face au matériel et aux vices. L'attachement ancré provoque le doute sur la voie pure qui mène au Seigneur. Le doute ne doit plus être un obstacle, mais être apprivoisé et écouté afin de faire les meilleurs choix pour avancer. Vos faiblesses, je les connais, et je sais que vous les avez identifiées. Maintenant, l'étape supérieure consiste à en parler librement. Je profite que nous soyons en petit groupe aujourd'hui pour commencer cette ouverture qui vous libérera définitivement de vos démons. Vous l'avez assumé devant moi, devant un public que vous aviez choisi. Aujourd'hui, vous êtes confrontés à la difficulté de l'assumer devant vos camarades. Il n'y a rien d'obligatoire si vous ne vous en sentez pas encore prêt. Mais ce travail doit être fait, alors le plus tôt sera le mieux. Retenez que nous sommes un groupe soudé et privilégié et que cette étape n'est qu'une avancée dans votre parcours pour vous préparer à la bienveillance, envers vous et envers votre prochain, pour mieux lui apporter votre écoute et vos conseils.

Les mots manquaient de légèreté.

— Je pense qu'il est préférable que je m'éclipse de votre cours, père Cala, dis-je.

— Pensez-vous que Majoli doive quitter la pièce ? demanda le père aux novices.

Il semblait avoir anticipé ma réflexion. Le silence pesa davantage sur l'assemblée, comme un ciel d'orage avant d'éclater. Il fallait agir. Je me levai.

— Moi, je ne pense pas, répondit père Cala, calmement, mais de façon très affirmative. Chacun est libre de dire ce qu'il souhaite aujourd'hui. Si la présence de Majoli est gênante pour quelqu'un, que celui-ci prenne la responsabilité de se faire entendre. Mais si vous arrivez aujourd'hui à parler de vos démons devant une personne externe, dit-il à destination des novices, c'est que vous êtes prêts à les maîtriser.

Je me rassis. J'aurais préféré que quelqu'un d'autre serve de cobaye. J'imaginais les autres sur un ponton de bois, lançant le fil de pêche dans l'eau, s'amusant au soleil. Parfois, je faisais vraiment le mauvais choix.

— Commençons. Lequel des points du triangle représente le plus de tentations pour vous ? Pierre, c'est à toi.

Pierre se redressa, précédemment avachi sur la table, père Cala lui avait imposé de prendre la parole sur un ton sec.

— Moi, je ne pense pas avoir de tentations.

Les autres novices allèrent de leur petit rictus.

— Quoi ? C'est vrai, pourquoi vous riez ?

— Parce que tu es le moins sage d'entre nous, répondit Marcel.

— Moi, je suis le moins sage ? Tu mens. C'est vrai que je ne me cache pas de mes désirs et aspirations. Mais moi je les exprime et je vis très bien avec, et personne ne vient perturber mon sommeil la nuit. Contrairement à toi qui intériorises tout, tu te laisseras manger par le doute, l'ami.

— Ohlalala, dit Nelson.

Marcel blêmit sous le doigt pointé de Pierre.

— On a tous des démons, Pierre. À tout âge et tout niveau dans la vie religieuse.

N'accuse pas ton prochain de mensonges pour ne pas voir cela en toi.

— Alors, reprit père Cala, pour la deuxième fois, Pierre, quel est ton péché ?

— Je croyais qu'il n'y avait aucune obligation.

— Avec toi, si. Nous sommes en mai, dans quatre mois, tu devras prendre une décision. Tu ne peux pas échapper aux règles, il est temps que tu arrêtes de les fuir et que tu acceptes l'autorité.

Il poussa un soupir de fureur, vexé.

— Très bien. Même si je ne vois pas le rapport, mais j'imagine que c'est ce que vous voulez entendre. Mon magasin de fleurs tourne encore, et je trouve ça déplaisant et absurde de devoir l'abandonner.

Père Cala laissa volontairement planer un silence.

— Cette année est l'année de la dématérialisation. Votre vie de prêtre sera à l'image de celle-ci. Vous devez accepter que, en tant qu'Homme d'Église, vous ne vivrez avec rien de plus qu'un matelas pour dormir, de la nourriture comme il en faut et de l'air dans vos poumons. Vous ne devez être attiré que par la foi, et rien ne doit vous en détourner. Explique-moi comment, Pierre, tu pourrais continuer une vie de chef d'entreprise tout en étant prêtre ?

— J'y arriverai. Quand on veut, tout est possible ! répondit-il avec un air d'enfant rebelle. Si je m'organise bien, je ne vois pas pourquoi je ne pourrais pas combiner les deux. Je suis capable de grands miracles. Un magasin de fleurs, personne n'en avait jamais vu dans la région, tout le monde pensait que j'allais échouer et pourtant c'est une affaire qui marche ! Cette année, j'ai délégué la gestion à mon frère, et ça se passe vraiment bien. Quand j'arrive à l'appeler, il m'énumère les décisions à prendre. Et je les prends ! Je suis rapide, efficace dans tous les chemins, professeur. Alors, pourquoi ne pas adapter la formation à chacun ? Mais vous connaissez déjà mes arguments. Ce n'est pas la peine d'en discuter.

— Au contraire, je pense qu'il est important d'en discuter en groupe. Pour que tu comprennes que je ne suis pas ton ennemi. Toute ton âme doit être connectée avec celle de notre Seigneur que tu représentes sur Terre, à chaque seconde de ta vie. Ton corps, tes productions et tes pensées appartiennent à Dieu dont tu es le messager. Si tu gardes ton activité en dehors de l'Église, tes pensées ne seront pas à Dieu. Imagine qu'il y ait une urgence au magasin : il n'y a plus d'eau au puits pour arroser tes fleurs. Elles vont dépérir. Si tu ne t'occupes pas de ce problème, ton magasin va couler. Que fais-tu ?

— Je me rends sur place ! C'est juste à côté de Sokone !

— Cette année-là, tu as été envoyé en mission en Côte d'Ivoire. Alors maintenant, que fais-tu ?

— J'appelle mon frère qui appelle des voisins ! Père Cala, vous aimez vous compliquer la tête là.

— Tu es en pleine séance au confessionnal. Tu es le prêtre référent. Il y a plus d'une dizaine de personnes qui attendent pour te confier leurs problèmes, leurs peurs, leurs doutes. Ils attendent que tu les mettes sur le droit chemin, car ils ont confiance en toi, et ça presse.

— Je ne pense pas qu'un appel de quelques minutes va faire quelque chose...

— C'est là que tu te trompes, Pierre ! Dans la vie, quelques minutes peuvent tout changer. Surtout quand il s'agit de détresse humaine. Une minute dans une vie sombre ressemble à une éternité. C'est pour ça, que vous tous, devez être focalisés uniquement sur cette tâche qui sollicitera déjà tout votre temps et tout votre esprit. Continuons, Marcel, souhaites-tu prendre la parole ?

— Vous pouvez penser ce que vous voulez, mais je n'abandonnerai pas mon magasin, reprit Pierre en coupant Marcel dans son élan.

La salle redevint silencieuse un instant.

— Que cherches-tu, à travers ton magasin, Pierre ? lui demanda père Cala.

— Je ne cherche rien. J'ai tout misé dessus, c'est un devoir moral de ne pas l'abandonner. Vous dites vous-même qu'il ne faut jamais abandonner ce qu'on a commencé.

— Tu ne réponds pas à ma question.

— Il me semble y avoir répondu très clairement : c'est un devoir de continuer à gérer mon magasin.

— Dans ce cas, abandonne ta vocation de prêtre. Pourquoi chercher des obligations, si tu en as déjà ailleurs ?

— Ce n'est pas du tout pareil ! Pourquoi se limiter à une seule vie quand on peut en avoir deux ?

— Car il vaut mieux vivre une vie bien remplie que deux à moitié vides. Et c'est ce que tu auras, si tu ne choisis pas. Il y a encore du travail à faire avec toi. Il faut que tu t'interroges sur ce qui te pousse réellement à poursuivre dans une voie ou dans l'autre, Pierre. Je te soutiendrais, quel que soit le choix que tu feras. Du moment que c'est le bon. On en reparlera en tête-à-tête.

Pierre tapa du poing sur la table.

— Et si l'argent que je gagnais au magasin servait à développer l'Église ? Il y a forcément quelque chose à faire pour que cette situation fonctionne.

— Tu as prononcé le mot qui fâche ! répondit père Cala. Tu recherches le profit. Et cela te perdra un jour ou l'autre.

— Je me fiche de l'argent, c'est le défi qui m'intéresse, car les deux sont importants pour moi, répondit Pierre en hurlant.

— Le seul défi que tu dois avoir, mon fils, répondit père Cala en haussant le ton, c'est être un modèle pour les Hommes. Et crois-moi, c'est le plus grand défi qu'on puisse avoir sur Terre, et il te demandera toute ton énergie. J'ai toute confiance en toi dans cette formation, et ton côté pédagogue est une richesse pour notre courant piariste. Mais cet obstacle, tu dois le surmonter. J'espérais que tu en aies parlé à d'autres camarades, pour échanger en dehors de nos séances. Je me rends compte à regret que tu ne l'as pas fait, vu la surprise que je lis sur les visages. Il te reste quatre mois pour consolider tes vœux. Prenons un autre exemple. Nelson acceptera de faire le don de ses droits d'auteur. Ce don pourra être fait à sa famille ou à l'Église. Donc, tu vois, Pierre, les fonds de ton magasin serviront à l'Église, si tu le souhaites, ou tu peux léguer ton affaire à ton frère pour la maintenir. Mais tu ne pourras pas échapper à la renonciation. C'est un gage de votre affirmation, et le plus important depuis le début de votre formation. Encore une fois, fais celui qui sera le mieux pour toi. Mais décide.

Je regardai Nelson avec étonnement. Céder ses droits d'auteur ? Lui qui semblait si fier de ses livres et de leur exploitation ? Mon sixième sens m'alerta.

— Puisque nous t'avons évoqué, Nelson, passons à toi, si tu veux bien. *Marcel, qui était déjà presque levé, se rassit en faisant la moue.* Peux-tu annoncer à l'audience, avec tes propres mots, quel obstacle devras-tu affronter cette année ?

— C'est l'alcool, mon père. J'aime la sensation de l'ivresse et je ne pense pas y renoncer totalement.

Eh bien, nous n'étions pas au bout de nos surprises. En même temps, vu les apéros que le père dégustait, il est clair que l'Église n'avait pas une politique stricte du 0% d'alcool, sinon, ça serait l'hôpital qui se fout de la charité. Disons dans ce cas l'église qui se fout de la chapelle.

— Nombreux sont les Hommes à avoir ce péché. Comprends-tu pourquoi ce n'est pas acceptable dans la vie religieuse ?

— Je comprends, mon père. L'alcool amène sa dose d'étourderies et d'incapacités. Je veux aller sur le chemin de la plénitude.

Son discours sentait l'hypocrisie à plein nez. Je n'étais pas à l'aise avec le caractère désinvolte de Pierre, mais lui, au moins, ne mentait pas sur ses intentions. Nelson était brillant, mais j'avais un mauvais pressentiment sur sa personne.

— Merci, Nelson. Nous t'aiderons à t'affranchir de cette dépendance.

— Merci, mon père.

— Bon. J'ai pris Pierre et Nelson à part, car ils ont des chemins singuliers. Les autres sont concernés par le plus grand des obstacles : la femme, et de façon plus large, la famille.

Une chair de poule se dessina sur mes avant-bras. Je ne comprenais pas comment on pouvait être à la fois aussi ouverts sur certains sujets, et si arriérés sur d'autres. Gaspard parut lire dans mes pensées.

— Mon père, si je peux dire cela, ce n'est pas la femme en tant qu'individu le problème. Je préfère l'éclaircir, car nous en avons une autour de la table, qui plus est n'est pas religieuse — *Marcel et Moïse me regardèrent avec des yeux ronds et mon visage s'empourpra* — et je ne souhaite pas que la méprise s'empare de ces lieux. Nous parlons de la femme et du foyer en général. Pour ma part, mon choix le plus difficile se porte entre la vie religieuse et la famille. Car j'aurais aimé pouvoir construire ma propre famille, mais j'ai compris que c'était un désir de possessivité et un besoin d'affection. Je comprends que mon seul lien affectif est avec Dieu.

Nos regards se croisèrent et je lui souriais. Tous n'arriveront pas à s'accomplir dans cette formation, et j'avais mon idée sur l'avenir des novices. Pierre et Nelson n'iraient pas au bout de la formation religieuse. Ils étaient déjà trop indépendants pour se soumettre à autant de règles. Cependant, ils feront tout de même de très bons professeurs, et n'auront pas perdu leur temps dans ces années d'apprentissage. Une autre personne que je ne voyais pas être prêtre, c'était Valentin. Pourtant, il était à l'écoute, peut-être plus que Gaspard même. Il donnait autant d'amour à son prochain qu'à ses grappes de tomates. Mais cette vie était bien trop solitaire pour lui. Il lui fallait une famille, avec sa maison et son potager. Marcel et Moïse étaient sérieux, même un peu trop. Ils iraient au bout, sans forcément faire de bons prêtres. Et parmi eux, Gaspard arriverait au bout, en doutant continuellement, mais en trouvant chaque fois les réponses qui le rendent plus fort. Car douter, c'est remettre continuellement en question le chemin qu'on prend pour trouver le bon. Avec une petite dose de confiance, ou un bon ami, on finit toujours par se lancer sur le bon chemin.

Marcel prit enfin la parole :

— Je suis d'accord avec Gaspard et nous avons déjà échangé tous les deux à ce sujet. Le besoin de famille, pas seulement celle à laquelle on renonce, mais aussi celle qu'on quitte, est la plus grande douleur à laquelle je m'efforce d'être affranchi par la méditation.

— Très bien. Vous avez fait un excellent chemin tous les deux, je suis fier de vous, annonça père Cala à l'encontre de Gaspard et Marcel. Il ne reste plus qu'une personne, donc. Moïse ?

— Je n'ai aucune des dépendances du triangle de la mort, mon père. J'espère que vous le savez.

— Je le sais. Mais je m'inquiète pour toi. Ne pas avoir de difficultés peut être le signe que tu ne t'interroges pas assez. Tu risques de te réveiller un jour de messe en te demandant ce que tu fais là. Il faut être en pleine conscience du chemin qu'on parcourt pour lui donner un sens. Es-tu sûr et certain de n'avoir aucun doute qui te pèse ?

Moïse jeta un regard vide autour de la table. Nous restions tous suspendus à ces lèvres, conscients qu'il y avait bien quelque chose qu'il ne disait pas. Il finit par hocher les épaules et décréta par une affirmation sèche :

— Tout le monde a droit à son jardin secret.

— Très bien, reprit père Cala. Concentrons-nous donc sur le troisième sujet du triangle aujourd'hui. Nous allons parler du vœu de chasteté. Je vous rappelle que le vœu de chasteté n'est pas l'absence de pensées sexuelles, mais bien la privation parfaite et perpétuelle de plaisirs sexuels sous toutes ses formes...

Mes pensées s'évadèrent à nouveau. Je m'imaginais avec des bottes en caoutchouc, à la pêche aux moules, une épuisette sur l'épaule, à siffler des comptines d'enfant.

— Une *Zouzzzz* ?

— Oui, voilà, mais inutile d'accentuer autant le dernier son.

— Non, mais c'est quoi ça, ça ne veut rien dire !

Barney et Anselme marchaient gaiement derrière la troupe. Ils tenaient chacun la hanse du sceau qui contenait la pêche du jour. Justine, la cuisinière du noviciat, pourrait en faire une belle soupe.

— Mais de quoi vous parlez ? Valentin vint se greffer dans la discussion, intrigué par les cris d'Anselme.

— On parle de la *zouzzzzz* de Barney. Tu ne sais pas ce que c'est hein, une *zouzzzzz* ? C'est une fille !

Barney rit de bon cœur.

— Ah ouais, tu as une fiancée ?

— Oui, mais évitez de le crier sur tous les toits, j'aimerais autant que ma mère ne soit pas au courant...

— Trop tard ! clama Sylvie derrière lui.

Saisi aux tripes, Barney se retourna et fut d'autant plus surpris de trouver sa mère si proche de lui.

— Alors, c'est qui cette zouz ? lui demanda-t-elle avec un petit clin d'œil.

— Heu, c'est, heu...

— Mais je plaisante Barney ! Tu fais ce que tu veux et tu en parles à qui tu veux, tant que tu es heureux, moi, ça me va.

Sylvie attrapa la tête de son fils et déposa un baiser sur son front avant d'accélérer le pas pour rejoindre les autres novices, plusieurs mètres devant.

— Elle est sympa, ta mère ! dit Anselme. Si c'était moi, elle m'aurait dit — *il imita un accent plus prononcé que le sien* — Eh ! Anselme ! Qu'est-ce que c'est que cette galère-là, tu fais des cachoteries à ta mère ! Jésus Dieu, c'est quoi ça ? Tu choisis la fiancée comme ça sans demander l'accord ?

Valentin compléta l'imitation à sa manière, en pointant Barney du doigt :

— Et en plus tu te joues de moi, tu dis que tu as rejoint les ordres, et qu'est-ce que j'apprends là ? Tu es un petit bandit toi.

Anselme frappa ses mains l'une contre l'autre et rit plus fort que le son du claquement.

— Combien sera-t-on, ce soir ? demanda Sylvie à Franck.

— Où ça, chez Monette ?

— Bah oui chez Monette, où veux-tu qu'on aille ?

— Eh mais, vous devenez de plus en plus directe vous là ! répondit Franck en riant.

— Oh, pardon, s'excusa spontanément Sylvie.

— Ce n'est pas un reproche, madame Sylvie. C'est bien même. Quand vous êtes arrivée, vous étiez tout effacée, et là, vous prenez de la voix, on vous entend. C'est bien ça.

— Bon, pour ce soir, ça dépend combien de villages sont prévenus aussi, reprit Adam en se greffant à la discussion. Mais je pense qu'il n'y aura que Sokone, ça sera juste entre nous. Et comme c'est loin, beaucoup de femmes et d'enfants ne vont pas venir. Alors je dirais qu'on sera cent, deux cents, par là.

— Ah, quand même !

— Oui, mais en fait je ne sais pas. Le complexe de Monette est plus proche des villages voisins que de Sokone. Mais Sokone, c'est son village. Bon voilà. Mais pourquoi voulez-vous savoir ça ?

— Parce que, si j'ai bien compris, chacun amène à boire et à manger. Moi aussi je veux faire quelque chose !

— Ah bon ! Mais vous, vous êtes avec nous, dans le groupe du noviciat. On rentre et on aide Justine à préparer le poisson et le mafé. On va faire le jus de bissap et le jus de bouye. Vous voyez, nous avons déjà beaucoup de choses à faire.

— Oui, mais je veux faire quelque chose en plus, quelque chose français pour vous faire goûter.

— Ah oui, ça, c'est bien ! Vous voulez faire quoi ?

— J'ai ma petite idée...

Sylvie se retourna et jeta un coup d'œil à Barney avec un

sourire malicieux.

— Les garçons, emmenez-moi à la supérette !

Lorsqu'ils rentrèrent de la pêche, j'aidais Justine qui m'apprenait la réalisation d'un mafé traditionnel dans des proportions gigantesques. Justine n'y allait pas de main morte pour m'ordonner d'accélérer la cadence. À la tâche, hôtes et invités étaient égaux. Les invités n'étaient jamais appelés à aider, mais quand ils avaient accepté de le faire, il fallait le faire correctement. Ne voulant pas déranger ni se faire alpaguer pour mettre la main à la pâte, Barney s'éclipsa, mais fut vite rejoint par Valentin, qui lui demanda de venir cueillir autant de légumes qu'il en faudrait pour accompagner la viande.

— Tiens, tu ne demandes pas à Marjorie de le faire ?

— Elle est occupée, répondit Valentin.

— Mais si elle n'avait pas été occupée, c'est à elle que tu aurais demandé, n'est-ce pas ?

— Bah oui ! Elle aime bien le jardin.

Sans gêne, Valentin entama la marche vers le potager. Barney avait voulu le tester, mais, à priori, aucune ambiguïté n'était à déclarer. Ces deux-là étaient liés d'une complicité qui n'avait rien à voir avec une quelconque séduction.

Assise à même le sol, j'étais en sueur sous l'effet de la chaleur et de la pression infligée par Justine dans la coupe des oignons. Une fois de plus, je me demandais comment il était possible de se mettre dans ce genre de situations. *Tu as besoin d'aide Justine ? Raaaah*, j'aurais dû tourner ma langue sept fois dans ma bouche avant de parler. Mes yeux pleuraient, soumis au mélange des effluves d'oignons et des gouttes de sueur qui tombaient de mon front.

— Je suis dure avec toi, ma fille. Mais il faut faire du bon travail à la maison pour avoir un bon mari ! me dit-elle.

Il ne me restait plus qu'un oignon à couper quand je vis Sylvie et Adam arriver par le portail en face de la terrasse. Les bras chargés de commissions, ils semblaient bien satisfaits. Ils passèrent en coup de vent à côté de moi, en direction de la cuisine. Valentin et Barney arrivèrent les bras chargés de pomme de terre.

— Prête pour l'épluchage ? me lança Barney.

Les deux hommes renversèrent leur sac et firent tomber une centaine de patates au sol. Je venais de finir d'éplucher mon oignon. Je retins une petite larme. Adam nous rejoignit et nous commencions tous les quatre cette nouvelle tâche, Barney, Valentin, Adam et moi.

— Alors Marjorie, est-ce que tu valides la *zouzzzzz* de Barney ? demanda Valentin

Je vis Barney blêmir.

— La *zouz* de Barney, tu dis ?

— Une *zouz* ça veut juste dire une copine, coupa inno-cemment Valentin, qui interpréta mon trouble comme de l'incompréhension.

— Tu as une copine Barney ? demandai-je.

— Plus ou moins, dit-il en haussant les épaules.

— Je vais faire comme les enfants de l'école : plutôt plus ou plutôt moins ?

— C'est plus ! cria Valentin.

— Ce n'est pas important, répondit Barney en haussant les épaules.

— En tout cas pas assez pour en parler à sa meilleure amie...

— Il n'y a pas eu de bon moment pour ça ! Et je t'assure que ce n'est vraiment pas important.

Nous finîmes d'éplucher les pommes de terre en silence.

— Tu ne connais pas Maître Gims ?! Mais c'est le meilleur chanteur français ! Ici tout le monde connaît Maître Gims ! dit Anselme. Et c'est quoi des crêpes, d'abord ?

Au comptoir de la cuisine, Sylvie s'activait à enseigner l'art de fouetter une pâte à crêpes à Gaspard, Pierre et Moïse. Anselme, pour ne pas qu'on lui demande de travailler, s'était transformé en moulin à paroles. Il fallait plusieurs paires de bras pour réaliser deux cents crêpes. Car c'était là, la super idée de Sylvie : faire goûter une spécialité française avec les moyens du bord, qui plaît aux petits comme aux grands. Ça lui rappelait de délicieux souvenirs avec Nicolas et ses enfants, les après-midis d'hiver, il y a fort longtemps... Il suffisait d'un regard vers Barney pour que ces doux moments lui picotent les joues. Elles les avaient presque oubliés, mais grâce aux questions du père Cala, de nombreux souvenirs lui étaient revenus en mémoire. Une vraie madeleine de Proust. Voir les trois Sénégalais s'appliquer à la tâche, un peu maladroits, mais avec le désir de bien faire, lui mettait du baume au cœur. Ce fut même un peu trop d'émotions d'un coup, et Sylvie, sans gêne, laissa échapper quelques larmes.

— Oh... Mais ne pleure pas, ce n'est pas grave si tu ne connais pas Maître Gims, ce n'est pas horrible, tu sais, je te ferai écouter...

— Je me sens vieille quand tu me parles de chanteurs à la mode que je ne connais pas. Et tu sais, vieillir, ça fait mal...

Elle n'était pas bien crédible, amusée par sa propre blague. Mais Anselme plongea.

— Non, mais, ce soir, tu prends ton téléphone, et on écoutera Maître Gims. Il ne faut pas pleurer pour ça ! En plus, c'est beau de vieillir. Dieu te garde. Tu es déjà reine en mettant au monde tes enfants, et tu seras la reine des reines quand tu auras des petits-enfants. Allez, Sylvie, je te fais un câlin.

Après l'accolade, Anselme quitta la salle. Bien qu'ayant tout donné pour se rattraper, il se trouvait toujours un peu penaud, et préférait écourter la conversation, sans pour autant prêter main-forte aux commis de cuisine. Dès qu'il passa le palier, Pierre laissa éclater un rire au son si particulier à son timbre : fort, imposant, et communicatif.

— Alors là, bien joué madame Sylvie !

Elle lui jeta un clin d'œil complice. Il remontait dans son estime, elle appréciait les gens perspicaces. Et ce rire lui plaisait bien, finalement.

Quête

— Oh... oh, oh... Presque !

Barney et moi encouragions le concours improvisé de sauts de crêpes. Il fallait bien ça pour garder les troupes motivées. Tout le reste était prêt. Face au retard de son dessert, Sylvie avait décidé de faire plutôt cent crêpes coupées en deux. Mais même comme ça, nous étions bien démunis face aux vieilles poêles lourdes du noviciat en guise de crêpière. La plupart finissaient à moitié retournées, ce qui induisait tout un stratagème avec une fourchette et une cuillère pour continuer le travail sans se brûler les doigts. Les novices, d'habitude si dégourdis dans leur tâche, semblaient bien empotés. Mais ni les maigres résultats, ni la chaleur devant les fourneaux, ni même l'odeur de graillon n'entamaient l'enthousiasme de chacun.

— Anselme, c'est mon tour, tu as déjà fait sauter ta crêpe trois fois et moi une seule fois ! Eh Anselme, tu m'écoutes ? Pousse-toi !

— Et la dernière sera...

— Pour moi ! répondit Anselme.

— Non Anselme laisse ta place aux autres !

Trop tard, Anselme lançait déjà la dernière crêpe avec une puissance telle qu'elle partit se coller au plafond. Il se retourna avec un visage déconfit. Après un silence laissé en suspens, les voix partirent à l'unisson dans un rire qu'on entendit jusqu'à l'école Sainte-Thérèse.

Je portais une des marmites de mafé avec Adam, chacun d'un côté. La cargaison n'était pas si légère ; et le trajet, pas si court. Plusieurs fois, je lâchai un peu du zèle pour moins porter, mais Adam le remarquait tout de suite et me rappelait à l'ordre. Père Cala était reparti à la ferme dans l'après-midi et avait prévu de nous rejoindre sur place. En me faisant reprendre pour la troisième fois par le plus jeune des novices, je souriais. Nous n'étions plus les invités. Nous faisions partie du groupe. Vivre ces petites choses avec les locaux me procurait un plaisir immense. Je me sentais libre, à six cents kilomètres de chez moi, à marcher trois kilomètres sur une terre inconnue en portant une marmite qui m'arrachait le bras. Au loin, le soleil se couchait.

Chez Monette, la pièce centrale était tout à fait adaptée à la réception. Les mets des invités étaient réunis sur le bar. Ce n'était pas ici que nous allions mourir de faim. Il y avait plus de marmites que de personnes présentes. Je tombai nez à nez avec un enfant qui regardait par curiosité, comme moi, ce qu'il y avait dans les plats. Il avait le même air intrigué devant le plat de crêpes que le mien devant tout le reste. Je partis saluer Monette, mais je me fis percuter en chemin par ce qui semblait être, après réflexion, un autre enfant. Trop occupé à chahuter, il restait accroché derrière mes jambes avec adrénaline, voulant échapper à son camarade de jeu qu'il observait avec une joie effrayée et remplie de plaisir.

— Salut, à quoi joues-tu ?

L'enfant sursauta, apparemment surpris de constater que ces jambes avaient un propriétaire. Je reconnus le plus petit élève de CM2.

— Oh bonjour, madame l'écrivain !

— Tu as fait la connaissance de notre petit Lucien ! me dit Valentin en attrapant l'enfant qui rit de plaisir.

— On s'est déjà vu à l'école.

— Oui je connais madame l'écrivain ! Et même que je la trouve très belle. Tu veux jouer avec nous ?

— Peut-être plus tard. Pour le moment, je dois présenter

quelqu'un à madame l'écrivain, répondit Valentin.

— Moi ? demandai-je.

Aussitôt un pied au sol, Lucien courut à toute vitesse comme un poisson remis dans l'eau.

— Bon, viens, me dit-il.

Valentin m'attrapa la main et m'entraîna dans la foule. Au passage, je saluai les gens qui me regardaient avec un air intrigué. Derrière moi, les explications se faisaient toutes seules. *Ce sont les invités du père Cala !* Valentin ne ralentit pas l'allure et fonça droit sur un homme assis seul au loin, fumant une pipe avec un chapeau haut, rond, rouge-cramoisi et une longue toge grise.

— Bonjour monsieur Grignon, vous allez bien ? lui demanda Valentin.

Il lui tendit une main énergique que le vieux monsieur attrapa doucement. L'inconnu semblait très fatigué.

— Je vous présente Marijo, elle vient de France et est au noviciat quelque temps avec nous.

Valentin partit en trottinant et revint avec une chaise qu'il posa à côté de l'homme âgé.

— Bon je vous laisse !

Valentin s'éloigna. Intriguée, je m'assis doucement sur la chaise, et attendis sagement dans un silence étrange.

— Je ne sais pas pourquoi Valentin m'a amenée vers vous. Je m'appelle Marjorie. Il a dit *Marijo*, c'est comme ça qu'il m'appelle. Pour d'autres, c'est *Majoli*.

Silence. Plus loin, l'ambiance festive m'appelait. Les invités se rassemblaient autour des plats, assis à même le sol. Ils attrapaient la nourriture avec leurs mains, la malaxaient pour en former une petite boule, et amenaient ainsi les mets à leur bouche. J'aperçus Monique donner une fourchette à Barney et Sylvie. Je regrettai de ne pas avoir d'appareil photo pour capturer ce moment.

— Êtes-vous enseignante ?

Je sursautai au son inattendu de la voix imposante de Monsieur Grignon.

— Non. Nous venons à la rencontre des écoles dans le cadre d'une association humanitaire. Vous avez déjà vu Didier ? C'est le président, il est venu ici, deux ou trois fois déjà. Il nous a chargés d'une mission. Je reconnais que nous n'avons aucune expérience en la matière. Je ne sais toujours pas si on fait bien les choses.

Pour seule réponse, l'homme sourit.

— Si vous n'êtes pas enseignante, alors, qu'est-ce que vous êtes ?

— Je suis une femme.

— Et que faites-vous dans la vie en tant que femme ?

Je soupirai.

— Rien.

— C'est bien de ne rien faire. Ça laisse le temps de faire plein de choses.

— Et vous ?

— Je suis un ancien professeur de lettres modernes de l'université de Dakar. Regardez ce triste spectacle : le vieil homme au nom bizarre, muré dans son silence. La vérité c'est que ce monde me fait peur, je préfère me réfugier dans le mien. Comme vous.

Il me sourit avec une dentition d'une rare blancheur, qui le rajeunissait de dix ans.

— Je ne crains pas le monde, répondis-je.

— Alors, pourquoi ne faites-vous rien ?

— Je prends le temps de faire quelque chose qui me tient à cœur. J'aimerais écrire un livre.

— Ah, répondit-il avec un petit rictus. Eh bien, être auteur, ce n'est pas rien.

— Je ne suis pas auteur, monsieur.

— Si vous écrivez un livre, alors vous êtes auteur !

— Non, répondis-je amusée. On est auteur lorsqu'on publie un livre. Pour le moment je ne suis qu'un imposteur qui s'invente auteure.

— Ahhhh, mon petit, dit-il en donnant des coups de paume sur son bâton. Est auteur celui qui écrit. Par une certaine façon, tout le monde est un auteur. Pas forcément de livres. Après tout, nous pouvons être l'auteur de sa vie sans noircir de papiers, qu'en dis-tu ?

— Je ne sais pas, dis-je.

— Oh ! Moi je l'ai su dès que je t'ai vue arriver vers moi. Ton profil est courant, sans vouloir t'offenser.

— Mais quel profil, monsieur ?

— Celui des âmes perdues.

Il resta un moment à me regarder avec l'air grave puis se mit à rire aux éclats en tapant davantage sur son bâton. Cet homme était fou. Valentin avait voulu me faire une farce.

— Vous pensez que je suis fou ? me demanda-t-il.

— Vous êtes original.

— Ahhh si, vous pensez que je suis fou. Je sais. Et je le suis. Je suis fou, mais pas stupide. Laissez-moi vous raconter mon histoire : je suis né ici même, à Sokone, d'une mère Sénégalaise et d'un père Français, lui-même issu d'un croisé sénégalais et français. Mon père est né en France. Mon grand-père, paix à son âme, à quitter cette Terre, celle-ci même — *il tape son bâton au sol* — pour aller conquérir la Terre Promise. La France ! C'était encore plus vrai à leur époque : quitter l'Afrique pour s'installer en France était un gage de réussite. Peu importe ce qu'on faisait après sur place, de toute manière, personne ne le savait. L'important, c'était de pouvoir rêver. Enfin... L'arrivée de mon grand-père en France est une histoire gardée secrète. Mon père n'a jamais voulu m'en dire un mot. Bon. Vous savez, nous, les Sénégalais, on est peut-être un peu feignants, mais on est très pudiques ! Et plus c'est difficile, moins on se plaint. On va se plaindre pour une égratignure, mais pas pour un rêve brisé. Oui, c'est comme ça. Mon grand-père a rencontré ma grand-mère, une Française de bonne famille. Mais l'argent de la belle-famille ne l'a jamais empêché de continuer à se tuer à la tâche. Ils sont comme ça, les gens qui ont la niac, ils ne lâchent rien, même quand ils sont arrivés à destination. Bon. Mes grands-parents, ils ont été heureux ensemble. C'était une belle histoire.

Mais quelque part, mon grand-père, il n'a jamais arrêté de galérer. Parce qu'en arrivant dans un pays en tant qu'étranger, quoi que tu fasses, tu le restes. C'est le sacrifice de la première génération. Après pour les enfants, c'est plus facile. Et c'est exactement pour ça qu'il a galéré : le sacrifice. Pour mon père, pour que son exil s'achève grâce à lui. En rendant mon père français, alors, toute l'aventure prenait son sens. Vous suivez ? Son rêve, ce n'était pas de s'exiler, c'était de pouvoir construire quelque chose, pour sa famille.

Le sage reprit son souffle.

— Et donc mon père, il a dû, dès sa naissance, porter un fardeau silencieux : le poids d'un rêve qui n'était pas le sien. Toute sa vie, il n'a été qu'un passeur. De passage sur Terre, dit-on. Oh mon père, il a été heureux ! Très heureux. Si heureux, qu'il est revenu vivre ici, sur la Terre de son père, à Sokone, là où je suis né.

— J'admets que j'ai du mal à vous suivre...

— Mon grand-père, il en a eu le cœur brisé. Il ne l'a jamais clairement dit, mais sa vie s'est effondrée. Pourtant, mon père était heureux. Ses enfants aussi. Bref, il n'y avait rien qui donnait du malheur. Sinon un rêve perdu, placé dans les mains d'un autre.

Après un bref silence, il reprit :

— Alors, vous comprenez l'importance d'être auteur de sa vie ?

— Oui, je vois...

— Bon. Le rapport est simple : est auteur celui qui est auteur de sa vie. Est auteur celui qui sait raconter une histoire dont il s'est emparé. Mais n'est pas auteur celui qui ne vit pas pour lui, ne s'engorge pas, ne ressens pas, ne s'empare pas... Si vous racontez une histoire, elle sera bonne tant que vous en aurez fait la vôtre. Vous comprenez ?

— Oui...

— Bon. Je crois que je vous ai bien embrouillée. Alors j'ai réussi ma mission. Le vieux sage a parlé.

Il se remit à rire fort.

— Allez ! Partez vous amuser maintenant. Je dois observer la vie. La mienne est déjà passée.

Penaude, je restai assise sur la chaise.

— Allez ! rugit-il.

Je me levai vivement et partis rejoindre les autres. Je jetai régulièrement des coups d'œil derrière moi, pour vérifier que l'homme était bien là, et que cette scène étrange avait bien existé. Le teint blanc, je m'assis à côté de Barney et Sylvie, à même le sol. Barney me tendit sa fourchette. Le mafé était du poulet cuit dans une sauce à la cacahuète, pour résumer. Accompagné de pomme de terre, c'était délicieux. Père Cala nous rejoint. Il s'assit à côté de nous sur une chaise qui lui permettait d'étendre sa jambe blessée.

— Tout va bien ? demanda-t-il.

— Oui, tout va très bien. Le mafé est délicieux.

— Et les crêpes, vous les avez sorties ?

— En dessert, père Cala ! En dessert, vous verrez...

Des danses commencèrent. Les pas étaient tantôt saccadés, tantôt mouvementés par des rotations de bassin. Valentin nous rejoint avec une pile de verres et deux bouteilles d'eau sans étiquette, remplies du jus de bissap. Il me fit un clin d'œil, servit cinq verres et en tendit un à chacun.

— La discussion avec le vieux sage t'a-t-elle inspirée ? me demanda-t-il.

Avant que je ne puisse répondre, père Cala nous ordonna de goûter le bissap. Cette boisson à l'hibiscus, douce et sucrée, se buvait comme du petit lait. J'enchaînais les verres. Nelson et un homme que je ne connaissais pas s'assirent à côté de moi.

L'inconnu s'appelait Mehdir, il travaillait comme homme à tout faire à l'école. Il me demanda ce que je voulais boire.

— Je bois déjà un bissap, lui répondis-je en levant mon verre.

— Ah, un diabète ! me dit-il

— Un diabète ? Qui a du diabète ?

— Toi, si tu continues à boire ça ! Il y a une tonne de sucre là-dedans, dit-il en pointant mon verre.

— Ah.

— Et alors, tu aimes les Sénégalais ? Tu sais que j'ai de l'argent, je ferai de toi une femme heureuse. À qui dois-je demander ta main ?

Je pouffai de surprise.

— C'est une blague ?

— La blague serait que tu refuses.

— On ne se marie pas avec un inconnu.

— Mais pourquoi ? Bon, et bah dis-moi ce que tu veux de plus ? Je ferai un bon mari, je te l'ai dit, alors quoi ? C'est le problème avec vous les Françaises, on ne sait jamais ce qui vous ferait plaisir...

Nelson suivait la conversation avec un sourire en coin. Il se leva et s'assit à côté de mon prétendant, en posant une main sur son épaule.

— Désolé, mon frère. Mais c'est déjà ma promise, annonça Nelson.

— Tu es un novice !

— Plus pour très longtemps, c'est entendu avec le père Cala. Je finis mon année, mais je ne renouvellerai pas mes vœux. Puisque d'autres vœux m'attendent. Nelson me prit la main et y déposa un baiser.

Le sourire de Mehdir s'éclipsa.

— Vraiment ? Tu préfères lui à moi ? Mais je suis plus riche ! Et plus beau, aussi ! Regarde-moi. *Il se leva.* Regarde comme je suis fort ! Lui, il est gras !

— Oh, restons courtois, tout de même... répondit Nelson.

— C'est vrai, nous nous sommes fiancés, nous ne pouvons plus revenir en arrière. Je suis désolé. C'est l'homme que j'ai choisi, répondis-je.

Le jeu de comédien de Nelson suffisait à contrebalancer le violent agacement que j'avais éprouvé juste avant. Mehdir attendit encore quelques secondes. Puis il se leva, et partit en soupirant.

— Merci, Nelson, répondis-je en souriant.

— Je n'ai pas fait ça pour que tu me remercies. Mais si ça peut te faire m'apprécier un peu, c'est une bonne chose.

— Je t'apprécie…

Il me regarda avec une moue qui levait le voile sur mon mensonge.

— Bon, d'accord, j'avoue. Je trouve que tu t'écoutes un peu trop parler, Nelson. Je suis mal à l'aise avec les gens qui ont trop confiance en eux.

— Oh ça, ça ne m'étonne pas, répondit-il en riant.

— Mais, si tu n'étais pas comme ça, tu ne m'aurais pas sauvée de cette situation. Alors, merci. Et dorénavant, je te promets d'être plus tolérante avec ton air arrogant.

Je lui adressai un sourire, qu'il me rendit en percutant amicalement mon épaule avec la sienne.

— Tu sais, tu ne dois pas lui en vouloir. Mehdir. Mes années en France m'ont fait comprendre que nous sommes différents sur beaucoup de points culturels. En termes de drague, vous êtes plus subtiles, et si quelqu'un va droit au but, vous trouvez ça impoli. Nous, ça serait plutôt ne rien faire de tel qui le serait. Parce que, si on ne montre pas son intérêt à une dame, si on ne la flatte pas avec insistance, elle se sent délaissée.

— La France te manque ? lui demandai-je.

— Pas vraiment, j'ai beaucoup aimé y étudier, mais je n'aime pas la mentalité. C'est trop individualiste. Moi ce qui me manque, c'est mon pays, le Congo. Je suis fier d'être congolais, tu sais. J'en entends tellement de mal, mais le peuple de la République Démocratique du Congo est bon. J'aimerais qu'ils viennent y mettre vraiment les pieds, les journalistes qui en parlent. Enfin bon, c'est un autre sujet. La France ne me manque pas, du moins… Ce qui me manque, c'est la découverte. Nous nous engageons, mes frères et moi, dans une vie que nous avons choisie. Ou plutôt que notre Seigneur a choisi pour nous. Nous ne sommes que des élus. Et si nous sommes là, c'est que nous sentons chacun que c'est notre place. Mais — *il fit une pause avant de reprendre* — mais oui, la découverte du monde me manque. J'aimerais comprendre tous les peuples de tous les pays comme je comprends les miens, comme j'ai compris les Français aussi. J'aimerais cela.

— Mais dans votre formation, vous allez être affectés à des endroits différents, des pays différents ? J'ai entendu père Cala dire qu'il allait souvent en Espagne, en Italie... Tu continueras à découvrir le monde !

Il remonta la tête. Un air étrange se dessinait sur son visage, perturbé et amusé.

— Je sais. Mais ça ne sera jamais pareil d'y aller quelques jours dans ce contexte religieux. Tu comprends ?

— Oui, je comprends...

— Je sais, parce que tu es partie aussi. Il y a cette chose que partagent les gens qui sont partis vivre loin de chez eux : une plaie ouverte. C'est le prix à payer. Je t'ai vu parler au sage tout à l'heure. C'est ce qu'il a dû te dire.

— Pour être honnête, je n'ai pas vraiment compris ce qu'il a voulu me dire...

— Il t'a fait la version longue, alors. Quand il veut être moins mystérieux, il est plus direct : suis tes pieds en fonction de ce que te dis ta tête, sans rien attendre de personne. Ne mets pas tes rêves dans les mains de quelqu'un d'autre, même de tes proches. C'est uniquement dans ça que tu trouveras ton bonheur. Alors pars, mais pars bien. Et dans le meilleur des cas, reviens. Mais reviens bien, alors.

— Ce n'est pas forcément plus clair.

— Oh Marjorie, je te pensais un peu plus maligne ! dit-il sur un ton humoristique. Mais tu es jeune, la réflexion fera son chemin. Tu dois prendre de l'assurance. Dire oui, ou dire non. Mais ne pas essayer de te sortir de situations en tortillant des fesses. C'est comme ça que vous dites, non ?

Au loin, Sylvie dansait autour du feu de camp improvisé par Barney. Sa silhouette se reflétait sur le sable en une ombre qui se mêlait à la fumée et s'évaporait jusqu'au ciel.

— Nelson, qu'est-ce que ça veut dire, *toubab* ?

— C'est une dérivation du mot toubib. Les premiers blancs

qui ont débarqué en Afrique, ils étaient souvent médecins. Toubib, *toubab*. C'est resté.

Sylvie dansait comme si c'était la première fois de sa vie, improvisant des mouvements qu'elle n'avait jamais faits, sur une musique qu'elle découvrait.

Le contrôle n'existait plus.

Le ridicule n'existait plus.

Demain n'existait plus.

Au loin, le plat de crêpes était entamé. Sans instruction, les Sénégalais avaient choisi de les manger nature, dans du pain. Le sandwich aux crêpes était apparemment si délicieux que nous n'eûmes pas le cœur de les corriger. Après tout, si le goût leur plaisait, c'était ce qui comptait.

La fraîcheur de la nuit rendait le trajet plus supportable qu'à l'aller. Mais le manque d'éclairage le rendait aussi plus complexe. Barney et moi portions d'une main un contenant vide. De sa main libre, il éclairait la route avec son téléphone.

— Tu as passé une bonne soirée ? me demanda Barney.

— Oui ! Pas toi ?

— Si, j'ai parlé à beaucoup de monde. Et je pense que la plupart des villageois étaient heureux de nous parler aussi.

— Oui, sûrement.

Je repensai au vieux sage et à son étrange histoire.

— Tu as appris des choses ce matin pendant le cours des novices ?

— Je dois bien avouer que j'ai un peu regretté d'y avoir insisté. L'enseignement est toujours un peu rustique, si tu veux mon avis. Il contraste avec leur ouverture d'esprit.

C'est étonnant. Mais effectivement j'ai appris quelque chose. J'ai appris que même quand tu veux devenir prêtre, tu as les mêmes soucis que le commun des mortels. Sais-tu pourquoi Pierre a changé de carrière ? Il semble tenir à son entreprise de fleurs.

— Il a toujours voulu enseigner. L'entreprise de fleurs lui est tombée dessus, il a eu une idée, on lui a dit que ça ne marcherait pas, alors il a tout fait pour la développer, par simple esprit de contradiction. Et ça a marché. Il a fait sortir sa famille de la pauvreté grâce à son affaire. Je crois qu'il ne dit pas tout. J'ai l'impression qu'il a des enfants, et sûrement une femme.

— C'est pas vrai !

— Je n'en mettrai pas ma main à couper, mais je le sens. Je ne pense pas que devenir prêtre l'intéresse réellement. Mais quand il a découvert que la formation de pères-piaristes menait à l'enseignement, qu'il serait logé, nourri, et que les recettes de l'entreprise pouvaient continuer à mettre sa famille à l'abri, il s'est engagé. Mais je ne sais pas s'il va pouvoir continuer. Soit il lègue totalement l'entreprise à son frère, soit il arrête. Mais il dit pense que son frère n'y arrivera pas tout seul.

— Je vois... C'est pour ça qu'il est aussi virulent sur le sujet.

— Oui. Et le vieux sage que tu es allé voir, il t'a dit quoi ?

— Il m'a dit que dans la vie il fallait suivre ses pieds même si le chemin n'est pas celui qu'on pensait emprunter. Je suis étonnée de ce que je viens de dire. Je pensais ne pas avoir compris, mais en fait, j'ai assimilé le message.

— C'est un message plutôt généraliste.

— Oui, mais ça vaut le coup de le rappeler. Il a dit ça en rapport avec un projet que j'ai... Je n'ai pas compris tout de suite, mais c'était un bel encouragement.

Barney ne répondit rien.

— Tu ne me demandes pas de quel grand projet il s'agit ? lui demandai-je, visiblement déçue.

— Je sais déjà ce que c'est. Mais j'attendais que tu m'en parles quand le moment serait venu.

— Comment tu peux savoir de quoi il s'agit ?

— J'étais à l'école, tu sais. Quand tu as dit aux gosses que tu écrivais.

— Tu n'as pas pensé que c'était une blague ?

— Non.

Nous marchâmes quelques secondes en silence.

— Barney, j'ai décidé d'écrire un livre !

— C'est pas vrai !

Nous avançâmes en riant, à l'unisson.

— Bon, tu vas bien finir par m'en dire plus quand même ?

Et c'est alors que je racontais à mon ami comment tout ça avait commencé. Comment vivre à l'étranger m'avait transformée. Comment il était difficile d'en parler réellement, et de se sentir seule malgré la prolifération d'histoires de voyageurs qui se ressemblent. Car tout ça, ce n'était qu'une seule et même histoire pour tout le monde. Je racontais mon envie folle d'écrire à ce sujet, comme une révélation, toutefois teintée de pudeur de ne pas être à la hauteur, et de me mettre en avant. Mon monologue rythma la dernière demi-heure du trajet. Je ne pouvais plus m'arrêter. Pour la première fois, je parlais réellement de ce qui m'animait, avec des mots forts. Je m'en délivrais, je l'exposais, je l'assumais. Tout serait plus simple à présent.

— Voilà, tu sais tout, repris-je. J'ai déjà bien avancé ! Du moins, pour la structure... J'ai écrit mes chapitres sous forme de thèmes. Mais le faire en suivant les lettres de l'alphabet... J'ai de plus en plus de mal, surtout pour les lettres de fin. En parlant de lettre, j'aimerais que tu puisses écrire quelque chose.

— Moi ? Mais qu'est-ce que tu veux que j'écrive ?

— Tes ressentis, en tant qu'ami qui voit son amie partir. Je me suis rappelée ce moment, quand tu m'as dit que tu m'avais écrit une lettre, tu te souviens ? Le jour dans ton salon où tu m'as annoncé le voyage...

— Ce moment paraît bien loin.

— Tu m'as dit que tu avais écrit une lettre quand j'étais à New York, que tu ne me l'avais jamais envoyée. Ce point de vue, j'ai l'impression que c'est le bout qu'il me manque. J'aimerais faire intervenir ma mère aussi, mais ça, je verrai en rentrant. Qu'en penses-tu ?

— Je l'ai avec moi.

— La lettre ?

— Oui.

— Pourquoi as-tu cette lettre avec toi ?

— Je ne sais pas, mais je l'ai prise dans mes bagages. Je crois qu'il y a une part de moi qui a toujours eu envie de te la donner. Comme quelque chose que j'aimerais partager sans pouvoir te le dire.

— Ça tombe bien...

— Elle n'est pas très flatteuse, tu sais. Je l'ai écrite un jour où j'étais énervé. Tu me promets de prendre du recul et de ne pas m'en tenir rigueur ?

— Promis. *Croix de bois croix de fer.*

— Je n'ai pas vu.

— C'est parce qu'il fait noir. Tu sais bien que je n'aurais pas croisé les doigts pour *un croix de bois croix de fer*, c'est bien trop sérieux.

— Alors, soit. Je te la donne en arrivant.

Retour

Avant de partir pour le village de Bakary, père Cala nous parla avec un air très sérieux. L'école de ce village n'avait rien. Il fallait leur venir en aide.

— Mais, père Cala, nous avons promis à deux écoles de leur fournir du matériel. Pour deux-cents élèves à Saint Thérèse, et pour cent élèves dans le village voisin. C'est vous-même qui aviez choisi la seconde école, vous ne vous rappelez pas ? Nous n'avons plus assez de cahiers pour aider une école supplémentaire...

— Oui, l'école de Ngouye Marie n'a rien, nous irons leur apporter les cent cahiers prévus la semaine prochaine. Mais pour Sainte-Thérèse, vous avez entendu le professeur : il n'y a que la moitié des enfants qui est en grande difficulté. Pour les autres, ça peut aller. Alors, si on amène cent cahiers, c'est très bien.

— Mais nous nous sommes déjà engagés pour deux cents cahiers auprès de Jasmine !

— Ce n'est pas grave.

— Mais, nous avons promis !

— Une promesse peut être brisée pour un engagement plus noble. Ça ne fait pas de vous des mauvaises gens, mes enfants.

— Père Cala, je ne comprends pas. Pourquoi voulez-vous qu'on fasse faux bond à Sainte-Thérèse, c'est votre école ! L'école des piaristes, celle où les novices vont donner des cours et s'occupent du tutorat, du catéchisme...

— Justement, Majoli. Notre école a des besoins, c'est sûr.

Mais elle est déjà soutenue par sa communauté... Les fournitures manquent, mais l'entraide est là. L'autre école n'a pas ça. Elle est plus dans le besoin que nous. Il faut savoir partager avec nos frères et nos sœurs. Nous sommes un même pays ! Mais si je savais qu'une école était encore moins bien servie en Côte d'Ivoire, ça serait pareil ! Frères et sœurs Africains. Et si je savais qu'en France, il y avait une école encore moins bien servie, alors je vous dirai de rentrer sur-le-champ pour leur amener. Car c'est unis, que nous faisons avancer les choses, non ?

— Père Cala, Jasmine va se sentir trahie.

— Ce sont là des mots bien forts que tu emploies, Barney. Ne t'inquiète pas pour Jasmine. Elle comprendra.

Lancée sur une route mal goudronnée au milieu de nulle part, la voiture s'engouffrait dans un paysage de plus en plus aride : de la sécheresse à perte de vue, avec un baobab de temps à autre. Une botte de paille, tout droit sortie d'un décor de film western, virevoltait au vent. Nous avions du pain sur la planche cet après-midi. Bakari et son village étaient les destinataires des chaussures et accessoires de foot que Didier avait offerts. Avec les fournitures scolaires que nous venions de rajouter, la voiture était bien remplie. Père Cala avait demandé à Barney de conduire. Ce qui n'était pas une mince affaire. Les routes et les règles de conduite étaient bien éloignées de ce qu'il connaissait. Il avait besoin de concentration, mais moi, je ne pouvais m'empêcher de lâcher des sons enthousiastes à la vue de ce paysage désertique qui défilait sous mes yeux.

— Whaaaaa !

— Marjorie, pour la dernière fois, je ne veux t'entendre crier que s'il y a un danger ! Tu me fais sursauter là ! Si je fais un mauvais mouvement, on va se retrouver dans le fossé !

Je fis la moue et Sylvie souriait. Il n'y avait aucun fossé. Nous arrivâmes au village où tout le monde nous attendait. Dès lors que nous mîmes un pied au sol, les tambours résonnèrent et la danse prit place.

— Bonjour, je suis Bakary. Bienvenue dans notre village, amis de Didier ! Voici monsieur le Maire, et monsieur le directeur de l'école.

C'était là les seuls mots que Bakary connaissait en français. Il les avait répétés pour notre arrivée. Le maire nous invita à nous asseoir sous le porche de la seule maison en béton du village, qui, de surcroît, était la sienne. Père Cala salua les deux hommes et s'assit sur une des chaises en plastique. Mais je ne sentis pas autant de chaleur humaine qu'à son habitude. Je me souvenais de ce que Didier m'avait dit au sujet du maire : ne pas lui faire confiance.

Nous prîmes place à notre tour. Aussitôt assis, le directeur et le maire changèrent d'attitude. D'exagérément confiants, ils passèrent à exagérément malheureux. Bakary était resté en retrait. Il nous souriait chaleureusement, sans pouvoir prononcer un mot. Mais son sourire renvoyait toute la bienveillance qu'il avait à notre égard. Après l'échange des politesses de base, le maire fit un signe de main pour attirer notre attention, s'arrêta un instant, soupira longuement, et ouvrit enfin les lèvres.

— Vous savez, les habitants de ce village n'ont rien. Beaucoup meurent de faim, ou de mauvais soin. Surtout chez les nouveau-nés. Vous imaginez, comment cela peut être dur, pour un maire, d'enterrer tous les mois un bébé du village ?

Son visage passait d'une personne à l'autre, le regard plongé dans les nôtres. Ses gestes devenaient de plus en plus expressifs. Il voulait de l'argent. À ma droite, Bakari regardait ses pieds, honteux. Je laissai l'homme finir sa tirade, nous quémandant des fonds que nous n'avions pas.

— Nous vous apporterons autant de soutien que nous le pourrons, lui dis-je. Notre association n'a pas beaucoup de moyens, même si nous faisons tout notre possible. Pour que notre aide soit utile, il faut qu'elle puisse contribuer le plus possible à une situation pérenne. Bien sûr, nous pouvons convenir de fournitures d'urgence pour la survie des habitants. Pouvez-vous nous dire ce dont vous avez besoin, et ce qu'il faudrait pour améliorer la situation sur le long terme ?

— Tout ! Il nous faut absolument tout. Nous manquons de moyens pour aider tout le monde, dans tous les domaines. C'est terrible madame, je vous assure que je ne peux plus vivre comme ça.

Il prit la tête dans ses mains et frotta ses yeux secs. Je lançai un regard à Barney et Sylvie. Le directeur prit la parole.

— Ce que notre maire veut vous dire de son cœur lourd, et de ses yeux qui ont déjà trop pleuré, c'est que nous sommes très reconnaissants que vous puissiez nous aider. Grâce à Bakary, qui est l'ami de cet homme bon, David...

— Didier.

— ... Didier, nous avons l'espoir d'un jour meilleur. Il me semble que vous avez apporté du matériel pour notre équipe de foot ?

— Oui, tout à fait, répondit Barney. Nous le donnerons à Bakary avant de partir. C'est lui le coach de l'équipe, c'est à lui que revient le matériel. Mais d'abord, parlez-nous de vous, que faites-vous dans ce village ?

Maintenant que les hommes parlaient de leur fonction, nous découvrîmes des personnalités enjouées. Le maire l'était devenu à la suite d'une demande unanime de tous les habitants. Treize ans auparavant, il avait eu l'ingéniosité de construire un puits solide, qui permit au village de résister à une période de sécheresse inédite. Les habitants avaient vu en lui un sauveur, et, depuis le premier jour, monsieur le maire se donnait corps et âme pour sortir son village de la misère. Il y avait certainement une part de vrai, mais ce n'était pas tout à fait la vérité non plus. Le directeur de l'école avait lui aussi son anecdote, des cas d'élèves désespérés, sauvés de l'ignorance et de la bêtise grâce à un tutorat acharné, qui leur avait valu de décrocher le fameux diplôme élémentaire. À la fin de ses anecdotes, le maire reprit la parole.

— Bon, reprenons notre discussion. Que pouvez-vous apporter à notre village ?

— Les coups de pouce dont vous avez besoin pour accélérer votre croissance, pour la mise en place d'un quotidien qui serait moins pénible. Ce que nous voulons, c'est vous aider sur le long terme, en respectant vos traditions et coutumes, sans rien vous imposer.

— Mais nous, nous voulons vivre comme vous.

Cette réflexion me fit sourire.

— Et comment pensez-vous que nous vivions ?

— Avec de grandes maisons solides. Beaucoup d'argent, sans travail manuel qui use le corps. Sans la peur d'avoir faim ou soif si on ne se met pas au travail.

— Qu'est-ce qui empêche la pérennité du village ? demanda Sylvie.

— Nous sommes enfermés. Ce sont tout le temps les mêmes légumes, que nous allons chercher à même la terre, en creusant comme des chiens. Nous voulons faire du commerce, diversifier les choix, rendre la vie de ces pauvres habitants plus confortables.

Nous pouvons devenir le premier village du sud du Sénégal à faire du commerce international ! Non, ce qu'il faudrait, c'est de l'argent. Et moi, je peux vous garantir que je gère l'argent très bien, et qu'il sera bien utilisé.

— L'argent est bien éphémère.

— Non ! Pas s'il est bien transformé.

— Et comment aimeriez-vous le transformer ?

— Je vous l'ai dit : acheter de la nourriture pour diversifier celle de nos gens.

— Où achèteriez-vous cette nourriture ?

— Et bien, ailleurs ! Vous, vous importez plein de produits. C'est comme ça que vous vivez confortablement. Vous avez le choix de tout. Ici, c'est : riz, poulet, poissons, oignons. Et quelques légumes quand la saison est bonne. D'ailleurs ça aussi, il faudrait pouvoir faire pousser plus de légumes, pour qu'on puisse les vendre.

— Monsieur le maire, je comprends bien vos envies de développement économique. Mais vous ne pouvez pas faire du commerce international à l'échelle du village.

— Mais il y a des produits qui sont déjà importés, par le

gouvernement, mais ici, nous sommes trop pauvres et trop loin pour les acheter à Dakar. Ensemble, nous pouvons faire de ce village la plateforme commerciale du sud du pays !

— Ce n'est pas avec notre aide que vous réaliserez vos rêves de grandeur. Et sachez que la surproduction chamboulera toute votre terre, votre village ne sera plus jamais pareil. Mais ça, c'est un autre débat. Nous devons prioriser les choses : est-ce que tout le monde mange à sa faim ?

— Oui.

— Est-ce que tous les enfants vont à l'école ?

— Oui.

— En êtes-vous certain ?

— Et bien ceux qui méritent d'aller à l'école vont à l'école. Ceux qui veulent manger travaillent pour manger.

— Et ceux qui ne le méritent pas ? Ou ne peuvent pas travailler ?

— Tout le monde peut travailler. Les enfants qui ne vont pas à l'école, ils travaillent.

— Ils travaillent parce que leurs parents ne peuvent pas travailler ?

— Oui, ou parce qu'ils n'ont rien pour même noter la classe, ils ne peuvent pas étudier.

— Ça, c'est un problème sur lequel nous pouvons apporter un début de solution.

— Non, madame. Le problème est qu'il faut faire des travaux dans le village, pour irriguer les récoltes, et renforcer les maisons. Ça, c'est un problème.

— S'il vous manque du matériel, de la main-d'œuvre, nous pouvons en discuter, ça peut faire l'objet d'une mission à part entière...

— Mais non, il nous manque de l'argent !

— Pour acheter quoi ?

— Pour acheter un vrai puits, une pompe...

— Du matériel, donc.

— Pourquoi tu ne veux pas me donner de l'argent ?

Il commençait à s'impatienter.

— Nous sommes une association humanitaire, fondée sur des valeurs de partage, de dons, avec une volonté d'apporter l'aide dont vous avez besoin pour la sécurité et l'amélioration de la vie de vos concitoyens à l'échelle de votre village. Nous ne sommes pas une banque. Si vous voulez des financiers, monsieur, vous ne vous adressez pas aux bonnes personnes.

Barney souffla un *outch* légèrement perceptible.

— Pffff, stupidité ! Comme si vous alliez savoir ce qu'il nous faut ! Moi je sais — *il répéta ces mots deux fois* — moi je sais ce qu'il faut acheter ! Il faut aussi faire des maisons solides pour chaque habitant ! Regardez, cette paille, ça ne protège de rien !

— C'est toute l'utilité de cet échange, nous sommes venus voir ce qu'il vous fallait pour que vos gens sortent de la pauvreté. Vous avez une très belle maison d'ailleurs, monsieur le maire, j'ai oublié de vous le signaler.

— Vous ne me faites pas confiance ! C'est ça ! Alors là, madame, vous me faites mal...

— Nous devons nous assurer que notre aide est apportée au village, monsieur, et qu'elle ne sert pas les intérêts d'un seul homme. Je ne vous juge pas, je ne peux pas savoir. Mais je ne prendrai pas le risque.

Le maire, vexé d'être renvoyé, lâchait prise.

— Très bien ! Alors, nous devons construire un puits. Mon invention se dégrade depuis plusieurs années, ce n'est plus qu'une question de temps avant qu'elle ne lâche complètement. Il faudrait un système plus performant. Nous avons trop de bouches à nourrir à présent, ça ne suffit plus.

— Très bien. Parlons donc de ce qu'il vous manque pour réaliser un nouveau puits. Père Cala, vous allez pouvoir nous aider sur ce sujet. Vous qui êtes en pleins travaux pour votre ferme, est-ce qu'on peut lister le matériel ensemble ? demandai-je.

— Oui, bien sûr.

Il m'adressa un regard sur lequel se dessinait un sourire encourageant.

Sur les coups des 17 heures, nous quittâmes la maison du

maire après avoir élaboré un plan de travaux satisfaisant pour les deux parties. Il fallait à présent discuter avec Didier pour valider cette prochaine mission. Je demandai à Sylvie si elle avait l'intention de l'appeler dans la soirée. Elle me répondit qu'elle préférait que je le fasse. En aparté, Barney me confia qu'ils n'avaient pas cherché à se joindre depuis plusieurs jours. Je pensai à Didier et j'eus un pincement au cœur.

Nous avions noté le matériel nécessaire pour assurer les récoltes. Père Cala avait même proposé de veiller à la bonne arrivée du convoi. Nous avancions à présent vers la voiture, Bakary nous raccompagnait. Père Cala lui expliqua, à travers un mélange entre leurs deux dialectes, que nous leur offrions des fournitures scolaires, et que nous lui confions la charge de les distribuer. Nous n'avions rien dit au maire à ce sujet. Bakary était honoré et il nous assurait que nous pouvions transmettre les fournitures à Ibrahim, son ami et instituteur. Par son biais, elles reviendraient avec certitude aux enfants, et ne seraient pas revendues pour enrichir le maire ou le directeur. Les bras chargés de cartons, nous allâmes toquer à la porte d'Ibrahim, qui, à la différence de Bakary, parlait français.

— Oh ! Comme c'est gentil ! Comme je suis content ! Il y a des élèves de ma classe qui ont dû arrêter l'école cette année, faute de matériel ! Vous imaginez ? Et ce n'était pas les plus bêtes ! Ah, quel gâchis. Mais ça ! Ça c'est bien. Merci, vous ne vous rendez pas compte de ce que vous venez de nous apporter. Oh bien sûr, les enfants qui ne peuvent pas aller à l'école ne sont pas trop perdus grâce à celui-là — *il pointa Bakary du doigt* — il leur donne de l'espoir avec l'association de football, j'espère que vous aurez le temps de venir voir l'équipe jouer !

Nous déposâmes les cartons sur le porche de sa maison de paille. Ibrahim assura qu'il irait les porter à l'école le lendemain, dès l'ouverture. Il nous embrassa vivement en nous remerciant encore une bonne dizaine de fois pour ce cadeau tombé du ciel. Mais derrière nous, un cri strident mit fin à nos accolades. Une fumée noire s'élevait dans le ciel. Elle se rapprochait, et bientôt, la fumée nous atteignait, brûlant nos yeux, affolant nos sens.

Quelque chose brûlait dans le village.

Bakary cria un ordre à Ibrahim, et les deux hommes partirent dans des directions opposées. Des hommes, des femmes, des enfants, tous partaient chercher de l'eau du puits à l'aide de maigres seaux, qui se renversaient pendant leur course folle vers la fumée noire. Les flammes étaient à présent visibles, le feu grignotait le toit d'une yourte en paille et s'élevait de plus en plus haut dans le ciel. Il fallait le stopper avant qu'il n'atteigne les yourtes voisines. La première était déjà condamnée. La moitié des habitants cherchaient à atteindre les flammes à l'aide d'échelles posées en équilibre sur le toit en feu. Les plus grands restaient au sol pour leur tendre des seaux à la force de leur bras. Les autres humidifiaient les yourtes voisines. Des enfants, pas plus hauts qu'une table basse, luttaient avec hargne pour lancer de l'eau sur les flammes. Des enfants contre un feu. Un seau contre une flamme. Père Cala nous cria de rejoindre la voiture. Barney, lui, courut vers le puits, arracha des mains son seau à un enfant de quatre ans. *Ne reste pas là !* lui cria-t-il. Il fit comme les autres, remplissant un seau d'à peine deux litres d'eau et couru vers la yourte. Sylvie cria à Barney de revenir et courut vers lui. Les flammes continuaient leur course, alimentées par la peur, les cris, les pleurs. Elles atteignaient à présent les toits des deux yourtes conjointes. Le village allait y passer. Je regardai la scène, tétanisée. Ces gens étaient en train de tout perdre, et il s'accrochait au futile espoir que des bribes d'eau les sauveraient. Je regardai, je courrai dans une direction, pensant pouvoir faire quelque chose, qu'une idée viendrait. Mais rien. J'attendais, toussant la fumée qui avait atteint nos poumons. Certains priaient Allah pour qu'il vienne les sauver. À quoi bon ? Il n'y avait plus rien à faire.

Je perdis Barney et Sylvie dans l'épaisseur de la fumée. J'avais peur pour la santé de Sylvie. J'avais peur pour Barney. Je devais retourner à la voiture moi aussi, mais pas sans lui.

Et enfin, un miracle. Je ne saurais dire si c'était l'organisation des hommes ou les prières qui le permirent. Mais le feu cessa. Finalement, seulement cinq yourtes avaient été touchées. Deux partiellement, deux gravement. La première, dans laquelle le feu s'était déclaré, était complètement brûlée. À la façon dont Bakary se jeta pour prendre dans ses bras la femme qui pleurait sa maison, il ne fut pas difficile de deviner que c'était la sienne.

Lorsque le village retrouva son calme, Bakary revint vers moi, avec le même air serein qu'il affichait avant le drame.

— Bakary, si on peut aider... dis-je.

Il me répondit dans sa langue quelque chose que je crus comprendre. *Vous en avez déjà bien assez fait pour les enfants de ce village ! Ne vous inquiétez pas, nous allons reconstruire notre maison.*

Je mis une main sur la sienne. Il mit son autre main sur la mienne. Il souriait. Et notre dialogue continua ainsi. *Personne n'est mort. Tout le village va aider à la reconstruction. Il ne servait à rien de pleurer un événement qu'on ne peut plus changer. Allez, partez à présent ! Quand vous reviendrez, je vous ferai visiter ma nouvelle yourte, plus grande et plus solide que celle que nous venons de perdre.*

Barney et Sylvie nous rejoignirent et serrèrent fermement la main de Bakary. Ils échangèrent à leur tour un dialogue non verbal. *Ne prenez pas cet air grave. Quand on n'a rien, on n'a rien à perdre. Tout va très vite s'arranger.* L'émotion me fit pleurer. Sylvie pleura à son tour. Bakary nous prit chacune dans un bras pour nous consoler. Une réflexion me traversa à ce moment-là. Une réflexion que je garderai très longtemps en mémoire : la liste des grands sages ne se résume pas aux noms qui ont marqué l'Histoire. Certains se cachent, à l'abri des regards, avec assez d'espoir dans le cœur pour éteindre le feu destructeur des angoisses du monde.

Il nous restait un arrêt avant de rentrer au noviciat. Père Cala avait pris rendez-vous avec le dispensaire du village voisin.

Didier souhaitait développer l'activité de l'association dans le domaine de la santé, et nous avait missionnés de récolter les besoins de ces structures. Mais il était 19 heures à présent, et Cala craignait que le dispensaire ne soit fermé. *Ce n'est plus l'heure pour être malade !* Lui seul parlait dans la voiture, et ne semblait pas découragé par notre silence. Il tentait de nous remonter le moral. Il en avait vu d'autres. *Ne vous en faites pas pour Bakary. La famille de l'homme sera prise en charge par la solidarité des voisins jusqu'à ce que le village finisse de reconstruire sa yourte.* Sous les ordres du père, Barney s'engagea sur un petit chemin excentré. Au bout, en plein milieu des bois, un bâtiment de la taille d'une maisonnette paraissait abandonné. Quelle drôle d'idée de construire un dispensaire aussi excentré, au milieu des bois ! Barney stoppa la voiture. Père Cala sembla lire dans mes pensées.

— Le dispensaire est ici, car c'est le point central entre les trois villages les plus proches. Ils sont chacun à vingt minutes de marche. C'est un compromis qu'il fallait faire pour aider le plus de personnes, nous dit-il.

Alors que nous nous dirigions vers le petit bâtiment éclairé, la porte s'ouvrit à la volée. Une femme à la forte carrure apparue sur le proche.

— *Chip*, je ne vous attendais plus hein ! dit-elle d'une voix grave en guise de bonjour.

— Mille excuses Fatima, répondit Cala. Nous avons fait face à quelques imprévus en chemin...

— Allez, allez ! Je suis contente de vous recevoir. Vous venez faire un reportage, ou bien ? demanda-t-elle à notre égard en nous serrant la main.

— Je te présente Sylvie, Majoli et Barney, reprit Cala.

— Nous sommes ici dans le cadre d'une association humanitaire, nous venons discuter avec vous pour comprendre comment votre dispensaire fonctionne, et faire le point sur les fournitures essentielles qui manquent à votre bon fonctionnement. Nous avons besoin de savoir ce que vous utilisez pour que notre mission soit vraiment efficace, intervint Sylvie. Je suis infirmière, moi aussi. Père Cala nous a dit que vos conditions n'étaient pas faciles. C'est un honneur pour nous d'être ici.

— *Hic*, conditions pas faciles, c'est le moins que l'on puisse dire. Ah ! Il ne faut pas se plaindre, le Seigneur veille sur nous. Mais c'est difficile de garder la gaîté au cœur quand on voit ce qu'on voit... Venez avec moi.

L'infirmière nous entraîna dans une petite salle juste à gauche du couloir d'entrée sur lequel nous étions restés, à cheval sur le pas de la porte. La pièce était hostile, et très peu équipée : deux matelas sales étaient posés à même le sol. Au plafond, l'ampoule à moitié grillée assombrissait les murs jaunis.

— Vous êtes ici dans la salle de repos, d'opération et d'accouchement. Dans la pièce en face, y'a le bureau avec les dossiers de nos patients. Je veille au maximum à garder une trace d'eux. Mais y'a presque pas de feuilles, alors, avec mes collègues, nous avons inventé un code pour gagner en place. Nom de la personne, date de consultation, type d'opérations et un « + » si ça va, un « - » si ce n'est pas guéri, mais qu'on ne peut rien faire de plus, un « - - » pour les gens qu'on envoie à l'hôpital. Avec cette technique, on arrive à garder la trace du passage de tout le monde. La salle de consultation, c'est le couloir, les gens attendent dehors souvent. Nos fournitures sont dans le placard là-bas, venez.

Elle avança en prenant soin de ne pas marcher sur les matelas. Exercice difficile, compte tenu du peu d'espace qu'il y avait. Sylvie passa devant. C'était son domaine.

— Voici ce que nous avons ici. Y'a pas grand-chose, comme vous pouvez le voir. Des couches, des bandages, mais ils sont précieux ceux-là, alors il faut les utiliser quand c'est vraiment nécessaire. La pommade. Un peu de désinfectant, mais là y'en a plus beaucoup. Les compresses-là. Et après on a du linge et des pinces, qu'on va laver aussi souvent que c'est possible.

— Vous avez parlé d'accouchement. Vous accouchez les femmes, ici ? Et vous les accouchez vous-même ?

— Eh oui, madame. Y'a pas le choix. La particularité de notre dispensaire, c'est qu'il fait petit hôpital aussi. Les conditions d'hygiène sont particulièrement faibles dans nos habitations. Beaucoup accouchent chez elles, parce qu'elles ne peuvent pas attendre de faire les vingt minutes de marche. Eh oui, c'est un risque à prendre ! Si vous accouchez sur le chemin, il vaut mieux rester sur les feuilles qui vont servent de lit, eh ! Et puis il y a celles qui arrivent ici, le travail déjà bien entamé. Heureusement, car quand elles arrivent à plusieurs, c'est déjà bien compliqué de les caser, alors plus ça va vite, mieux c'est. Souvent, il y a quelqu'un avec elle, avec un linge et un seau d'eau, au cas où l'accouchement se ferait justement sur le chemin. Mais certaines arrivent seules. C'est ce qui me fait m'accrocher quand ça va mal. L'image de ces femmes, qui souffrent le martyre, mais continuent de marcher, criant à leurs futurs bambins de tenir bon jusqu'à l'arrivée, comme s'ils pouvaient les entendre. Ah ! Vous savez, je crois qu'ils le peuvent. Parce que c'est souvent celles qui crient le plus fort qui arrivent sur ce matelas pour le travail.

— Et, vous êtes seule pour faire ça ?

— Nah ! Y'a ma collègue tout le temps aussi. Et d'autres bénévoles font le relais chaque jour, alors ça dépend. Nous ne savons jamais combien nous serons vraiment. Souvent y'a trois, y'a quatre. Moi, je reste souvent plus tard. Y'a pas de problème pour moi. Mon mari et mon fils sont morts de la tuberculose. C'est pour ça que je suis ici. Avant, j'étais couturière. Maintenant, j'ai décidé de sauver le plus de vies possible pour ne plus perdre personne. Au moment de leur mort, il n'y avait pas de dispensaire ici. Il fallait faire deux heures de marche jusqu'à Sokone. Personne n'y allait jamais. *L'infirmière leva les épaules au ciel.* Le temps cicatrise tout. En surface, du moins.

— Vous n'avez donc aucune formation d'infirmière ? questionna Sylvie.

— Si, madame ! Je suis allée au dispensaire de Sokone quelques mois, pour me former. C'est là que nous nous sommes rencontrés avec le père Cala. J'ai appris à soigner les blessures. Mais Sokone est un village plus riche que notre trou perdu, les femmes ont plus de moyens pour accoucher chez elles. Ou elles anticipent d'aller à l'hôpital de Kaolack. Alors, accoucher les femmes, je l'ai appris toute seule. J'étais la première surprise quand y'en a une qui a débarqué un matin. Elle avait quatorze ans. Elle avait peur. Moi aussi. Mais on a réussi. Son petit bonhomme est devenu un grand gaillard maintenant. Et après, ça a parlé. Une information dans un village, c'est comme la peste a son épopée : ça se répand en un éclair. Depuis qu'elles viennent, y'a moins de femmes qui meurent. Alors c'est bien. Mais ça arrive encore. Je ne peux rien faire quand il y a une hémorragie. Je m'y suis faite. Mais à chaque fois, ça laisse des marques.

Nous jetâmes tous un œil vers les matelas tachés.

— Bon, reprit l'infirmière, comme vous l'avez demandé, je peux déjà vous répondre qu'il nous faut les boîtes d'accouchement-là.

— Les kits d'usage ? Je vois... Nous ne les utilisons pas à l'hôpital, ils sont dans les ambulances en cas d'urgence. Je vais demander aux confrères, ils vont certainement pouvoir en fournir.

— Ça, ça serait bien. Pour le reste, ce sont surtout des compresses, et des bandages. Les couches pour enfants, on en reçoit déjà de la part d'autres associations pour la protection de l'enfance. Mais les couches pour les femmes, ça manque. On ne pense jamais assez aux femmes. Et aussi, si vous pouviez ramener la morphine, ça serait un soulagement. Pas beaucoup, il ne faut pas attirer l'œil. Juste un peu pour les opérations que nous faisons. Ah, je sais que vous n'avez pas le droit ! Je sais bien. Mais si vous vous sentez, juste au moins quelques doses. Pas plus tard que mercredi, le menuisier est venu avec la hache dans le pied. Il en aurait bien eu besoin d'un coup de morphine, eh !

Il faisait déjà nuit noire quand nous arrivâmes au noviciat. Les novices avaient dîné. Gaspard nous avait mis des assiettes de côté, que nous mangions dans un silence de mort. La journée avait été éprouvante. Nous avions subi un trop plein d'émotions qui nous réduisait au mutisme. Pour la première fois, père Cala semblait soucieux. Barney fixait un point imaginaire à l'autre bout de la table. Sylvie avait un regard douloureux, sur lequel s'inscrivait une tristesse éteinte, teintée de regrets qui marquent à jamais. Elle quitta la table en ayant à peine touché à son assiette. Père Cala appela Gaspard pour qu'il débarrasse et partit à son tour en nous souhaitant bonsoir. Barney et moi restions assis, picorant des bouts de poulet sans conviction.

— Dure journée, hein ? dit Barney.

— Dure journée, oui, répondis-je. J'ai la douloureuse impression que plus on aide, moins on peut aider.

— J'ai la même sensation que toi.

Quand Gaspard entra dans la pièce, il nous interrogea sur nos mines déconfites. Nous lui racontions notre journée. Il en fut désolé.

— Ce soir, je prierai pour Bakary et les villages qui n'ont rien. Mais ne vous en faites pas. Tout finit par s'arranger.

Sylvie entra dans sa chambre, referma la porte derrière elle et se laissa tomber au sol. Ce soir, la vérité l'accablait. Elle ne pratiquerait plus. Elle ne soignerait plus. Elle ne reverrait plus ses patients. Elle avait tant donné pendant des années, et la vie lui avait tout repris en quelques secondes. Elle avait si mal qu'elle aurait souhaité que la maladie l'emporte sur-le-champ. Mais une pensée la ramena à la vie. Une pensée qui lui réchauffa le cœur en un instant. Si rien n'arrive jamais au hasard, elle était à sa juste place au juste moment. Et elle avait encore un rôle à jouer dans le cycle de la vie. Elle pouvait transmettre toutes ses connaissances d'infirmière au plus de dispensaires possibles. Et elle commencerait dès le lendemain.

Sylvie

Vendredi 2 juin, 08h43
Au noviciat

Elle pouvait comprendre leurs chants. Les oiseaux la regardaient passer en sifflotant comme à la levée du jour. Elle ne faisait plus qu'un avec les éléments qui l'entouraient. C'était la fin, et qu'elle était belle ! Qu'elle était apaisante. Elle n'accueillait pas la mort, c'est elle qui se dirigeait vers elle. Sylvie était rayonnante. Elle était devenue l'oiseau qui chante, la fleur qui s'ouvre, les doux rayons du soleil au matin qui chassent la rosée. Elle dansait au milieu des arbres. Une robe légère lui caressait le corps. Les tissus flottaient autour d'elle, en harmonie avec ses mouvements, sous une brise printanière et délicieuse. Naturellement, elle dansait au milieu de ces éléments, comme si elle avait toujours vécu ici, au milieu de la forêt, le cœur léger, avec cette insouciance qui chassait tous ses soucis. Sylvie avait vingt ans à nouveau, mais elle ne devait plus affronter les choix d'avenir ou les restes d'une autorité parentale. La Sylvie des bois n'avait aucun regret. Rien qui ne puisse brouiller ce sentiment de plénitude. Elle était seule, et pourtant, elle ne manquait de rien. Elle aurait voulu que ce sentiment dure toujours, mais déjà, il s'évanouissait. Elle tenta de le rattraper, mais l'angoisse revenait de plus belle. Elle respira tout l'air qu'elle pouvait prendre, et ouvrit de grands yeux ronds.

Allongée sur le dos, les bras en croix, elle eut soudain un sentiment de panique. Pas très bien réveillée, elle se retrouvait enfermée dans un cercueil. Enterrée vivante. Ils s'étaient trompés ! C'était trop tôt ! Elle n'était pas morte, et elle se réveillait enfermée dans une boîte, elle criait à l'aide, et personne ne l'entendait. C'était trop tôt, elle étouffait ! Ils s'étaient trompés ! Le cercueil s'ouvrit et elle vit le visage de Timothé. Il la regarda avec haine et hurla qu'elle resterait là, mi-vivante, mi-morte, car c'est tout ce qu'elle méritait. MOURIR COMME TU AS TUÉ ! cria-t-il avant de refermer le cercueil à jamais.

— Mamaaaaan, maman, réveille-toi !

Tambourinant à la porte en injuriant le verrou, Barney s'égosillait. Il revivait la même scène qu'à Dakar, son coeur s'emballait.

— Calme-toi, Barney ! J'arrive, j'arrive, j'ai fait un mauvais rêve, dit Sylvie d'une voix qui tremblait autant que tout le reste de son corps.

Elle ouvrit la porte et trouva son fils en nage. Le matin était déjà bien entamé, le soleil chauffait.

— Mais tu m'as fait peur, tu criais à la mort !

— Ne t'inquiète pas. Un mauvais rêve, c'est tout.

Pourtant, ça n'en était pas un. Sylvie était pleinement réveillée, et c'était ça, le pire. Même si elle ne s'était pas sentie crier, elle était pleinement conscience de cette sensation qui lui pressait toujours la poitrine. À nouveau, ses peurs avaient profité de l'intermédiaire entre le réel et l'irréel pour refaire surface. C'est comme si elle avait eu un aperçu de la mort, toute douce, et du chemin qu'il fallait traverser pour y arriver. C'était évident à présent. Il était temps d'affronter ce qu'elle avait essayé d'enfouir il y a bien longtemps.

J'étais occupée à retourner la terre dans le jardin quand je vis Barney venir vers moi, le teint blanc. Je lui demandai si tout allait bien, il me répondit qu'il avait entendu sa mère crier. Un mauvais rêve. Rien d'alarmant, en apparence. Mais le cri de sa mère était venu des tripes et sonnait un désespoir profond qui lui avait glacé le sang.

— Tu es toute seule ? me demanda-t-il.

— Temporairement. Valentin est parti informer le père que les cacahuètes sont mûres et doivent être récoltées au plus vite. Et Boris est parti, je ne sais où...

J'eus à peine le temps de finir ma phrase que Valentin réapparut et nous confia la tâche de rassembler les autres. Sur ordre du père Cala, nous allions récolter les arachides ce matin même, et nous avions besoin de main-d'œuvre. Les équipes se séparèrent et on compta neuf personnes prêtes à en découdre avec les fruits à coques : Barney, Boris, Valentin, Gaspard, Nelson, Anselme, Pierre, Moïse et moi-même.

— Bon, c'est très simple, dit Nelson en s'adressant à Barney et moi. Vous prenez la plante à la base avec toute votre main comme ça, et, tout en tirant, vous effectuez des petites rotations avec le poignet...

— Pffff !

Un hoquet moqueur se fit entendre.

— As-tu quelque chose à dire, Boris ? demanda Nelson.

— Nelson le sage qui donne des conseils de jardinage, on aura tout vu.

— Si tu veux expliquer à nos invités comment s'y prendre, pas de soucis, je te laisse le champ libre !

Piqué au vif, Nelson s'éloigna d'un pas résigné.

— Bon, regardez-moi, dit Boris. Tu attrapes la tige comme ça, au bord de la terre, et tu donnes de grands coups dans tous les sens comme ça, en tournant, pour avoir bien toutes les racines en même temps.

Je jetai un regard à Barney.

C'est exactement ce que Nelson a dit.

Oui, mais c'est bien plus drôle en se tortillant comme ça.

— C'est compris ?

Sans répondre, Barney s'exécuta sur les racines les plus proches, et tira de toutes ses forces.

— Oh put... La vache !

Il tirait dans tous les sens, mais les racines ne cédèrent pas. Elles restaient immobiles et fières, face à ces gestes abrupts et maladroits.

— Ah oui, il faut avoir de la force, hein !

— Et toi, tu n'essaies pas ? me lança Moïse.

— Heu, si, si...

Moïse, du haut de ses deux mètres, était beaucoup plus directif que son allure ne laissait penser. Gringalet, sa taille lui donnait le gabarit d'une allumette. Ses gestes étaient doux et lents. Mais son air dédaigneux ne fléchissait pas. Il regardait le monde avec mépris, comme si celui-ci lui avait fait tout le mal possible. Tout contrastait en lui : sa force et la douceur de ses gestes, sa voix mielleuse et son regard accusateur. C'était une énigme. Et c'était le seul à qui je n'avais jamais parlé. Il y avait une barrière invisible entre nous. J'attrapai la tige devant moi, soigneusement, mais fermement, et effectuai des mouvements avec une pression maîtrisée. Au bout d'une minute, mes mains rougies me suppliaient d'arrêter. Mais je ne fléchissais pas. Je repensais à ces derniers jours, à tout ce que j'avais appris, tout ce que j'avais entendu, les mots de Valentin qui me disaient de ne pas lâcher, ceux de Barney qui m'avaient donné confiance dans mon projet d'écriture, les flammes qui consumaient la yourte, et, contre toute attente, mon dernier mouvement embarqua les racines d'un seul coup. J'y avais mis toute ma force, je tombai fesses à terre, avec une tige pleine de cacahuètes dans la main.

— Oh !

Fière comme d'Artagnan, je fonçai mettre la récolte dans la brouette. Je passai devant les novices occupés à la tâche, qui avaient déjà un bon tas à côté d'eux. Je rejoins Nelson sur le banc, résigné à éplucher les fruits.

— Regarde ! J'ai fait comme tu as dit, des petits ronds maîtrisés. Entre nous, l'explication de Boris était moins bonne que la tienne. Barney la suit et regarde où il en est.

Nous vîmes Barney finir par arracher d'un coup sec la plantation, manquant de tomber lui aussi sous le coup de l'impulsion. Il tituba de quelques pas en arrière. Nelson se mit à rire.

— Vous les *toubabs*, vous êtes drôles quand même !

Boris portait bien plus de précision à ces gestes que lors de sa démonstration. À croire qu'il l'avait fait exprès... J'essuyais mon front transpirant avec le dos de ma main. Elle était pleine de terre incrustée jusque dans mes ongles. Pour une fois que je ne les avais pas rongés jusqu'à l'os, ils allaient être foutus quand même. Je rejoins Anselme qui n'avait pas commencé son travail.

— Anselme, ça ne va pas ? lui demandai-je.

Il leva une tête endormie.

— Sais-tu qu'il n'y a pas eu de sieste hier ? Nous avions trop de travail à rattraper. Il faut toujours travailler, travailler et moi, je suis épuisé ! C'est la fin de la semaine et mon corps me dit stop. Je me retrouve à récolter le jardin là et personne ne se préoccupe de mon sommeil. C'est scandaleux, moi je dis, c'est scandaleux ! J'aime même pas les arachides, ça a un goût de terre.

Je le quittai aussitôt, de peur que sa fainéantise ne me contamine, mais non sans un sourire. Mes mains me faisaient un mal de chien. Elles travaillaient la terre depuis plusieurs jours et elles étaient arrivées au bout de leurs capacités. J'avais deux ampoules sur chaque paume. Je me dirigeais vers Boris, mais je n'assumais pas de lui demander des gants. Le temps de la réflexion me prit de cours. Ça faisait déjà quelques secondes que j'étais arrivée à sa hauteur et qu'il me regardait.

— Tu veux quelque chose ? me demanda-t-il.

— Je me demandais... si vous aviez des gants.

— Des gants ?

— Oui, des...

Il me regarda d'un air sévère, comme une mère regarde son enfant lorsqu'il demande s'il peut manger des bonbons alors qu'elle lui a déjà dit non. Pareil. Sans attendre de réponse, je le quittai et me dirigeai vers un novice plus tendre.

— Marijo ! Alors, où est ta récolte ?

— Heu... là !

Je pointai le tas de Moïse qui se trouvait à côté, qui riposta du tac au tac :

— Hélà non ça c'est le m...

— Par hasard, il n'y a pas des gants qui traînent pour les jardiniers dont les mains saignent ? demandai-je fort pour couvrir la voix accusatrice de Moïse.

— Hélas, non... me répondit Valentin. On en a eu, une fois, mais maintenant ils sont trop usés. Fais voir tes mains. Outch, ah oui quand même. Allez, c'est le métier qui rentre ! Si tu arrives à passer ce premier stade sans reculer, tu pourras jardiner sans sentir la douleur après !

— Bon... d'accord. Je vais continuer à ramasser les cacahuètes avec mes mains.

— Les cacas... ?

Valentin fronça les sourcils, interpellé par le son d'une langue étrangère.

— Les cacahuètes. Les arachides. C'est la même chose.

— Non. Les arachides, ce sont les arachides. Les caca... hou-hite, ça ne pousse pas ici.

Je retins un rire.

— Et, tu les aimes comment, toi, les arachides ?

— Grillées ! Elles sont trop bonnes comme ça, tu verras !

Oui, je connaissais le principe des cacahuètes grillées à l'apéro. Mais apparemment, le vocabulaire, c'était le vocabulaire. Il n'avait pas tout à fait tort, il y a beaucoup de gens qui parlent souvent de la même chose sans se comprendre. Je retournai vers Barney pour me remettre à la tâche.

À quelques mètres, Sylvie regardait la scène se jouer sous ses yeux avec amusement. Elle repensait à son rêve, et quelques larmes coulèrent le long de ses joues. Ce n'étaient pas des larmes de tristesse. Ni même des larmes de joie. C'étaient celles qui lui restaient à pleurer avant le son du gong. Les larmes de l'abandon coulèrent comme une résolution, un ruisseau libéré par la branche qui cédait. Elle avait aimé la vie, à s'y perdre. Tout en pleurant davantage, elle rit devant cette scène, devant cette maladresse touchante, devant ce choc de culture, devant ce groupe qui s'agitait devant elle, que tout opposait, mais que tout rassemblait aussi. Didier lui revint en tête avec un pincement au cœur. Sa voix chaleureuse, ses blagues... tout lui manquaient. Peut-être comprendrait-il un jour qu'elle avait voulu l'épargner. Et elle sourit en repensant à ce qui leur avait dit avant de partir, qui résumait tout ce qu'elle avait devant les yeux.

Les cacahuètes ne poussent pas sur les cacahuètiers.

— Barney ! appela-t-elle.

Je vis Barney relever la tête vers elle. Sans un mot, il comprit que l'heure était venue. Il frappa ses mains l'une contre l'autre pour en détacher les résidus de terre et se dirigea vers sa mère. Je les regardai s'éloigner tous les deux, et me remis à la tâche en serrant les dents.

Barney et Sylvie étaient dans la chapelle depuis quelques minutes. Assis sur le banc des novices, ils restaient silencieux et regardaient chacun leurs pieds. Barney serrait son téléphone de ses deux mains.

— Tu veux que je le fasse ? dit-il.

— Non, Barney. Non...

Sylvie releva la tête. Ses yeux brillaient.

— Je suis désolée.

— Maman, tu n'as pas besoin de t'excuser...

— Laisse-moi dire quelque chose avant qu'on ne les appelle, s'il te plaît. J'ai réfléchi à ce que je souhaitais te dire, et si tu m'interromps, je n'aurais pas le courage de le faire.

Sylvie respira longuement, et reprit :

— Quand on sait que la vie s'éteint, on a peur. Oui, j'ai peur. Mais contrairement à ce qu'on peut penser, je n'ai pas peur de la mort. J'ai peur de la vie, celle que je laisse. J'ai peur de tomber dans l'oubli. Ce voyage est merveilleux. Je suis vraiment contente d'être ici avec toi, et avec Marjorie. Mais c'est fuir, quelque part. La vie, la mort, ne sont que des sursis, Barney.

Elle s'arrêta un instant, les yeux mouillés. Barney lui prit la main.

— Je ne sais pas trop où tu veux en venir, maman... Est-ce qu'il y a quelque chose que je dois comprendre ?

— Non ! répondit Sylvie en essuyant les larmes qui coulaient à présent sur sa joue. Non, au contraire... Il n'y a rien à comprendre. Mais ce sont des mots que j'aurais dû prononcer depuis longtemps et, avec le temps, il est beaucoup plus difficile de les sortir. Tu as été protecteur avec moi. Depuis ton enfance et jusqu'à maintenant, et jusqu'aux derniers jours de ma vie. Mais ce n'est pas ton rôle. Et je regrette de t'avoir laissé faire. Je m'excuse de ne pas avoir été présente au moment où tu avais besoin de moi. Je t'ai laissé élever ta sœur. C'est un fait, on ne changera pas le passé. Mais je regrette surtout de ne pas t'avoir dit que tu n'avais pas besoin de faire ça. Tu as été le père de famille qu'il manquait. J'ai cru que ça te donnait un équilibre. Mais je me rends compte que tu as perdu un brin d'innocence trop tôt, tu t'es responsabilisé trop vite, et tu m'en veux pour ça... J'ai l'impression d'être passé à côté de quelque chose. Les mots ne peuvent pas rattraper le temps. Mais ils sont tout de même importants. Je suis sincèrement désolé. Mais surtout, je suis très fière de toi.

Barney sourit.

— Tout va bien pour moi, maman. C'est moi qui suis désolé. Je n'aurais pas dû te forcer la main sur les cachets. Cette parenthèse m'a fait prendre beaucoup de recul.

— J'ai arrêté mon traitement depuis plusieurs jours.

— Je sais. Ce n'est pas grave.

Barney lui serra la main davantage.

— C'est bizarre de faire ça là, dans la chapelle, non ? demanda Barney.

— Au contraire ! répondit Sylvie. Je prépare mon entrée au paradis. Assis sur le banc des novices, ça nous rend plus purs.

— Comment sais-tu que c'est le banc des novices ?

Sa mère lui fit un clin d'œil.

— Allez, c'est l'heure.

Elle attrapa le téléphone que Barney lui tendait. Une mère

allait annoncer à ses enfants qu'elle les quittait. Il la regarda, inquiet. Elle voulait commencer par Eleanor. C'était sûrement le plus facile. Elle voulait que Barney soit là pour l'annoncer à sa sœur. Elle savait que ses enfants s'étaient éloignés, mais elle savait aussi que dans les moments difficiles, la distance s'évanouit très vite. Elle semblait savoir exactement ce qu'il fallait faire. L'air assuré de Sylvie le rassurait. L'action à mener, quant à elle, le désemparait. Il n'existait pas de protocole pour ça. Sa mère chercha le nom de sa sœur dans ses contacts. Quand elle l'eut trouvé, elle s'arrêta et regarda son fils. Qu'il pouvait ressembler à son père, lorsqu'il se faisait du souci ! Elle appuya sur le téléphone vert.

Sylvie sentit sa gorge se nouer au son stoïque et suspendu de la sonnerie du téléphone. Pendant un bref instant, elle souhaita que sa fille ne réponde pas. Elle aurait pu ne rien dire et se laisser emporter par la mort en silence. Ça aurait été plus facile de profiter de la vie sans le poids de la mort. Elle aurait accueilli Eleanor pendant les vacances comme si de rien n'était, en lui faisant croire qu'elle avait pris un congé. Elle aurait proposé à sa fille de faire toutes les activités qu'elle aimait. Eleanor lui aurait dit sur un ton amusé que le repos lui allait bien. Elle aurait remercié sa mère de lui consacrer du temps. Elle lui aurait raconté ses histoires de danse, ses difficultés à l'Opéra, la pression qu'elle subissait. Elles auraient rattrapé tout le temps qu'elles avaient perdu. Eleanor aurait lancé des noms çà et là, des histoires d'amour, des histoires de femmes. Elle aurait écouté sa fille en fermant les yeux, sereine. Puis elle se serait éteinte avec la joie de ces derniers instants partagés. Comme elle comprenait sa propre mère qui lui avait caché sa maladie, à présent ! Mais elle se souvenait de sa douleur, la douleur des gens qui restent et qui n'ont pas eu la chance de dire au revoir. Dans quelques minutes, elle briserait le cœur de ces deux autres enfants, comme elle l'avait fait avec le premier. Mais en les faisant souffrir maintenant, elle serait toujours là pour essuyer les larmes.

Le troisième coup de sonnerie sonna fatalement à ses

oreilles. *Bon sang, réponds-moi Eleanor ! Il faut que tu réponds, maman a quelque chose à te dire...* À côté d'elle, Barney ne la regardait plus. Il vidait son esprit pour se déconnecter des émotions d'un moment trop vif. À chaque nouvelle sonnerie, son estomac faisait un tour. C'était une scène banale, de deux personnes qui passent un coup de téléphone. Pourtant, quand ils sortiraient de la chapelle, tout serait nouveau, une seconde fois. L'espoir se serait envolé pour de bon. Mais ils l'avaient accepté. Barney leva les yeux vers la statue en bronze du Christ ressuscité. La voix de sa mère lui glaça tout le corps.

— Eleanor, ma chérie ? C'est maman, comment vas-tu ?

Déjà, sa voix se brisait. Elle se mordit les lèvres. De toutes les scènes que Barney avait imaginées, celle-ci était la plus dure. Il avait imaginé des sanglots, des pluies de larmes torrentielles. Il avait imaginé le calme plat de sa mère qui apparaissait lorsque le monde s'effondrait autour d'elle et qu'elle était seule à mener la barque. Mais il n'avait pas imaginé un entre-deux, un temps en suspens qui paralyse le corps et explose le cœur. C'était bien plus dur que les larmes ou la froideur. C'était une envie dissimulée, une envie de hurler que tout devait s'arrêter. Il avait sous les yeux la définition même de l'impuissance, qui abattait son glas sur sa victime. Et cette victime était sa mère. Sa mère si forte. Même si elle ne pouvait pas échapper à cette impuissance, cette injustice. Sa sœur semblait avoir des choses à raconter. Sylvie la laissait parler, profitant de ce moment de répit, qui lui permettait de reprendre un peu de force dans cette lutte contre la fatalité.

— Super, ma chérie, c'est super... Non ma chérie, je ne t'appelle pas pour que tu rentres. Pour tout te dire, il n'y a personne à la maison ce week-end. Eleanor, écoute-moi attentivement, s'il te plaît. Je suis avec ton frère, et j'ai quelque chose d'important à te dire.

La cueillette était finie depuis une bonne demi-heure déjà. Mes doigts, meurtris par le décorticage des arachides, ne dérougissaient pas. L'emplacement qui abritait mes ampoules était ouvert à vif. De vraies mains de travailleuse. J'étais fière, quelque part. Le travail manuel a du bon, il laisse un sentiment de création qui apporte beaucoup de satisfaction. La saveur de ces cacahuètes n'en serait que meilleure. Je décidai de partir à la recherche de Barney et Sylvie, et me dirigeai vers les chambres. Arrivée devant la chapelle, je me stoppai net. À l'intérieur, Barney et Sylvie étaient en train de prier. Lui était assis sur le banc des novices ; elle, sur les marches de l'autel. Je m'approchai de la porte et passai une tête à travers.

— Est-ce que tout va bien ? demandai-je d'une voix timide, qui résonna en écho au fond de l'autel.

Sylvie leva la tête vers moi et me sourit avec une grande douceur. Elle prit appui sur ses cuisses et remonta avec élégance. Barney, de dos, regardait toujours ses pieds. Mon cœur s'accéléra. *Retourne-toi Barney, allez, retourne-toi !* Je percevais un grand vide chez lui qui me serrait le cœur. Par contraste, Sylvie avançait dans le couloir d'un air apaisé.

Elle sortit de la chapelle, s'étira de tout son long, debout, face au soleil, et resta immobile, un sourire bienveillant incrusté sur son visage. Ensuite, elle s'assit sur le sol. Je rentrai dans le bâtiment et avançai doucement vers Barney. Je m'assis sur le banc, à quelques mètres de lui. En face de moi, le Christ semblait me faire signe de me rapprocher. Sur la pointe des fesses, je fis des mouvements de hanche pour grappiller du terrain.

— Tu es venu voir si je priais, n'est-ce pas ?

Barney leva la tête vers moi avec un petit sourire malin et triste.

— J'hésitais entre la prière ou la prise de drogue, pour ne rien te cacher.

Il rit et cela m'apaisa.

— Ma mère est malade, elle a un cancer en phase terminale. Elle ne va pas guérir.

— Tu m'as déjà dit ça il y a un mois, tu sais.

— Je te l'ai dit, mais à ce moment-là je ne m'entendais pas prononcer ces mots. Cette fois, c'est pour de vrai.

Je lui serrai la main.

— On a appelé Eleanor, dit-il. Elle a beaucoup pleuré. Elle a dit qu'elle allait prévenir l'école que sa formation serait en pause un moment. Maman lui a dit qu'elle lui prendrait un billet d'avion pour qu'elle puisse nous rejoindre dès qu'elle le pourrait, ce qui a réussi à l'apaiser un peu. Je la rappellerai demain pour organiser ça.

— Mais, on va bientôt rentrer, alors...

— Je crois que ma mère ne rentrera pas.

Je regardai Sylvie qui était à présent allongée à même le sable, caressée par le soleil, semblant ne pas ressentir sa chaleur.

— Comment ça, elle ne rentrera pas ?

— Je crois que ça fait déjà quelque temps que j'ai compris, mais maintenant, il n'y a plus de doute. Elle n'a jamais parlé de retour à Eleanor. Et pendant les dix jours avant le voyage, elle a rangé la maison de fond en comble. Je pensais qu'elle était contente d'avoir le temps de faire le ménage, de mettre de l'ordre dans sa vie. Mais je comprends, maintenant... Ah ça, de l'ordre, elle en a mis ! J'avais la vision obstruée par mon malheur ces dernières semaines, focalisée sur l'objectif de soigner ma mère. Mais je comprends, à présent. C'est ma mère qui contrôle tout depuis le début. C'est elle, la guerrière.

— Et toi, que veux-tu faire ?

— Si ma sœur arrive dans quelques jours, je vais rester aussi. On est pas mal ici, non ?

— C'est vrai... Et Timothé alors, qu'est-ce qu'il a dit ?

— Nous n'avons pas réussi à le joindre sur son téléphone portable. Nous avons appelé la caserne, passé le message de nous rappeler... Mais quelque chose me dit qu'il ne rappellera pas.

Nous laissâmes passer un silence pour apaiser l'instant.

— C'est la fin, poursuivit Barney. Jusque-là, c'était l'illusion, c'était irréel. Maintenant qu'Eleanor est au courant...

Il fait une pause et reprit :

— J'avais espéré que le traitement agirait, et que, quand on l'annoncerait à mon frère et ma sœur, ça aurait été pour dire: on a eu chaud ! Et on aurait ri. Je les aurais invités à la maison pour faire une surprise à maman. On aurait fait des crêpes. Timothé aurait changé. Ma sœur aurait mûri. Ça aurait été le début d'une tradition familiale, on se serait retrouvé au moins une fois par mois chez ma mère. J'aurais pris mon propre appartement. J'aurais avancé, moi aussi.

Je mis ma tête sur son épaule, il m'enlaça de ses deux bras. Ce qui était surprenant, quand on y pense, car Barney avait toujours été allergique aux accolades. Mais il s'adoucissait. Il vieillissait, peut-être... Nous relâchâmes l'étreinte et partîmes en silence rejoindre sa mère qui n'avait pas bougé. Au contact des rayons du soleil, sa peau brillait comme un diamant. Elle ne bougea pas quand nous nous assîmes près d'elle. Mais nous savions qu'elle avait senti notre présence grâce au sourire qui s'élargit sur son visage.

— C'est une très belle journée. Il y a moins d'humidité que les autres jours. Il fait meilleur, vous ne trouvez pas ?

Teranga

Après le déjeuner, je profitai d'un moment seul avec le père pour lui poser une question qui me brûlait les lèvres depuis deux jours.

— Vous l'avez fait exprès, n'est-ce pas ? lui demandai-je.

— De quoi parles-tu ? Un petit sourire malin se dessinait déjà sur son visage.

— Vous avez demandé à Valentin de m'amener voir le sage, le soir de la fête de Monette.

— Tu es futée, ma foi ! dit-il en riant. Comment l'as-tu compris ?

— Je vous ai observé longtemps ces derniers jours pour comprendre que c'est comme ça que vous enseignez. Vous provoquez des situations pour que vos élèves vivent la leçon, plutôt que de l'écouter passivement.

— *Hum*, prononça Cala d'un air malin, et as-tu fini par comprendre la leçon du sage ?

— Les mots n'avaient pas d'importance, seul le message comptait. Et le message était qu'il fallait faire ses propres choix pour sa vie. Je ne sais pas si c'est vraiment le message, mais quelque chose s'est débloqué depuis cette entrevue surprenante. Alors, ne me dites rien !

— Non, Majoli. Je ne t'aurais rien dit. C'est toi qui dois trouver. Mais je pense que tu as bien intégré.

— Mais il y a quelque chose que je ne comprends pas. Quand nous avons parlé de Barney et Sylvie à mon arrivée, vous m'aviez dit que vous trouveriez un moyen de les faire parler, et s'ouvrir. Je suis étonnée que l'épisode du sage me fût destiné. Des trois, je suis celle qui en avait le moins besoin.

— Ça, c'est ce que tu penses. Mais on apprend beaucoup de quelqu'un en l'entendant parler des autres. Tu ne penses pas que Barney et Sylvie se soient améliorés ?

— Oh si ! Je ne sais pas comment, en revanche. Ils ont eu leur déclic. Mais je ne pensais pas que vous travaillez à ce que j'aie le mien.

— Il y a un champ possible d'amélioration chez tout le monde.

— Autre chose... Vous avez fait exprès de faire le cours sur les témoignages des tentations quand j'étais là, n'est-ce pas ?

Le sourire du père Cala prit plus de place sur ses joues.

— Vous êtes malin, père Cala ! Mais je vous ai démasqué. J'imagine que l'autre groupe n'a pas encore témoigné de leurs péchés ?

Il rit de bon cœur.

— Non, effectivement. Avoir une invitée était très intéressant pour l'exercice. Il faut savoir être honnête, parler et écouter, peu importe ce qu'on dit et devant qui on le dit. L'honnêteté et l'acceptation de soi ne doivent avoir aucune limite. Je vois qu'il y en a qui sont déjà sur ce chemin. D'autres ne sont pas tout à fait matures sur le sujet. Qu'est-ce que tu en penses ?

— Il y a une petite corrélation avec l'âge, même si Gaspard est l'exception à la règle.

— Nos faiblesses deviennent nos forces quand nous les connaissons, les apprenons, les domestiquons et les assumons. C'est ce qui nous rend uniques. L'être humain est complexe et chacun est comme il est. Il ne faut pas se renier, qu'importe la direction que nous choisissons de prendre.

Je respirais le petit vent qui arrivait sur mon visage. Sylvie avait raison, l'air était plus sec qu'à l'habitude.

— Je vais rentrer, père Cala.

— Rentrer dans la cuisine ?

— Non, rentrer, en France ! Je sais que c'est ce qu'il faut

faire. Et vous avez contribué à ça. Alors, merci. Mais soyez certain que je ne vais pas vous quitter dans la joie. J'ai l'impression que ça fait trois mois que nous sommes ici. Je me suis beaucoup attachée à vous.

— Et nous, nous nous sommes attachés à toi. Quand souhaites-tu partir ?

— Dans quelques jours. J'attendrai l'arrivée d'Eleanor, la sœur de Barney. Sylvie vous expliquera.

— Oh je sais déjà ce qui se passe, Majoli. Je sais déjà...

Je lui souris et le priai de m'excuser de le laisser. J'avais bien besoin d'une sieste aujourd'hui.

Barney était parti à l'école avec Pierre. Les novices étaient à la sieste. Sylvie se baladait dans le noviciat, pieds nus. Elle arriva devant le grand chêne où le père Cala l'attendait, assis, en appui sur sa canne.

— Vous m'attendiez, père Cala ? demanda-t-elle sur un ton amusé.

— Je me repose.

— C'est l'heure de votre sieste.

— Analyser les esprits est également très régénérant. J'ai senti qu'on avait besoin de moi. Vous avez appelé votre fille ?

— Oui.

— Et votre fils ?

— Non. Vous vous souvenez du premier jour où nous nous sommes rencontrés, lorsque vous m'avez invitée à parler au confessionnal si j'en ressentais le besoin ? J'aimerais essayer. Mais à une condition : que vous me promettiez que votre regard sur moi ne changera pas.

— Je vous le promets. Il n'y a rien de ce que font les Hommes que Dieu ne soit prêt à pardonner. Souhaitez-vous que nous nous dirigions vers la chapelle ?

— Non, si ça ne vous ennuie pas, je préfère faire ça ici.

— Je n'ai pas l'habitude d'aller au confessionnal sans confessionnal, mais on fera comme vous le souhaitez.

Sylvie regarda ses mains en soupirant.

— Ce n'est pas facile, vous savez, dit-elle.

— Prenez votre temps.

— Père Cala. Il y a plusieurs années… Ça me semble être dans une autre vie. Je n'ai jamais réussi à me pardonner.

— Qu'est-ce que vous vous reprochez tant, Sylvie ?

— Père Cala, j'ai tué mon mari.

*
* *

7 juillet 1998, hôpital de Bligny
Au revoir Nicolas

Cela faisait trois ans que Nicolas était dans le coma. Trois longues années à veiller à son chevet, en espérant qu'il ouvre les yeux. Souvent, ses paupières bougeaient. Et chaque fois, elle espérait que ce soit le signe. Son corps était toujours chaud, son thorax ondulait au rythme de sa respiration artificielle. Timothé essayait souvent de le réveiller. *Papa dort depuis trop longtemps.* Passé un an de coma, les chances de réveil sans séquelles fondaient comme neige au soleil. Sylvie le savait. Du moins, sa tête le savait, mais son cœur n'écoutait pas. Depuis l'accident, il s'était enfermé dans une bulle, avachi, pour se protéger de la douleur. Il était maintenant enfermé depuis trop longtemps pour s'ouvrir à nouveau.

Pour la famille non plus, les chances d'un retour à la vie d'avant sans séquelles n'existaient plus. Elle ne comptait plus les heures passées, assise sur cette chaise à contempler le vide, au rythme des bips stridents du respirateur qui reliait son mari à la vie. Mais quelle vie ? Il n'aurait pas supporté de se voir dans cet état. Il n'aurait pas supporté de voir sa femme et ses fils pleurer à son chevet. Pour Barney, ça allait encore. Le petit jouait à la voiture sur le lit, au gré des montées et descentes créées par le relief du corps de son père sous le drap. Sa jeunesse le préservait. Il ne comprenait pas. Il semblait même avoir oublié son père. Venir à l'hôpital était une sortie pour lui. Il y avait encore un semblant de famille quand sa belle-mère gardait les trois enfants ensemble. Mais depuis que Sylvie ne voulait plus y envoyer son aîné pour le protéger, les deux frères étaient séparés. Timothé se gérait à la maison. Sa vie se résumait à être seul à la maison, seul à l'école, seul pendant l'heure de trajet en bus entre l'école et l'hôpital, qu'il passait le front collé à la fenêtre, observant passivement les paysages. Les trois dernières années l'avaient assombri. Son hyperactivité avait évolué en crises de violence. De la psychologue à la psychiatre, de prescriptions de médicaments toujours plus forts, Sylvie assistait au déclin de son fils, qui restait des heures assis, à regarder son père, impuissante. Il ne disait rien. Il ne montrait rien. Et chaque fois qu'elle le voyait, c'est son cœur à elle qui se brisait davantage.

Ils étaient l'un et l'autre comme deux êtres qui, à force de s'être enfermés dans une douleur silencieuse, ne parvenaient plus à la partager. La voix de Nicolas lui arrivait chaque fois aux oreilles comme s'il se tenait derrière elle à lui murmurer les mots qui la rassuraient : *fais-lui confiance*. C'était trop tard. La douleur avait grignoté son fils de dix ans jusqu'à le manger entièrement. Trois ans séparaient Timothé et Barney. C'est fou comme quelques années de maturité peuvent abîmer les enfants. Comme quoi nous ne devrions jamais grandir. Comme quoi nous ne devrions jamais comprendre.

Ce soir de juillet 1998, Sylvie observait encore son fils qui regardait silencieusement le corps de son père. L'état de Nicolas était toujours instable. Le pronostic restait en suspens. Il était toujours vivant. Mais plus parmi eux. L'attente est la pire des choses quand elle concerne les gens qu'on aime. Parfois, Timothé en voulait à son père, et quittait la pièce en claquant la porte. Il l'avait abandonné. Le psychiatre l'avait abandonné aux médicaments. Sa grand-mère le traitait de bon à rien. Et sa mère, dépassée, avait conscience de l'abandonner aussi. Et le pire des abandons, c'était le sien. Elle en avait pleine conscience. Ils avaient dérivé ensemble sur une île solitaire. Les jours passaient et se ressemblaient. La culpabilité rongeait davantage Sylvie que la souffrance. Son métier était devenu un refuge. Elle était utile, elle sauvait des vies. C'était presque devenu maladif. Mais plus elle aidait, plus elle souffrait en silence. Pourquoi la vie était-elle si injuste ? C'était Nicolas, le parent. C'était lui, le ciment. Sans lui, elle n'y arrivait pas. Et la vie ne le réveillait pas. Ses poumons se gonflaient et se dégonflaient d'air qui ne l'animait plus. Le mois d'avant, Barney n'avait pas voulu venir à l'hôpital. Mais ça ne l'avait pas rendue triste. Au contraire, elle avait ressenti une sorte de soulagement, pour la première fois depuis longtemps. Il avait une nouvelle copine de classe avec qui il aimait jouer. Son petit garçon était le premier à oser avancer. Il vivait sa vie de petit garçon de sept ans, et c'était, avec son besoin de sauver des vies, la deuxième chose qui permettait à Sylvie de traverser tout ça. Pourtant, chaque soir, lorsqu'elle observait Timothé, ses espoirs s'envolaient.

Comme un déclic, l'attitude de Barney avait réveillé en Sylvie une nuance de courage. Il fallait sauver Timothé. Par tous les moyens. Elle savait ce qu'il fallait faire. Elle le savait depuis que son confrère lui avait annoncé que Nicolas entrait en coma profond. Il n'aurait jamais supporté leur infliger tout ça. Lui, il aurait agi depuis longtemps. Barney lui ressemblait énormément. Même physiquement, en grandissant, le portrait de Nicolas se dessinait de plus en plus sur ce visage enfantin.

Elle quitta la pièce et décida de reprendre les soins de ses patients habituels. Elle croisa Didier qui avait fini sa journée. Elle lui demanda de raccompagner Timothé. Il l'avait déjà fait plusieurs fois. Timothé et lui avaient l'air de s'apprécier. Elle savait que Didier lui faisait à dîner quand il le raccompagnait. C'était mieux que les restes de la cantine de l'hôpital. Didier était un très bon médecin, et un très bon ami. Dans une chambre d'hôpital, elle changeait les pansements avec des gestes mécaniques, son visage souriait. Elle était là, sans être là. Madame Cohen s'étonnait qu'elle change ses pansements pour la seconde fois de la journée. *Madame Lenoir, est-ce que tout va bien ?* La vieille dame lui conseilla de s'asseoir un instant. *Ma petite, vous êtes toute pâle. Laissez-moi les pansements là, ça ira bien. Il faut prendre soin de vous.* La porte s'ouvrit à la volée et Didier s'agita devant ses yeux flous. Sa voix semblait lointaine. Elle distingua le nom de Timothé dans les bruits de voix de Didier et d'un coup sa conscience reprit le dessus. Elle se releva. *Qu'est-ce que tu as dit ?* demanda-t-elle. *Ton fils a fait une crise, je n'ai pas réussi à le rattraper, il a quitté l'hôpital en courant,* répondit Didier. Sylvie courut à toutes jambes vers l'entrée. Une fois dehors, elle appela son fils à en perdre la voix. Au loin, elle vit le bus dans lequel elle crut l'apercevoir. Elle regarda sa montre : 19h34. Le bus s'éloigna. Elle se sentit vaciller.

Elle reprit véritablement ses esprits dans la salle de repos, une couverture sur les épaules et une grande tasse de café dans la main droite. Sa main gauche était glacée, posée sur la table, recouverte par celle de Didier. La sienne était chaude. Ce contact lui faisait un effet qu'elle reconnaissait sans y croire : la sensation de se sentir soutenue. Des larmes remplirent ses yeux. Didier prit son visage dans ses mains, qu'il amena en douceur sur sa poitrine. *Ça va aller*, dit-il en lui caressant les cheveux. Ça va aller, tu verras. Elle s'abandonna un instant. Ses mots étaient doux, et amers. Elle aurait voulu y croire, mais c'était déjà trop tard. L'adrénaline la gagnait à nouveau. Après s'être assuré qu'elle se sentait bien, Didier quitta le bâtiment, en promettant à Sylvie de passer chez elle pour retrouver Timothé et lui faire à dîner, comme prévu.

À 20 heures, le relai des infirmières lui laissait un créneau vide dans le couloir. Elle quitta son siège et avança jusqu'à la chambre de Nicolas. Elle entra dans la pièce, et le regarda comme si elle le découvrait pour la première fois sur ce lit d'hôpital. Il était beau. Il n'avait pas vieilli depuis la première fois qu'elle l'avait vu, au même moment où elle était tombée amoureuse de lui. Assise dans l'amphithéâtre, elle l'avait vu entrer et s'asseoir quelques rangs plus bas qu'elle. Elle l'avait observée longuement. Sa prise de notes reflétait déjà son intelligence. C'est ce qui le caractérisait le plus, et ce qui l'avait envoûté avant même qu'elle ne lui parle. La sagesse de Nicolas était comme une aura qui apaisait aussitôt son entourage. Elle ne lui avait pas parlé. Elle avait attendu qu'il la remarque. Ce qu'il fit un jour, quelques semaines plus tard, lorsqu'elle fit tomber volontairement tomber son stylo à ses pieds. C'était une histoire clichée, Sylvie en avait bien conscience. C'est pour ça qu'elle ne la racontait jamais. Ils étaient tombés amoureux comme on ne pouvait aimer plus. Ils avaient fait les choses vites. Ils avaient emménagé ensemble. Il voulait une grande famille. Elle voulait un bébé de lui, un être qui ressemblerait à sa perfection, car il ne pouvait en être autrement. À ses côtés, rien n'était impossible. Rien ne pouvait être triste. C'était lui, et plus rien ne comptait.

Il naît beaucoup de choses sur les lits d'hôpital. Lorsque les gens meurent, les vivants absorbent leur énergie. *Je soignerai les gens pour ne plus que les gens meurent comme toi,* avait-elle dit à son père, alors à peine âgée de huit ans. Aujourd'hui, c'était son mari qui était étendu devant elle. Et quand on ne peut plus soigner, il faut laisser partir. Elle n'avait pas beaucoup de temps, et les secondes qu'elle perdait lui enlevaient un peu de courage. Elle le regarda une dernière fois. Elle savait ce qu'il fallait faire. Elle l'avait déjà fait. Elle aurait aimé le faire dans les mêmes circonstances, légalement. Mais il pouvait encore s'écouler des années avant que la décision puisse s'envisager. Des années que Timothé n'avait pas. Sylvie prit la main de son mari. Ses paupières sursautèrent. Il avait compris. Sylvie crut le voir sourire. Il fallait agir, avant que le cœur reprenne la raison. Elle caressait son visage. *Je suis désolée, mon amour,* murmura-t-elle. Elle pouce au ... nette dans ses mains. Un simple bouton. Le ... tremblait. Elle sursauta soudainement et se jeta sur Nicolas. *Je ne t'abandonne pas, je te promets que je ne t'abandonne pas*, sanglota-t-elle au visage de son mari. Elle resta une minute et se redressa soudainement, elle n'avait plus le temps, l'infirmière de garde allait arriver d'une minute à l'autre. Elle reprit la manette entre ses mains, tourna le dos à Nicolas, et appuya sur le bouton.

Le silence régnait. Le temps s'était arrêté. Sylvie attendit trois minutes qui lui parurent une éternité. Puis elle ralluma la machine. Les bips reprirent, en affichant des indicateurs à l'horizontale. Elle avait quelques secondes pour évacuer la pièce avant que les bipeurs des médecins ne se déclenchent. Mais ses jambes ne bougeaient plus. Elle reconnut le son qui indiquait que l'appel avait été transmis. Elle se retourna enfin, mais se figea à nouveau sur place, saisie d'effroi. Devant elle, Timothé la fixait dans l'obscurité avec un visage brisé.

Mais qu'est-ce que tu as fait ? siffla-t-il entre ses dents. *Timothé, il ne faut pas rester là*, répondit-elle. *Tu l'as tué ? Tu as tué papa ?* dit-il avec une voix au bord de l'étouffement. *Il faut partir.* Elle attrapa son fils par la main et ils coururent ensemble à toutes jambes dans le couloir. Didier arrivait à toute allure dans le sens inverse. Il se figea. Il attrapa la main de Sylvie et de Timothé, et ils quittèrent l'hôpital tous les trois. Le médecin de garde arriva quelques secondes plus tard pour constater le décès de Nicolas Gemini, survenu brutalement à la suite de l'arrêt de son activité cérébrale, à 20h06.

*
* *

Vendredi 2 juin, 15h37
Sokone

Quand il fait trop sombre, il faut parfois faire des choses insensées pour redonner du sens à sa vie. Voici ce que avait dit père Cala en seule réponse à sa confession. Pour ce la première depuis vingt ans, elle avait mis de qu'elle avait fait. Même à Timothé, témoin de la scène, elle n'avait jamais avoué. C'était sa deuxième erreur. Son geste n'avait pas été le geste libérateur comme elle l'avait espéré. Elle avait agi trop vite. Elle s'était enfermée dans un silence, prisonnière de son choix. Elle n'avait pas sauvé Timothé ce soir-là. Elle l'avait anéanti. Et sur cette douleur, il avait été impossible de parler. Souffrir était sa pitance. Mais à l'approche de la mort, à quoi bon tenir les secrets ? Père Cala n'avait montré aucune expression. Aucune de celles qu'elle s'attendait à voir. Ni surprise, ni dégoût, ni exclamation, ni jugement, ni retenue ; rien. Elle lui avait avoué avoir débranché son mari et il avait réagi comme si elle lui annonçait que le vent venait de l'est.

Puisqu'il n'avait pas réagi, et puisque la scène lui paraissait insensée, que le soleil n'était plus lourd, l'air plus léger et le ciel d'un bleu plus émouvant qu'elle n'en avait jamais vu, Sylvie avait ri. Elle riait et des larmes coulaient sur ses joues. Et père Cala avait souri. Elle avait fini par pleurer, mais elle n'était pas triste. Père Cala lui ordonna d'aller se reposer, et elle obéit. Elle se réveilla une heure plus tard avec une drôle de sensation. L'euphorie avait fait place au doute, et le poids était revenu, plus écrasant que jamais. Mais elle ne pouvait plus faire demi-tour. Elle attrapa son téléphone et pressa le numéro un. Étrangement, le numéro qu'elle appelait le moins était le premier dans ses favoris.

— Caserne de Dagneux-Montluel, j'écoute ?

— Bonjour, je suis Sylvie Lenoir, la mère de Timothé Gemini. Pourrais-je lui parler s'il vous plaît ?

— Un instant, madame, je vais voir s'il est disponible.

Une minute passa avec un brouhaha au bout du fil.

— Allô ?

Un poids tomba dans le ventre de Sylvie.

— Timothé. Tu as décroché.

— Comme tu peux le voir.

— Comment vas-tu mon chéri ?

— Mon chéri ? Je vais bien. Pourquoi tu m'appelles ?

Ses mots étaient brefs, expéditifs. Mais ils n'avaient jamais communiqué autrement. Déjà, ils communiquaient, et c'était bien.

— Timothé, je suis désolée, lâcha-t-elle dans un murmure.

— Tu es désolée pour quoi ?

— Pour ce que tu as vu. J'ai débranché ton père, tu n'as rien inventé. Je suis prête à me rendre au commissariat, ton frère et ta sœur sont grands maintenant ils n'ont plus besoin de moi et si ça peut te soulager...

— Rien ne peut soulager ce que tu as fait. J'ai toujours su que c'était toi. Je t'au vu. Tu voulais me faire passer pour un fou. Tu ne fais que soulager ta conscience, puisque tu sembles en avoir retrouvé une. Je dois te laisser, j'ai à faire.

— Je suis malade, Timothé. Je ne vais plus vivre longtemps. J'ai fait des erreurs, beaucoup d'erreurs. Tout est de ma faute. Tu n'as jamais rien fait de mal. Je suis désolée pour tout. Et je ne dis pas ça pour me racheter une conscience, je dis ça parce qu'il est important que tu l'entendes.

Il ne répondit rien.

— Tu m'as entendue ?

— Oui.

— Tu n'as rien à me dire ?

— Non. Je ne sais pas de quoi tu parles.

— Timothé, nous sommes au Sénégal avec ton frère. Eleanor nous rejoint la semaine prochaine. Il faudrait que tu viennes. Qu'on puisse parler, toi et moi. C'est important. Il ne me reste plus beaucoup de temps à vivre.

— Tu me demandes de venir au Sénégal ? Oh, maman. Décidément, tu ne changeras jamais. Mais pourquoi ça m'étonne, après tout ? C'est une habitude chez toi, de nous abandonner, non ?

— Timothé, c'est justement pour ce genre de rancœur que je n'ai pas envie de mourir sur mon lit d'hôpital à repenser à ma vie, en regardant le plafond jauni. Viens ! S'il te plaît. Accorde-nous ce moment de répit, comme une deuxième vie avant la fin. Je t'en supplie.

— As-tu pensé que c'était justement ça que tu méritais, mourir en regardant le plafond jauni ? Écoute maman, je ne viendrai pas. Si tu voulais jouer les bonnes mères, il fallait se réveiller plus tôt. Je suis très égoïste. À bonne école. Tu m'as enlevé le seul parent que j'avais. Et tu m'as laissé dans le silence. C'est fini tout ça. Ma décision est définitive. Je ne changerai pas d'avis. Mon temps d'appel est écoulé. Au revoir, maman.

Il raccrocha. Sylvie resta un temps qu'elle ne calcula pas assise sur les marches devant sa chambre. Barney finit par la rejoindre et s'assit à côté d'elle.

— Tu as eu Timothé ?

Elle ne répondit pas.

— Maman, ne gâche pas l'énergie qu'il te reste dans un combat qui n'en vaut pas la peine.

— Timothé en a toujours voulu la peine. Ce n'est pas de sa faute s'il est comme ça. C'est uniquement la mienne.

Les larmes roulèrent sur sa joue, libérées par ces dernières paroles. Barney lui passa un bras autour des épaules.

— Ce n'est pas ce que j'ai voulu dire. Mais Timothé est têtu, s'il a décidé qu'il ne viendrait pas, tu es la première à savoir qu'il ne viendra pas.

— Tu peux essayer de l'appeler, toi ? S'il te plaît.

— Maman...

— S'il te plaît.

Barney soupira.

— Très bien, j'essaierai demain matin.

Union

Barney n'aimait pas l'expression *avoir une révélation*. Elle lui semblait être réservée aux gens un peu fous, ou un peu stupides. Comme si, d'un coup, la lumière s'allumait là-haut, et qu'on pouvait comprendre tout le sens de sa vie. Pourtant, assis devant les élèves du tutorat, entouré des novices, du bruit du ballon qui rebondissait, des cris de joie d'un enfant qui court, de la vision de l'élève qui s'applique sur sa feuille... il avait bel et bien eu sa révélation. Si on lui avait demandé s'il était heureux, c'est peut-être la première fois de sa vie qu'il aurait répondu oui, sans hésitation. Dans ses études, il avait été heureux, mais ce fut des années éprouvantes. Dans son enfance, il avait été heureux, mais les tensions familiales noircissaient le tableau. Dans son cabinet de kiné, il était heureux, mais il fallait payer les factures, gérer l'administratif, et garder en tête un souci de rentabilité. Aujourd'hui, il était heureux, tout simplement. Rien ne noircissait le tableau. Pas même le fait qu'il n'ait jamais réussi à joindre son frère. Cela rendait triste sa mère, mais il avait appris à se détacher des éléments extérieurs sur lesquels il ne pouvait pas agir. Eleanor allait arriver dans trois jours. Il voulait profiter de sa sœur, à présent. Et continuer à être heureux comme il se sentait aujourd'hui. Sans condition.

Sylvie et Barney avaient appris aux novices qu'ils ne rentreraient pas aussi tôt que prévu. La maison se réjouissait de cette nouvelle.

— Je suis vraiment content que vous restiez tous les trois !

— Père Cala, vous savez que moi je ne reste pas, ne faites pas semblant d'avoir mal compris...

— Ah oui, pourquoi ? Tu n'es pas bien ici ?

— Si, père Cala ! Bien sûr que je suis bien. Mais il y a des choses que j'ai repoussées depuis longtemps, et que j'ai envie de prendre en main.

— Comme ?

— Comme trouver sa voie.

Barney rit à son tour. *Trouver sa voie* était une expression qui ressemblait à *avoir une révélation*.

— Pourquoi tu ris ? Regarde-toi, tu as ton cabinet depuis presque deux ans, et moi, je ne sais toujours pas si je vais être jardinière ou cuistot.

— Honnêtement, je ne te vois ni l'un ni l'autre, intervint Sylvie.

— Non, mais... vous avez compris l'idée.

— Mais Marjorie, toutes ces choses peuvent bien attendre quelques mois, non ?

— Je ne crois pas, père Cala. Malgré la tentation de rester avec vous, je ressens en moi l'impulsion d'un nouveau départ. Je sais qu'il est temps.

Je ne changerais pas d'avis. Barney le savait. À contre-cœur, il n'avait plus qu'à m'encourager. C'était d'autant plus dommage que père Cala prononçait correctement mon prénom, à présent.

*
* *

Mardi 6 juin, 5h58

Nous étions à la veille de mon départ. Je m'étais synchronisée avec l'avion d'Eleanor pour rentabiliser les trajets du taxi qui nous mènerait à l'aéroport. Je voyais déjà ce qui m'attendait : un vol indirect, une escale à Alger, beaucoup de fatigue et un cœur lourd à traîner. J'avais toujours surnommé le *dernier jour* la veille des départs, et non le jour du voyage. Pour moi, les jours de voyage étaient à part, comme une parenthèse, un sas qui nous permet de nous mettre en condition vers notre nouvelle destination. Les matins de ces jours-là, c'est comme si nous étions déjà partis. Mais les jours entiers des veilles de départ, ce sont eux, les jours les plus douloureux. Ils m'ont toujours fait l'effet d'un gros nuage qui vient assombrir le ciel, où demain est une notion approximative et angoissante. Mais comme on dit, après la pluie, le beau temps. Tout dépend toujours du point de vue. Les voyages sont une bribe de mini vie, avec un début et une fin. Tout est une éternelle répétition.

5h58. Aucun son, mais les tambours résonnaient déjà dans ma tête. Je m'habillai à la hâte, je ne voulais pas être en retard pour la messe. Je sortis de ma chambre avec mon châle sur les épaules. Père Gabriel se tenait déjà derrière la porte de la chapelle. Je me hâtais davantage, pour ne pas rentrer avec lui. Il me sourit. La chapelle était pleine et je parvins difficilement à me trouver une place. Les femmes du village durent se serrer sur le dernier banc. Je ne pouvais mettre qu'une demi-fesse sur l'espace qu'elle m'avait dégagé. La messe allait être longue. Les moustiques semblaient plus nombreux que les jours précédents. Il faisait déjà chaud. La journée s'annonçait lourde. La perspective de ne rien avoir au programme m'enchantait. Les tambours retentissaient. *Alléluias, Amen.*

Pour la première fois, je priais. Mais je ne parlais pas à Dieu. Je remerciais la vie. Je remerciais mes parents de m'avoir fait naître. Je me remerciais moi-même, pour toutes les fois où j'avais essayé. Je remerciais tous ceux qui avaient croisé mon chemin et l'avaient impacté, silencieusement et sans s'en rendre compte. Je remerciais tout ça. C'était ma prière à moi. C'était sûrement la même que la leur. Après tout, tout ce que veut l'Homme est de savoir qu'il fait le bien. De savoir qui il est et où il va.

Mon cœur battait la chamade. Mes tempes étaient en feu.

Ce matin, je regardais ma vie avec le recul d'un autre homme, avec les yeux d'une autre femme, avec le cœur d'un autre enfant. Pendant longtemps, j'avais eu le sentiment d'être paumée. Et pourtant, tout était sous mes yeux, si limpides à présent. J'allais rentrer chez moi et devenir écrivain. Elle était là, mon histoire. Et elle était aussi évidente que celle de beaucoup d'autres. C'était l'histoire de la vie. C'était l'histoire de tout le monde.

Une boule de bonheur éclata en moi. Je savais enfin comment lier mon livre.

Comme d'habitude, les idées de création arrivent toujours au pire moment. Il fallait que je quitte cette pièce, mais la messe avait commencé. La douleur de ma demi-fesse semblait déjà bien vive. Je gigotais. Je répétais les mots que je souhaitais inscrire en murmurant pour ne pas les oublier. La femme à côté de moi me prit la main. Elle pensait que je priais très fort, et souhaitait m'accompagner. Son geste me donna encore plus de vigueur. J'avais envie de crier stop et de partir en courant, en sautillant. En volant. Plus je ressassais, plus toutes ces scènes que j'avais déjà écrites se liaient dans un mouvement qu'il fallait concrétiser, et tout de suite.
Je me levai discrètement et, sans plus attendre, je quittai la chapelle sans me retourner.

Voyage

Mardi 6 juin, 12h49
Dernier jour à Sokone

— Il était temps que tu arrives ! Maman a fini son grand projet et elle ne voulait pas le montrer tant que tu n'étais pas là, me dit Barney en se servant un bout de poulet.

— Oh ! On va enfin savoir ce que tu trafiquais toute seule dans ton établi avec tes bouts de bois et ta scie...

— Je n'étais pas toute seule ! Adam était là, la plupart du temps !

— J'ai à la fois peur et hâte de ce que tu as bien pu faire. Je ne sais pas pourquoi, mais j'imagine que tu as construit une table encore plus immense que celle-ci.

— Ça ne serait jamais rentré dans l'atelier !

— Oh on fait des miracles ici...

Père Cala rit avec nous.

— Tout compte fait, je pense que j'attendrai ce soir, au dîner. Je viens de penser à quelque chose à ajouter. Je serai plus en forme après une sieste pour vous présenter mon chef-d'œuvre.

— À ce sujet, comment te sens-tu ? lui demandai-je.

— Je me réserve pour l'arrivée de ma fille. Je dois être en pleine forme. Si ça ne tenait qu'à moi, j'irais même me coucher maintenant pour que la journée de demain arrive plus vite. Oh, ne le prends pas comme une envie de te mettre dehors, Marjorie...

— Ne t'inquiète pas, je sais que tu es très contente de te débarrasser de moi !

— Es-tu certaine de ne pas vouloir rester ?

— Oui, Sylvie. Il y a des moments qui se vivent en famille, lui répondis-je d'un clin d'œil.

— Alors, quand est-ce que tu reviendras ? demanda père Cala.

— Je ne suis même pas partie que vous voulez déjà que je revienne !

— Oui, on t'a déjà dit que ça serait plus simple de rester, du coup, mais tu n'en fais qu'à ta tête.

— Je reviendrai quand mon livre sera fini !

Ils se regardèrent tous en souriant.

— Ah, tu écris un livre ? demanda Sylvie, d'un air innocent.

Je les regardai, hébétée.

— Tu sais que c'est la première fois que tu le dis ? me dit Sylvie en souriant.

— Je ne comprends pas.

— C'est la première fois que tu annonces officiellement que tu écris un livre.

— Mais n'importe quoi !

Je cherchais du soutien auprès de Barney qui restait muet, amusé par la situation.

— Père Cala, saviez-vous que Marjorie écrivait un livre ?

— Je savais que c'était un projet, mais pas que c'était en cours. Félicitations !

— Mais attendez, qu'est-ce que vous me faites, là ? Bien sûr que je vous l'ai dit, je me suis enfermée une dizaine de fois pour écrire, je suis restée muette au moins le double de fois quand je réfléchissais à ça, je vous ai parlé du vieillard à la fête... Je l'ai dit aux enfants de l'école ! Je n'ai pas arrêté de le dire.

— Nelson, tu étais au courant que Marjorie écrivait un livre ? Tu as une consœur autour de cette table !

— Oh, félicitations ! C'est quoi le titre ? cria Nelson à travers la table, au milieu de regards qui paraissaient sincèrement surpris.

Ils étaient tous devenus amnésiques, ou quoi ?

— Je ne peux pas dire quel est le titre, c'est secret.

— Parce que tu connais le titre ? demanda Barney.

— Non, je ne suis pas sûre, je... Mais qu'est-ce qu'il se passe ici ?

Père Cala et Sylvie rirent.

— Mais Marjorie, on le sait que tu écris un livre ! Oui, on te fait marcher. Mais ce n'était qu'un murmure, disons. C'est la première fois que tu le dis vraiment.

— Ah bon ?

— Oui. Et on sait que tu veux rentrer pour ça, que tu as besoin de te retrouver dans une bulle. On a bien compris. On le sait autant que tu le sais. Mais on se joue de toi parce que, contrairement à toi, on ne trouve pas la situation si compliquée. Mais là, tu viens de le dire tout naturellement, comme si c'était bon, le blocage est parti. Ton corps et ta tête sont tous les deux en phase avec l'idée à présent. Félicitations !

Je souriais.

— Vous avez des nouvelles de Timothé ?

La bonne humeur retomba aussitôt et un silence de plomb tomba.

— Il ne viendra pas, prononça Barney.

Je ne posai pas plus de questions. Le silence est d'or lorsque les interrogations font plus de mal qu'elles n'apportent de solutions. Je jetai un regard en biais à Sylvie, n'osant pas la regarder franchement. Sa grande déception était perceptible. Qu'est-ce qui pouvait briser le plus le cœur, qu'un fils qui dit à sa mère qu'il ne veut pas la voir ?

L'après-midi, le noviciat était désert, à l'exception de quelques novices qui venaient me tenir compagnie à tour de rôle sur le banc à côté du jardin. Cette ambiance calme me plaisait. Je restais souvent seule, à observer les pousses de tomates. C'était ma façon de dire au revoir. Sur le coup des 18 heures, Barney vint me rejoindre.

— Tu as lu ma lettre, celle que je t'ai donnée pour ton livre ?

— Oui.

— Tu n'es pas vexé ?

— Pas du tout.

Je m'allongeai et mis ma tête sur ses genoux. Il prit son téléphone et appela un numéro. En haut-parleur, je reconnus la voix de Didier qui répondait.

— Sylvie ?

— Non, Didier, c'est Marjorie et Barney. Désolé de ne pas t'avoir appelé plus tôt, on a eu quelques jours agités. On te dérange ?

— Vous ne me dérangez jamais. Tout va bien ?

— Oui, oui. Tout va très bien. On a apporté toutes les fournitures scolaires. Il y a eu des heureux. Mais on va rester, maman et moi. On a tous les deux envie d'apporter un peu plus, à notre échelle.

— C'est super, Barney.

— Tu étais au courant, n'est-ce pas ? Tu savais que maman resterait ?

Il y eut un silence au bout du fil.

— Et Marjorie ?

— Marjorie rentre, parce que c'est une grosse égoïste.

Je donnai une tape avec vigueur sur la cuisse de Barney et attrapai le téléphone.

— Je fonce te voir quand je rentre Didier, je t'expliquerai un peu mieux ce qu'on a fait, ce n'est pas avec celui-là que tu vas avoir beaucoup d'infos.

— Merci, tous les deux. J'ai hâte de te voir Marjorie. Prenez soin de vous, surtout.

Il raccrocha et je repris place, allongée sous l'arbre.

— Et alors, avec ta *zouz*, ça se passe bien ? demandai-je, presque dans un murmure.

— Je ne crois pas non. Ce n'est pas une histoire faite pour durer.

— Ah.

Je sentis un étrange soulagement me parcourir le corps.

— Tu vas devoir quitter tes tomates, je suis venue te chercher pour te ramener dans la salle à manger.

— Pourquoi ?

— Viens, et tu sauras.

— Surprise ! Bon anniversaire !

Ils étaient tous là. Les novices, Sylvie, père Cala et Monette. Ils m'attendaient avec un tas de crêpes et un cierge qui servait de bougie. La scène était évidente : je visualisais Sylvie demander des bougies d'anniversaire, ne pas en trouver, prendre le cierge de la chapelle, les novices qui n'osant pas la reprendre...

— C'est trop gentil, désolé, c'est l'émotion, je...

Les novices vinrent me faire un câlin les uns après les autres, me souhaitant chaleureusement le meilleur des anniversaires.

— Ce n'est pas mon anniversaire Barney, tu sais ? murmurai-je à l'oreille de mon ami.

— Oui, je sais bien, mais parle plus bas, s'il te plaît. Ils ne comprenaient pas le principe d'un pot surprise pour dire au revoir. Du coup, ton anniversaire, c'était beaucoup plus simple.

— Bon, et maintenant, je vous montre mes créations ! s'exclama Sylvie. Gaspard, Adam, Nelson, venez avec moi !

Ils revinrent les bras chargés de ce qui semblait être des boîtes en bois.

— Il y en a une pour chacun ! Mais attention, le nom est gravé à l'intérieur, ne vous trompez pas.

Chaque boîte était décorée d'une façon particulière.

— Mais Sylvie, où as-tu appris à faire ça ?

— Un don... J'admets que Adam m'a beaucoup aidée. Promettez-moi une chose : vous devez y mettre votre projet du moment, ce qui vous anime.

— Comme une boîte à secret des projets ?

— Secret ou pas, comme vous voulez. Mais la boîte des rêves, ça, j'aime bien... Je sais déjà ce qu'elle va contenir ici, dit-elle en montrant Barney du doigt : un programme pédagogique de CE2. Et ici — *elle me pointa* — un bouquin en brouillon. Adam, je t'ai mis quelque chose dans la tienne. Les autres, vous avez obligation de me montrer ce qu'elle va contenir dès demain !

Adam ouvrit la sienne et découvrit quelques outils que Sylvie s'était procurés chez le menuisier du village, avec lesquels ils avaient coconstruit toutes ces pièces. Deux boîtes attendaient leur propriétaire, qui devait être gravé des noms d'Eleanor et Timothé. Je me retournai vers Barney, dans l'espoir de ne pas être au courant d'une éventuelle bonne nouvelle. Il me répondit un non de la tête.

Je les regardais tous avec déjà un peu de nostalgie. Pourquoi vouloir partir d'un endroit si accueillant, si calme et apaisant ? Je devais rentrer finir mon histoire. Et ça surpassait tout. Mais si j'étais Sylvie, il est évident que j'aurais choisi de rester plus longtemps. Je la fixai, plus rayonnante que jamais dans sa distribution des boîtes à rêves. Je m'approchai d'elle.

— Et toi, tu as en fait une pour toi ?

— Non.

— C'est dommage, tu aurais dû.

— Non, non. Ma boîte à rêves, c'est ça.

Elle écarta les bras en grand.

— C'est l'air ? répondis-je. Tu aimes respirer ?

— Tsss, me lança-t-elle avec un regard accusateur et délicieux. La vie ! Elle est devenue aussi petite que chacune de vos boîtes pour moi. Mais le petit espace qu'il me reste est rempli de rêves, et de joie. Et il n'y a pas meilleur rêve que celui-ci.

Elle me sourit.

— Ne fais pas cette tête, Marjorie. Si Timothé ne se décide pas à venir, je serai obligée de rentrer, pour lui arracher un dernier signe d'affection. On se reverra toutes les deux.

Je lui renvoyai son sourire. Adam revint aussitôt dans la conversation pour lui demander une démonstration d'un outil. *Juste pour être sûr de savoir quand tu ne seras plus là.* Ce qui fut une belle conclusion à ce dialogue. La soirée fut festive à nouveau. Nous étions sous l'emprise d'une ivresse qui ne fait pas de mal à la santé. J'étais contente de laisser Barney et Sylvie en famille demain, et qu'Eleanor vienne partager ces moments avec eux. Le feu de joie renvoyait les ombres des corps dansants dans la pénombre de la nuit.

*
* *

Mercredi 7 juin 2017, 15h28
L'heure de dire au revoir

— Tu as tout ?

— Oui, je n'avais pas amené grand-chose, tu sais. Je repars avec plus de souvenirs que d'affaires.

— Je sais... Tu vas me manquer, un peu.

— Ah ça y est ! Au retour de New York tu ne voulais plus me voir, soi-disant que je t'avais abandonné, et maintenant, tu ne veux plus que je parte !

— Marjorie ?

— Oui ?

— Tu vas me manquer.

La répétition rendait l'affirmation très sérieuse. Comme si Barney voulait me faire passer un message que je ne saisissais pas.

— Je ne te quitte pas vraiment, tu sais. Je ne serai jamais très loin.

— Pourtant, c'est l'au revoir le plus difficile à faire.

— Parce que cette fois, c'est toi qui pars ! Même si dans les faits, tu restes et c'est moi qui pars. Parce qu'on est déjà là où on est parti. Ce qui rend la chose d'autant plus étrange. Mais au final, c'est comme si c'était toi qui partais.

— Et quand tu reviendras, tout sera différent.

Il appuya fort sur ses yeux pour essuyer ses larmes, comme si elles coulaient à cause d'un problème oculaire.

— Barney, tu pleures !

— Non.

— Tu pleures parce que je m'en vais !

Il sourit.

— On se dépêche ? Le taxi nous attend déjà depuis vingt

minutes ! Ils ne sont vraiment pas énervés, ici.

Le chauffeur était en train de discuter avec Nelson. Je dis au revoir aux novices, les uns après les autres, puis au père Cala. Ils souriaient. L'au revoir n'est qu'un passage. Ce n'est pas triste. Pourtant, moi, j'en avais gros sur la patate. Je retenais mes larmes, car ils n'auraient pas compris que je puisse en verser.

— Où sont Valentin et Gaspard ? Je ne peux pas partir sans leur dire au revoir !

Ils finirent par arriver en courant, en tenant Lucien par la main. Courir sous quarante degrés, même quand on a l'habitude, c'est fatal : ils étaient trempés.

— On est parti chercher Lucien à l'école. Il voulait te dire au revoir. Lucien ?

Le petit avança et, sans un mot, il me tendit une petite rose en plastique.

— Mais, où as-tu trouvé ça ?

— Je te dirai pas, c'est un cadeau pour toi, madame l'écrivain. S'il te plaît, parle de moi dans ton livre. Je pourrais le montrer à ma maman.

— Merci Lucien.

— Tu reviendras ?

— Oui ! Promis.

Je regardai Gaspard, resté trois mètres plus loin, et dessinai *un croix de bras croix de fer* sur mon torse. Il en fit de même. Ses yeux bruns rieurs me fixaient avec la joie de vivre. Je m'avançai vers Valentin. Je savais que la rose venait de lui.

— Le meilleur pour la fin ? lui dis-je.

— Le plus *beau* pour la fin ! répondit Valentin d'un air royal.

— Tu vas me manquer. En rentrant, j'achète une guitare.

— Tu n'arriveras pas à en jouer sans moi.

— C'est certain.

— Allez, au revoir, Marijo. Reviens vite.

Il me tapota l'épaule. Je montai dans la voiture où Barney et Sylvie avaient déjà pris place. Je regardais mes amis, émue de les quitter. Nous n'avions passé qu'une dizaine de jours ensemble, une poignée de cacahuètes à l'échelle de la vie. Mais la durée ne joue pas sur l'authenticité des sentiments.

Le chauffeur démarra. La voiture fit demi-tour difficilement, les pneus s'étaient pris dans un tas de sable. Les novices rentrèrent. Père Cala resta au portail jusqu'à ce que la voiture soit hors de son champ de vision. Je lui fis un signe d'au revoir jusqu'à perdre de vue ce petit homme en taille, mais si grand par le cœur.

À l'arrivée à l'aéroport, le chauffeur descendit mes valises et s'excusa plusieurs fois de ne pas pouvoir les porter jusqu'à ma porte d'embarquement. Il devait rester près de la voiture pour ne pas être embêté en double file. J'avais beau lui dire que ce n'était pas grave, il s'excusa une troisième fois. Nous avancions dans le hall des arrivées. Sylvie semblait prête à recevoir la visite surprise de Timothé. Je repensais à ce que Barney m'avait dit en quittant la chapelle, le jour où ils avaient appelé son frère et sa sœur : l'espoir n'est pas toujours vainqueur.

— Maman ! cria une voix enjouée.

— Ma chérie ! répondit Sylvie.

Eleanor s'éloigna de la foule et courut vers sa mère. Les deux femmes se jetèrent dans les bras l'une de l'autre. Eleanor était une jolie jeune femme. Elle faisait très jeune pour son âge. À vingt-deux ans, elle en paraissait seize. Toute fluette, sa mère pouvait la soulever du sol dans l'accolade, faisant danser ses longues boucles rousses dans son dos. Contrairement à ses frères, c'était le portrait craché de sa mère.

— Salut Barney ! dit-elle.

Elle enlaça son frère avec énergie. Sylvie avança vers moi.

— Marjorie, je dois te parler.

Elle m'agrippa le bras et m'emmena un peu à part.

— Sylvie, je reviendrai, je suis persuadée qu'on se reverra...

— Et je serai ravie de te revoir. Mais...

— Non pas de mais Sylvie !

— Tête de mule, écoute-moi un peu ! Promets-moi que tu

veilleras toujours sur Barney, jusqu'à la fin de tes jours.

— Ça va être compliqué, il n'est pas toujours à côté de moi, et il ne prend pas toujours les meilleures décisions ! dis-je en riant.

— Marjorie, promets-le-moi.

— Bien sûr, Sylvie.

— Ne le laisse jamais couler.

— C'est promis.

J'étais sincère. Cette promesse, je l'avais déjà faite à son fils il y a longtemps. On avait partagé notre sang un jour au skate parc pour faire le pacte qu'on ne se laisserait jamais tomber. Sylvie le savait également. Mais apparemment, elle avait besoin que je le lui dise. Elle m'enlaça d'un air maternel. Je lui rendis son étreinte.

— Au revoir, Sylvie. Ménage-toi quand même. On se voit vite.

Nous revenions vers le groupe, et me dirigeai vers Barney.

— T'as intérêt à revenir très vite.

— C'est marrant, j'ai déjà entendu ça quelque part.

— Allez, salut, Marijo.

Il me tapota le dos comme à une vieille tante. Le bon Barney était de retour. Je lui souris, fis un petit coucou d'au revoir à toute la troupe, tournai les talons et me dirigeai vers les portes de sécurité, avec beaucoup d'émotions. Je me retournai une dernière fois. Le trio familial s'éloignait, avançant à l'unisson. Barney se retourna, et me fit un signe de la main. Je lus sur ces lèvres. *Je t'attendrai.*

Il y a un temps pour tout, et le voyage en fait partie. Chaque page est une aventure. Il était temps pour moi d'en vivre une nouvelle.

Welcome

Barney et Eleanor attendaient depuis presque vingt-quatre heures sur les chaises de l'hôpital. Ils n'avaient pas dormi. En guise de dîner, petit-déjeuner et déjeuner, ils avaient picoré ce qu'ils trouvaient dans les distributeurs de l'établissement. Des cacahuètes, et des barres de céréales. Quand sa sœur lui avait dit *cacahuètes*, il n'avait pas eu le cœur à lui faire remarquer que c'était en réalité des *arachides*. Ils n'avaient échangé que quelques mots depuis leur arrivée, attendant désespérément les nouvelles du médecin. Sylvie avait été admise hier soir en urgence avec la voiture du noviciat. Les quatre heures de route qui séparaient Sokone et Dakar leur avaient semblé durer une éternité. Pendant que sa mère suffoquait, Barney conduisait, plus vite qu'il ne l'avait jamais fait. L'angoisse, quand elle ne fait pas paniquer, donne un pouvoir de concentration extraordinaire. À l'arrière, sa sœur racontait des anecdotes de leur enfance pour maintenir sa mère éveillée. Pour lui donner le souffle qu'elle n'avait plus. Quand ils étaient enfin arrivés, ils avaient couru aux urgences. Depuis la veille au soir, sa mère était sous perfusion, dans un état végétatif, branchée à un respirateur. Les médecins avaient demandé à Sylvie si elle souhaitait un traitement d'urgence. Sylvie n'avait pas eu le temps de répondre. Elle s'était évanouie et les médecins l'avaient branchée. Ils s'étaient alors retournés vers les enfants, qui devenaient décisionnaires dans le traitement à administrer. Tous les deux, ils s'étaient pris la main. Ils avaient signé le papier disant qu'ils souhaitaient administrer le traitement minimal, juste pour maintenir leur mère en vie, le temps qu'elle l'était encore. En réalité, ce n'est pas ce qu'ils souhaitaient. Eux, ils auraient voulu signer un papier disant qu'ils permettaient aux médecins de la sauver. Qu'elle puisse vivre encore au moins dix ans. Qu'ils viendraient la voir tellement souvent qu'elle ne verrait pas le temps qui passe. Mais c'était surtout le choix de Sylvie qui comptait. Elle avait eu le temps de les préparer. Ils avaient accepté.

Il sentit une tête se poser sur son épaule. Eleanor s'endormait. Ce contact réchauffa ses membres engourdis. Le médecin vint finalement à leur rencontre. Sylvie s'était réveillée. Il les emmena jusqu'à la chambre, où leur mère était branchée au respirateur, les yeux fermés. Mais elle était en vie. Il laissa sa sœur s'approcher d'elle. Elle pleurait silencieusement sur le ventre de Sylvie qui lui caressait les cheveux, un temps qui permit à Barney de demander discrètement au médecin : *combien de temps ?* Et que celui-ci réponde : *quelques heures.* Eleanor se releva et laissa la place à son frère. Il prit les mains glacées de sa mère dans les siennes. Elle lui fit signe d'approcher son oreille de sa bouche, dans laquelle elle chuchota : *pas ici.* Il s'excusa auprès du médecin et emmena sa sœur dans le couloir. En un regard, ils se mirent d'accord. Ils expliquèrent au médecin qu'ils souhaitaient ramener leur mère à Sokone, à quatre heures de route, dans une région sans hôpital. Le médecin crut d'abord à une mauvaise blague, mais les enfants paraissaient très sérieux. *Laissez-la ici, s'il vous plaît. Si vous la bougez, elle suffoquera. Les métastases se sont développées dans la trachée et compriment les poumons. Il n'y a rien qu'on puisse faire. Elle a besoin d'assistance pour ne pas souffrir.* Barney dit au médecin que la vraie souffrance de sa mère serait de mourir à l'hôpital. Ils avaient fait six-mille kilomètres pour qu'elle puisse échapper à cette situation. Eleanor affirma que c'était là leur décision définitive. Le médecin répondit que c'était de la pure folie. Elle répondit que la folie était peut-être la meilleure façon de conclure une vie. Ils allèrent tous les deux acheter plusieurs bouteilles d'oxygène portatives. Le médecin accepta de leur fournir des perfusions. Barney avait anticipé ce moment et avait appris à s'en occuper. Tout irait bien.

Avant de prendre la route, Barney appela la caserne de son frère. À nouveau, il ne répondit pas. Barney demanda à lui faire passer un message. *Dites à mon frère que c'est la fin. Dites-lui qu'il monte dans le premier avion, ou il risque de le regretter.* Son frère viendrait, il en était certain. Timothé était têtu, mais pas insensé. Il avait attendu le dernier moment. Barney resterait éveillé pour aller le chercher. Cette nuit allait être longue.

S'allonger tous les trois sur le sol, c'est une tradition qu'ils avaient instaurée un mois environ après l'arrivée d'Eleanor. C'était grâce à elle qui, un jour, s'était allongée en soutien-gorge devant la chapelle après le déjeuner. À l'ombre d'un arbre, elle bronzait. Sa mère l'avait surprise, et elle s'était mise à rire sans pouvoir s'arrêter devant cette vision. *En soutien-gorge devant la chapelle !* Eleanor lui avait dit qu'elle avait bien observé les habitudes de la maison, et qu'aucun novice ne venait de ce côté du noviciat à l'heure de la sieste. Après s'être calmée, Sylvie s'était allongée à côté d'elle. Barney ne mit pas longtemps à les rejoindre. Il passait tout son temps à l'école, à assister Clément ou à préparer le CAPES qu'il passerait en automne. Mais il rentrait déjeuner tous les jours au noviciat, et restait à l'heure de la sieste avec sa mère et sa sœur.

Ce temps de pause, loin de tout, avait permis à Eleanor de prendre du recul sur la danse. Cette distance renforçait sa passion, et lui avait permis, par un phénomène qu'on n'explique pas, de gagner en maturité sur sa discipline sans la pratiquer. Pendant ses heures de l'après-midi, son frère racontait sa matinée et Sylvie admirait tout haut la beauté de la vie. Sans surprise, c'est Eleanor qui parlait le plus. Il n'est jamais trop tard pour commencer une routine familiale. Tous les jours, ils se donnaient le défi de quelque chose de nouveau, sur lequel chacun devait donner son opinion. Ce n'était pas une histoire de débat. D'ailleurs, ils ne débattaient jamais. C'était juste une histoire de s'écouter parler tous les trois. Sylvie adorait ces moments. Elle écoutait parler ses enfants le cœur léger.

Après l'arrivée d'Eleanor, elle avait continué quelquefois à aller voir Monette, quand elle n'était pas trop fatiguée et continuait à aller dans l'atelier de temps en temps. Mais elle avait dégagé la plupart de ses outils pour rendre l'accès au poulailler plus facile. À présent, c'est Boris qui s'occupait des poussins. L'Ivoirien était adorable avec eux. Parfois, Sylvie prétextait devoir réparer quelque chose, rien que pour l'observer discrètement parler à sa petite volaille. Le reste du temps, Sylvie s'allongeait sous le grand arbre à côté du jardin. Elle s'était cousu une couverture très confortable pour pouvoir rester allongée au sol sans le sentir. Ces dernières semaines, elle était restée allongée la plupart du temps. Plus de Monette, plus d'ateliers. Le moindre effort l'asphyxiait. Elle se sentait partir, mais elle ne disait rien. Ces moments étaient trop beaux pour ne pas les vivre jusqu'au bout.

Arrivé au noviciat, Barney porta sa mère jusqu'à son lit. Eleanor la borda et ils restèrent un instant tous les trois allongés. Comme un après-midi exceptionnel. Sylvie s'était endormie depuis un moment. Ils lui posèrent chacun un bisou sur la joue. *Je t'aime, maman*, dit Eleanor. Barney fut touché par l'élan de sa sœur et se força à vaincre sa pudeur : *moi aussi, je t'aime*, dit-il. Il se sentit heureux. Épuisée par ce qu'elle venait de vivre, Eleanor enlaça son frère et partit se coucher à son tour. *Je t'aime aussi, mon frère*. Il lui répondit avec un sourire. Dire je t'aime à quelqu'un d'endormi était une chose. Dire je t'aime à quelqu'un qui écoute attentivement en est une autre. Mais il lui avait souri avec tendresse. Et elle put lire les mots qu'il n'avait pas prononcés.

Épuisé lui aussi, Barney alla chercher du réconfort sous l'arbre. Il sortit son téléphone de sa poche et composa un numéro qu'il connaissait bien.

— Tu tombes bien ! prononçai-je, enjouée, dès lors que je décrochai.

— Salut, Marjorie. Tu vas bien ? demanda-t-il d'une voix fatiguée.

— Oui, et toi ? Tu as une petite voix. Pourquoi tu n'as pas répondu à mon appel hier soir ?

Depuis que j'étais partie, on s'appelait tous les jours. Pas longtemps, mais suffisamment pour s'assurer que l'autre ne se décourageait pas dans son nouveau projet. Barney continuait à travailler avec Pierre sur des idées éducatives. De mon côté, je travaillais sur mon livre, de façon assumée, et à plein temps. Mais c'était plus difficile que prévu. Barney sentait parfois mon découragement au bout du fil. *Quelle idée d'écrire un livre, Barney ! C'est bien plus dur que ce qu'on peut imaginer. Il faut une concentration de dingue. Et du travail. Énormément de travail. C'est les Jeux olympiques, catégorie marathon du mental, je te jure !* Il me laissait raconter ma journée avant de me parler brièvement de la sienne. Il allait bien, c'était la seule chose que j'avais besoin de savoir.

— C'est dommage que tu n'aies pas répondu hier, j'arrive au dénouement !

— Mais ça fait au moins six fois que tu me dis ça.

— Ah non, pas comme ça ! Là, c'est le vrai dénouement.

Ça aussi, ce n'était pas la première fois que je le lui disais. Prise dans mon euphorie d'écriture, *le dénouement* avait toujours été suivi d'un jour de déprime. Lorsque je me rendais compte que, finalement, *le dénouement* n'en était pas un. Il manquait toujours un *truc*. Barney avait appris à déchiffrer ce que je lui disais. Il savait que *truc* signifiait *mot*. Il savait depuis toujours, lui, que mettre des mots sur des émotions n'était pas chose évidente.

— Comment va ta mère ? demandai-je.

— Ça va, répondit-il.

Rien d'alarmant, pensai-je. Barney répondait toujours ça va quand je demandais des nouvelles de Sylvie. Je ne sus donc pas ce qui était en train de se passer. Barney n'avait pas envie de le dire à voix haute. Le médecin avait dit quelques heures. Quelques heures pouvaient faire un jour. Un jour pouvait bien se transformer en plusieurs. Plusieurs jours pouvaient devenir une semaine. Cette discussion banale lui rendit un peu de vie. Il aurait encore voulu entendre cette voix familière, même sans l'écouter, pendant des heures. Mais je finis par raccrocher. Puisque *ça allait*, il était temps pour moi d'aller *coucher le dénouement sur le papier !*

Barney appela à nouveau la caserne de Timothé. *Timothé dort, voulez-vous que je prenne un message ?* répondit l'homme au bout du fil. Barney ne laissa pas de message. Il s'allongea en fermant les yeux. Dans sa chambre, Sylvie ouvrit les siens. Elle put distinguer les éléments autour d'elle, reconnaissables et réconfortants. C'était parfait. Éveillée, elle reprit le rêve qu'elle avait laissé quelques mois plus tôt. Cette fois, il faisait nuit. Elle entendait le vent dans les branches des arbres, guidée par la lointaine lumière des étoiles. Elle vit la pluie fine rouler sur les rochers. Elle prenait le temps de dire au revoir à chaque goutte d'eau ; à chaque feuille qui tombe de l'arbre en automne ; à chaque vague qui glisse sur le sable en été ; à chaque flocon de neige qui fond sur la langue en hiver ; à l'odeur du jardin fraîchement tondu au printemps. Mais elle prit également le temps, sans amertume, de dire au revoir à la vérité qui apparaît en plein cœur ; au recul de la vie que nous prenons seulement quand nous y sommes obligés ; au vide que le remords nous laisse ; à l'impuissance de ne pas pouvoir revenir en arrière ; à l'importance du moment présent. C'était si facile, finalement, la mort. Elle ferma les yeux.

Elle n'avait plus besoin de voir toutes ces choses-là.

Et alors qu'une femme acceptait la fatalité avec apaisement, sentant son cœur ralentir, une autre, plus jeune, sentait le sien s'accélérer. À des milliers de kilomètres l'une de l'autre, un même mot de trois lettres les liait. En transe, la jeune femme percutait les doigts sur son clavier, tandis que celle plus âgée sentait son souffle se couper. Et lorsque les doigts de la première inscrivirent le mot *fin* sur son écran, le cœur de la deuxième cessa de battre.

XOXO

Sylvie

Je n'ai jamais craint la mort. Même quand elle est devenue réelle. Quand le médecin m'a annoncé que la fin approchait, je n'ai pas eu peur. Maintenant, je la sens arriver, et je n'ai pas peur non plus.

Je ne suis pas malade. Je ne l'ai jamais été. Je suis juste physiquement diminuée. Ma force me quitte depuis un moment, les braises de mon foyer ne suffisent plus à m'alimenter.

Je meurs à un âge qui est le parfait entre-deux. Je ne suis plus jeune, et je ne serai jamais vieille. Je ne m'attriste plus de ne plus faire la fête jusqu'à l'aube, et je n'ai pas encore besoin de canne pour marcher. Je suis parfaitement libre, dans ma tête, dans mes gestes. Il est tôt pour mourir, mais j'ai déjà tant vécu.

Je suis contente de partir maintenant, quelque part. Je ne me verrais pas vieillir. Je n'aurais pas de dentier, pas de taches brunes sur la peau et je ne regarderais pas mes enfants sans les reconnaître. Oh certes, j'ai été très diminuée ces dernières semaines. Mes fonctions motrices ont défailli. Mais ce n'était qu'un temps. Ce n'est pas ça qu'on retiendra de moi. Je suis en paix avec moi-même.

Il n'y a qu'une seule chose qui me donnait envie de tout exploser : ne pas comprendre pourquoi c'était tombé sur moi. Pour quelle raison on m'avait choisie, moi, pour mourir. Ça aussi, j'ai fini par l'accepter. Alors j'ai arrêté d'y penser, il n'y avait aucune explication.

Lors d'un de ces après-midis allongés tous les trois sur le sable, Eleanor m'a demandé si les médecins savaient dater le commencement de ma maladie. C'est impossible à dire. Le cancer aurait pu se développer en quelques semaines, ou en plusieurs années. Au fond de moi, je sais quand tout a commencé. Je vis avec un cœur brisé depuis le 7 juillet 1998. Le temps a simplement dégradé le reste.

Je ne parle pas souvent de Nicolas. Ça aussi, c'est logique, quand on sait que je suis sa meurtrière. Je me voyais comme une sauveuse, pour lui, pour Timothé. Mais cette idée m'a rapidement quittée. Personne n'est venu me murmurer à l'oreille que j'avais fait le bon choix. Il faut dire que personne n'en a eu l'occasion. Je me suis repliée, enfermée, seule, dans cette culpabilité. Et j'ai veillé à rester isolée. Je n'ai pas voulu qu'on m'aide. J'ai veillé à souffrir. Pour ne pas oublier. Pour ne pas me pardonner. En tant qu'infirmière, j'ai constaté que beaucoup de corps malades suivaient un esprit malmené. La souffrance, le deuil, les cœurs brisés... ont des impacts qui s'inscrivent dans la durée. Je n'ai pas besoin de psychanalyse pour le comprendre. Je ne suis pas malade, j'ai été affaiblie. Les virus aiment les âmes en miettes.

J'ai tué Nicolas depuis longtemps, pourtant, il est toujours là, quelque part... Et il a toujours été mon seul et unique confident. Je n'en ai jamais voulu d'autres. Même si Didier m'a beaucoup aidée, je l'ai toujours tenu à l'écart. La solitude m'a rendue malade à crever. Voilà, la vraie réponse. Rien à voir avec l'état des cellules de mes poumons. Tout comme mes compétences d'infirmière n'ont rien à voir avec le fait de n'avoir rien vu. J'ai décidé de ne pas m'en vouloir. Après tout, je suis déjà punie pour tout ça.

Dans ma plus grande lutte, ce n'était pas de moi dont il était question. Ce qui me rend vraiment malade, c'est eux. Mes enfants, que je laisse derrière moi. Mon état s'est dégradé trop vite après l'arrivée d'Eleanor pour envisager de prendre l'avion pour rentrer. Alors, eux sont restés. Je crois que j'aurais aimé travailler à l'hôpital de Dakar. La vie nous apporte des opportunités trop tardivement. Parce que là encore, on prend la peine de les saisir que lorsqu'on est contraint de s'arrêter. Mes enfants sont trop jeunes pour perdre leur mère. Ils sont tous encore si innocents, si insouciants, si perdus. J'ai une photo d'eux trois quand ils étaient petits, je m'endors tous les jours en l'admirant. Quelle naïveté dans leurs sourires d'enfants. C'est si apaisant à admirer. Quand ils sont petits, c'est facile de savoir ce dont ils ont besoin. Apprendre à marcher, à lire, faire des études, avoir des amis, avoir un cadre... Mais aujourd'hui, c'est trop dur de savoir ce qui est vraiment bon pour eux. En grandissant, ils ont eu leurs propres soucis avec la vie. Barney a beaucoup de talents qu'il ignore. Eleanor est consciente de tous les siens, mais n'arrive pas à en choisir un. Même si, depuis qu'elle est là, j'ai bien l'impression qu'elle est certaine que la danse est faite pour elle. Ce qui me rassure. Je suis si fière d'eux. Mais j'ai peur pour eux. Ils ont l'air heureux, ils ont les armes pour tout affronter. Mais si tout s'effondrait un jour ? S'ils se retrouvaient seuls ? Barney est le portrait de son père, en tout point. Attentionné, sensible, généreux... Il est maladroit avec les mots, un peu pudique, mais cela changera en grandissant. Eleanor est plus chipie. Elle a un côté légèrement narcissique qui fait son charme. Elle est consciente de sa beauté. Je devrais m'en inquiéter, mais cela m'amuse. Mais depuis qu'elle est là, j'ai l'impression qu'elle s'adoucit. Elle est amoureuse. Pour de vrai. Du novice qui joue de la guitare, je ne me rappelle plus son prénom. Et je suis certaine qu'il n'est pas indifférent non plus.

Je ne connaîtrai pas mes petits-enfants. Je ne les verrai pas faire leur premier pas. Je ne verrai pas mes enfants voire leur progéniture faire leurs premiers pas. Mais je n'ai pas été une mère présente. Pourquoi l'aurais-je été en tant que grand-mère ? Si la vie avait suivi son cours, les choses auraient suivi le leur. C'est de savoir que la vie va s'arrêter qui nous pousse à faire des hypothèses. C'est facile de se projeter sans crainte dans différentes directions sans exiger de résultats, en sachant qu'il n'y aura rien de concret. Je me suis projetée sans crainte dans ce rôle de grand-mère que j'aurais pu avoir. Et finalement, il ne me paraissait pas si compliqué. Dans l'hypothèse où, comme maintenant, j'aurais donné moins de temps à mon travail. Et même, il me plaisait, ce rôle hypothétique. Ce qui laissait un grand vide dans mon cœur, quand j'y pensais. Alors, j'ai arrêté d'imaginer. Ça faisait moins mal.

Il ne m'a rien manqué dans ma vie. Mon père est mort quand j'étais jeune, mais c'est lui et sa souffrance qui m'ont donné ma vocation. Ma mère a tout fait pour moi jusqu'à s'en user la santé. Mais elle vit en moi depuis ce jour. J'ai regretté, bien sûr, de ne pas avoir vu plus tôt qu'elle n'allait pas bien. Mais tout ça, c'est fini. Les contrariétés n'ont plus de sens quand on s'apprête à mourir. C'est pour ça qu'on devrait tous mourir deux fois. Juste pour vivre pleinement sa seconde vie.

J'aime à croire qu'il existe une place pour chaque mort dans le ciel, qui veille sur les vivants. Que je puisse veiller sur mes enfants, comme j'avais l'impression que mes parents veillent sur moi. Nous ne sommes qu'un grain de sable à l'échelle de l'humanité. Et quand nous partons, quelques grains restent pour nous pleurer. Pourtant, nous sommes déjà très loin, loin de la vie, loin de la terre, quelque part. Je n'ai jamais cru à l'après. Je pense qu'il n'y a pas d'enfer, ni de paradis, il n'y a qu'une croyance de bien faire pour être récompensé. Mais face à la mort, tout le monde subit le même sort. Mourir est la seule chose qui soit juste sur cette Terre. La mort n'a pas de religion. La mort n'a pas d'âge. La mort n'a pas de sexe, la mort n'a pas de nationalité ni de couleur de peau. Parfois fataliste et dévastatrice, elle peut être libératoire, prendre plusieurs formes, mais la finalité reste la même. On continue à vivre dans la mémoire des vivants. Ils ont tort, ceux qui disent que la vie reprend son cours. Elle ne le reprend jamais comme avant. Tout paraît semblable, mais plus rien ne l'est lorsque nous perdons un être cher. Plus nous avançons dans notre vie, plus nous amassons les restes de vie de ce que nous avons perdu. Nous sommes plus sensibles en grandissant, dit-on, mais nous sommes surtout plus atteints. Nos cœurs ont subi des épreuves, que nous ne surmontons qu'en surface. À mesure que la vie passe, le masque s'effrite petit à petit. L'être humain est fort, mais il a son quota de blessures. Alors nous vieillissons et nous commençons à pleurer. Les coups qu'on a reçus de la vie, s'ils sont mal gérés, ressortiront avec plus de violence encore.

Timothé n'est jamais venu. L'appel que j'ai tant attendu n'est jamais arrivé. Pour autant, je n'ai pas passé un jour sans l'appeler. Dès que j'ai su que je ne pourrais plus prendre l'avion, mon cœur s'est arrêté, et je l'ai appelé mille fois depuis. Mais à chaque fois, la même chose : Timothé est indisponible, je lui transmettrai votre message. Dans le fond, je suis déjà morte. Je garde simplement l'espoir que le passeur de messages ne lui ait jamais rien transmis. Je préfère me dire qu'il n'en savait rien. Mais comment lui en vouloir ? J'ai brisé sa vie. Je lui ai enlevé ses deux parents d'un même coup. J'espère qu'il saura que ce n'est pas de ma faute, que j'avais prévu de rentrer, quand mon état me le permettait encore. Mais il s'est dégradé d'un seul coup, je n'ai pas vu le coup de massue arriver. Timothé m'a brisé le cœur. Mais les deux autres ont réussi à me le réjouir à moitié. Pas que j'aime à moitié moins mes deux cadets, mais que l'absence d'un enfant est la chose la plus douloureuse du monde. J'aurais préféré mourir deux fois, plutôt qu'il ne vienne jamais.

Je ne peux plus rentrer, et je n'ai plus le temps de l'attendre. C'est le plus dur, perdre la sensation de maîtriser le temps. Il n'y a pas de *ça ira mieux demain*, ni de *laisse-le digérer, il reviendra dans un mois ou deux*. Je m'affaiblis de minute en minute, c'est la fin. Si la Teranga m'a préservée, je dois avouer que certains épisodes m'ont affaibli. Je pense à cette journée, juste avant que Marjorie ne parte. Le village de Bakary, sa pauvreté, la yourte en feu. Le dispensaire, sa plus grande pauvreté encore. Je suis devenue infirmière parce que j'aimais sauver des vies. Mais je ne sais pas si j'aurais aimé l'être dans une telle structure. Dans deux contextes aussi différents, je ne pense même pas qu'on puisse dire qu'on exerce le même métier. Et je suis si admirative. Et à la fois si attristée d'avoir vu ça. Ce jour-là, ce n'est pas seulement le désespoir qui m'a frappée. C'est aussi le vice de l'Homme. Encore et toujours cette question de vices, universels, dégueulasses. Je ne l'ai jamais dit à personne. Même pas à père Cala. Mais je l'ai vu, moi. Quand tout le monde s'agitait, au loin, ce crasseux, avec les mains pleines de cambouis. Le directeur de l'école ! C'est lui qui a foutu le feu pour se venger de la proximité que Bakary avait avec nous. Il le tenait responsable d'avoir refusé le don d'argent. L'immonde salopard. J'ai vomi mes tripes ce soir-là. Et je tremble encore de colère devant cette constatation. Mais inutile de laisser aux vivants une part de fausse culpabilité. Moi, je meurs, tout ça n'a plus aucune importance.

Réussir sa vie n'a pas de règles ni de date limite. C'est un sentiment de gratitude qui peut arriver n'importe quand. Et aujourd'hui, je peux dire que j'ai réussi ma vie. Et si le paradis est à atteindre, autant mourir dans une maison de Dieu, là où l'âme est plus proche du ciel. Je souris en pensant à ça. Ma pauvre maman doit se retrouver dans sa tombe, elle qui a eu tant de mal à me faire rentrer dans le saint chemin de mon vivant, me voilà les bras ouverts devant lui en mourant. Elle pourra me le dire elle-même. Je pars la rejoindre. Tout va bien, maintenant. Les êtres les plus chers m'ont accompagnée jusqu'au bout, mais c'est moi seule qui dois franchir cette barrière à présent. Je n'ai plus qu'à fermer les yeux. Au son calme des tams-tams.

Yourte

Le front collé contre le hublot, je regardais les nuages défiler sous mes yeux. Ils semblaient dessinés sur un fond bleu ciel. Une image magnifique, qui contrastait avec le poids de notre voyage.

— Vous désirez boire quelque chose, madame ? me demanda l'hôtesse.

— Je veux bien un thé, s'il vous plaît.

— Et vous, monsieur ?

— Vous n'avez pas quelque chose de plus fort ? répondit Timothé.

— Si vous souhaitez de l'alcool, monsieur, il vous sera servi contre un supplément.

— Je me rends aux funérailles de ma mère, je pense que je peux m'offrir ce supplément, vous voyez.

— Oh, mes condoléances, monsieur... Attendez s'il vous plaît, je reviens.

Depuis que je le connaissais, Timothé m'avait toujours mise mal à l'aise. S'il avait été un personnage de film, il serait tout droit sorti d'un thriller. Il aurait été le psychopathe traqué pour des crimes affreux. Ses yeux bleus translucides affichaient un regard noir, partout où ils se posaient. Son uniforme militaire ne l'aidait pas à paraître plus docile. Il semblait préparé à l'affront. Je n'étais pas la seule à être mal à l'aise, je sentais les regards gênés des passagers vers notre rangée. Passer les six heures de trajet en avion à ses côtés ne m'enchantait guère, mais Barney avait insisté. *Il est déjà perturbé habituellement, je crains que la mort de maman le fasse disjoncter.* Le souvenir de cette conversation me serrait encore le cœur. Je l'avais imaginée plusieurs fois auparavant, pour tenter de m'y préparer. Mais rien ne peut préparer à ça.

Hier avait pourtant si bien commencé. Je me suis levée très tôt, sentant que je touchais au but sur mon livre. J'avais regardé le doux soleil d'une fin d'été se lever, et c'était magnifique. Avec un plaid et une tasse de thé, je me suis installée sur la terrasse. Je relisais ce que j'avais écrit avant de me coucher, et contemplais ce mot fin qui m'avait paru inatteignable ces derniers mois, comme la lumière au fond d'un tunnel. J'étais au sommet d'une montagne que j'avais réussi à gravir, les mains écorchées, exténuées et libérées. J'avais appelé Barney aussitôt. Il n'avait pas répondu. Quand je vis finalement son nom s'afficher sur mon écran de téléphone autour des 15 heures, je savais qu'il y avait un problème. Il n'appelait jamais à cette heure-là. Je sentais l'effet d'un coup de poing dans le ventre chaque fois que je me rappelais cette conversation, que j'avais mémorisée au mot près.

— Allô Barney ?

— Salut Marjorie.

Puis, plus rien. Excepté le bruit de sa respiration hachée. Cela avait suffi à confirmer ce que je redoutais.

— Quand ?

— Cette nuit, dans son sommeil, je pense...

— On dit que ce sont les plus belles morts.

— Quand on a quatre-vingt-dix ans.

— ... Pardon.

— Non. Non, merci. C'est ce qu'elle voulait, c'est bien. Tu peux arriver quand ?

— Vous ne faites pas rapatrier le corps ?

— Non, elle voulait se faire enterrer ici, par le père Cala.

— Ah ? Mais je pensais...

— Marjorie, ma mère est pleine de surprises, tu sais bien. Celle-là est un clin d'œil à sa vie. Elle a tout prévu. Elle m'a laissé des papiers. Je dois appeler Timothé. Tu peux regarder les avions maintenant, que je dise à Timothé lequel prendre ? Ou sinon... Tu pourrais prendre deux billets ? S'il te plaît... Je te rembourse tout de suite.

— Mais Barney, s'il n'est pas venu de son vivant...

— Il viendra. Prends deux billets à l'horaire qui t'arrange. S'il te plaît. Il viendra.

Tout de suite, la culpabilité m'avait mordue. Quelle bêtise d'avoir passé trois mois en France, alors que j'avais dit à Sylvie que je reviendrais, tout en sachant que ses jours étaient comptés... Ce n'était pas le moment. Je n'aurais pas pu être présente comme je voulais. Le principal, c'était que je sois présente pour Barney. C'était ce qu'elle voulait. C'est ce que j'avais promis. Mon ami ne m'avait pas demandé pourquoi j'avais appelé le matin. Tant mieux, je n'aurais pas eu le cœur à lui dire. C'était simplement un des jours les plus heureux et les plus tristes de ma vie.

Avant d'embarquer pour l'aéroport, j'ai embrassé ma mère, qui a tenu à m'accompagner. Je lui ai dit que je l'aimais, chose que je ne fais pas assez. C'est triste de se dire que la mort d'une autre maman nous pousse à réaliser la chance que la nôtre soit en vie.

— La compagnie vous présente toutes ses condoléances, monsieur.

L'hôtesse revint vers Timothé avec une mini bouteille de vin blanc. Dans un autre contexte, la scène m'aurait presque fait rire : difficile de noyer un chagrin dans une quantité d'alcool pareille. Timothé ne remercia pas l'hôtesse, qui attendit quelques secondes avant de s'éloigner.

— Hâte que ce merdier soit fini. Je ne pensais pas qu'elle le ferait, quand même. Qu'elle irait crever au bout du monde dans la pampa.

— Il y a des gens qui vivent dans ce pays, Timothé, tu sais...

— Ouais, mais personne de chez nous. J'ai claqué une moitié de mon salaire dans ces billets.

— Barney t'a dit qu'il pouvait les payer.

— Bah oui, bien sûr, mendier le petit prodige de la famille.

Il aime bien ça, le Barney, montrer qu'il a gagné. Tout fier de lui, monsieur le kiné.

— Je pense que tu connais mal ton frère.

— C'est sûr que tu vas pas dire le contraire, toi. C'est lequel qui a toujours voulu se taper l'autre, dis-moi ? Elle a bon dos l'amitié mixte. Je pense que c'est toi. Toujours dans ses basques. T'as pas autre chose à foutre de ta vie ? Tu vas te réveiller à cinquante ans, dans une vie misérable avec tes chats, voilà ce qui t'attend.

Je m'accrochais à l'idée que, quatre jours, ce n'était pas si long. C'était le temps que Timothé allait passer au Sénégal. Sylvie voulait des funérailles sur plusieurs jours. La connaissant, je ne doutais pas qu'elle avait préparé un programme pour que ses enfants se retrouvent. Je trouvais ça triste à pleurer, de l'imaginer envisager la venue de Timothé après sa mort. Je l'observais discrètement. Sous la haine, on pouvait facilement voir que son visage était marqué par la douleur. Il ne me mettait pas seulement mal à l'aise, il me faisait peur. Il avait l'air de quelqu'un qui pouvait devenir fou à n'importe quel moment. Je préférais la vue de mon hublot, cet océan de ciel qui s'étendait à l'infini. C'est facile de penser, quand on est si haut. Sylvie, à quoi avait-elle bien pu penser avant de mourir ? Avait-elle senti que c'était son dernier moment ? J'aimais à croire que oui, qu'elle était partie sereine, en toute conscience, mais sans douleur. Pour elle et pour Barney, je voulais me convaincre que la mort pouvait être la sensation la plus merveilleuse de notre vie. Timothé glissa deux doigts entre ses lèvres et siffla bruyamment pour appeler l'hôtesse. La dame de la rangée d'à côté décida qu'il en avait trop fait.

— Écoutez monsieur, ce n'est plus possible, je suis à côté de vous pendant deux heures encore et je ne veux plus supporter votre...

— Retourne-toi.

— Pardon ?

— J'ai dit retourne-toi !

Choquée, comme plusieurs rangs de passagers autour de lui à présent, la dame rougit et s'enfonça dans son siège.

Nous arrivâmes à l'aéroport Blaise Diagne à 19 heures. Barney et Eléonore nous attendaient. Ils agitaient des bras vers nous, avec de grands sourires. À ma grande surprise, ils n'avaient pas l'air tristes. Ils semblaient même sereins.

— Salut, lança Timothé à leur rencontre, sur la réserve.

— Salut, frangin.

Barney s'avança et enlaça brièvement son frère, qui lui répondit avec une tape dans le dos. À cette étreinte, le méchant Timothé sembla s'adoucir d'un seul coup. Il allait falloir être forte pour contenir mes émotions. Ces prochains jours s'annonçaient intenses.

— Salut Eleanor, toujours aussi belle.

— Merci grand frère, lui répondit-elle avec un petit sourire qui ensoleillait ses grands yeux verts. Salut, Marjorie !

Timothé enlaça Eleanor par les épaules et avança avec elle. Barney s'avança vers moi et me serra dans ses bras un long moment, accolade que je lui rendis volontiers. Des larmes arrivèrent qu'il me fallait à tout prix contrôler.

— Ne pleure pas.

— J'essaie.

— Il a l'air de bonne humeur, ça a été le voyage ?

— Oui, très bien.

— Donne-moi ta valise, qu'est-ce que tu as bien pu prendre de si lourd pour seulement sept jours ? On dirait Eleanor.

Juste un peu d'affaires et beaucoup de souvenirs. Je ne savais pas dans quel état j'allais te retrouver, Barney. J'ai préparé ma valise comme les parents préparent leurs bagages en vacances : avec tout ce qui peut te rassurer.

— Je suis tellement heureuse de te voir Barney. J'aimerais dire quelque chose, tu sais.

— Je sais. Ne dis rien. Elle est partie comme elle souhaitait, et on a eu le temps de lui dire au revoir. On a eu plus de temps avec notre mère en trois mois que lors de toute une vie. Toi en revanche, tu n'as pas l'air d'être bien. Tu as vu comme tu es blanche ?

— Oui, je n'ai pas beaucoup vu le soleil ces derniers temps.

— Un vrai rat des bibliothèques.

Il déposa un baiser sur mon front et nous commençâmes à avancer vers les autres, son bras toujours sur mon épaule.

— Si je finis seule avec mes chats, tu voudras bien m'épouser pour faire plaisir à ma mère ?

Barney, pris au dépourvu, rit fort.

— Volontiers. Et j'achèterai plus de bouteilles de champagne que d'invités.

— Tu sais comment me parler.

— Sauf qu'entre-temps, je sais que tu trouveras ton prince charmant, qui te méritera bien plus qu'une histoire compensatoire minable.

— Mais notre amitié n'est pas minable, si ?

— Non, mais si on s'épouse, ça ne serait plus de l'amitié ni de l'amour. Ça serait donc minable.

— Ah, oui.

— Mais tu ne penses pas mourir seule un jour avec tes chats, j'espère ?

— Je ne sais pas, peut-être.

— Commence par en adopter, alors.

Comme si c'était possible, il me serra davantage.

— Barney ?

— *Hum* ?

— Lâche-moi.

— Ah, pardon. Mais tu n'avances pas assez vite. Regarde comme ma fratrie est déjà loin, des vrais sportifs dans la famille ! Le taxi nous attend.

— Tu as l'air heureux de les voir.

— Même si je suis conscient que c'est bizarre de dire ça... Je n'ai pas été aussi heureux depuis longtemps. Allez, go !

Il courut en m'entrainant avec lui. Le trajet fut agréable. Personne n'évoqua la fin de vie de Sylvie. Et c'était peut-être mieux ainsi.

— Marijo !

Valentin courut et je lui sautai dans les bras, comme avec

le plus vieux des amis. J'avais une grande question à lui poser. J'avais entendu quelque chose de bizarre dans la voiture, Barney avait taquiné Eleanor sur un rapprochement singulier. Mais le temps de l'interrogatoire attendrait demain.

— Mais il est tard pour toi ! Tu ne dors pas ?

— En sachant que tu allais venir ? Noooon. Je suis tellement excitée, tu vas pouvoir assister aux vœux des novices pour confirmer l'abandon total à l'église avant de partir à Dakar, c'est une sacrée étape pour nous tous ! Tu t'es entraînée à la guitare ?

— Valentin, en trois mois, je ne suis pas devenu Jimmy Hendrix.

— Qui ?

— Oh, personne...

Il me regarda en fronçant les sourcils.

— Non, tu as raison, je ne devrais pas dire ça.

— Mais tu dois me dire absolument pour que je te comprenne !

— Je sais, excuse-moi. Mais, même moi, j'emploie des termes que je ne comprends pas toujours, tu sais. Jimmy Hendrix, c'est un grand musicien américain, je crois. En tout cas, je sais qu'il joue bien de la guitare électrique.

Valentin rit fort.

— Ah, d'accord !

— Les autres dorment ?

— Non, c'est l'heure de la prière à la chapelle.

— Et tu n'y es pas ?

— *Hum*, non.

Il semblait que la discussion qui attendrait demain était avancée.

— Pourquoi ? lui demandai-je.

— Parce que je suis amoureux. Je ne prononcerai pas mes vœux.

— Tu es sûr ?

— Certain. J'espère que je ne te déçois pas ?

— Mais quelle idée ! Bien sûr que non. C'est courageux de ta part.

— Peut-être un peu idiot, aussi.

— Pour ça, seul l'avenir te le dira !

Eleanor était assise avec ses frères sur le banc bancal du patio. Je sentais son regard observateur, posé discrètement sur nous.

— Alors, je te souhaite d'être le plus heureux des hommes Valentin, tu le mérites.

— Merci. Mais toi aussi ! Il faut te marier.

— On verra, ce n'est pas le mariage qui change les plans, c'est l'amour. Regarde-toi.

— Oui. Tu as fait un bon voyage ?

— ... Bof.

— Oh ?

— Une grande fatigue, rien de spécial, je vais aller me coucher pour être en forme demain. Tu sais si Gaspard nous a préparé nos chambres ?

— Ce n'est plus Gaspard qui fait les chambres, c'est Anselme. Attention, tu pourrais bien tomber sur une farce ! Tu as la chambre que tu as laissée. Elle a toujours été pour toi. Je sais que père Cala aurait dit ça s'il était debout. Il est très fatigué en ce moment, je pense que la mort de Sylvie le peine. Allez, va te reposer, et sois la bienvenue chez toi ! Mais demain, tu n'échapperas pas à la guitare !

Je le serrais une nouvelle fois dans mes bras. La chaleur de son accueil pouvait effacer tout ce qu'il y avait de plus triste.

— En parlant de demain... Tu sais comment ça se passe, pour l'enterrement ?

— Le rendez-vous à l'église est à 10 heures. Le début de la journée reste normal pour nous, sauf qu'on dira quelques mots au sujet de Sylvie à la messe de la chapelle. Tu pourras venir faire le jardin.

— Tu continues à faire le jardin ?

— Oui ! Je suis la seule personne que père Cala n'a pas fait tourner sur les tâches. Comme s'il savait depuis plus longtemps que moi... C'est que, je deviendrai bien jardinier, moi. Je continue tous mes engagements jusqu'à la fin. J'ai loupé la chapelle ce soir, mais c'est exceptionnel. Je voulais être sûr d'être là pour t'accueillir, mais sinon j'y vais. Je suis amoureux, mais pas un païen !

Je ris.

— Merci pour ton accueil. Bonne nuit alors.

— Rendez-vous demain à 6 heures à la chapelle !

En entrant dans ma chambre, je lâchai mon sac lourd en soupirant. Une balle en mousse était posée sur le lit, avec un message en dessus. Je l'attrapai. À l'encre noire, on pouvait lire : *j'espère que tu as gagné ta coupe de France.*

*
* *

Le cercueil était porté par Barney, Timothé, Gaspard et Pierre. Dans trois des quatre regards, des étincelles brillaient. Barney avait adopté la même sérénité que les novices.

Les aurevoirs ne sont jamais tristes, ici. Timothé, lui, avait le regard fermé, douloureux. Eleanor, à côté de moi, gardait son sourire en laissant quelques larmes couler sur ses joues. Ils posèrent le corbillard devant l'autel où se trouvait père Cala. Je n'avais pas encore vu le sage homme depuis mon arrivée. Il semblait épuisé. Les *tam-tam* s'arrêtèrent et, aussitôt, des chants prirent le relais.

Tout le village était venu chanter la mort de la *toubab* Sylvie, qui avait vécu trois mois sur leurs terres en tant que vivante, et pour l'éternité dans le monde des morts. J'essuyai mes larmes, et chantai à tue-tête, sans connaître les paroles. L'important, c'était qu'elle puisse m'entendre. De toutes les fins possibles, nous n'aurions jamais pensé que Sylvie nous planifierait une messe. Timothé et Barney nous rejoignirent sur le banc. Père Cala prit la parole et lut quelques passages de la Bible, en spécifiant qu'ils avaient été sélectionnés par les soins de la défunte. En plus de ça, Sylvie avait lu la Bible ! Je souris et repris quelques pleurs silencieux. Beaucoup des passages étaient sur l'importance de la famille. Barney et Eleanor étaient attentifs, complices au message qu'ils semblaient reconnaître. Je ne tournai pas la tête vers Timothé. Mais je dédiai quelques larmes à sa douleur silencieuse.

— Avant qu'elle ne parte pour l'autre monde, j'ai beaucoup discuté avec Sylvie. Nous nous sommes mutuellement écoutés pour la préparation de ses funérailles. Elle m'a demandé de faire cette messe, car elle savait qu'elle serait très importante pour nous. Je ne vous cache pas que c'est avec un cœur lourd que je suis devant vous aujourd'hui. La maladie n'épargne pas les belles âmes. Mais je suis heureux de pouvoir lui rendre cet hommage. Nos principes n'ont pas toujours été en accord. Sylvie aurait aimé une crémation, pour qu'on puisse répartir ses cendres où nous le souhaitions. Mais je lui ai dit que c'était impossible pour nous. Impossible pour Dieu et illégal sur notre terre. Mais encore une fois, nous nous sommes écoutés. Le novice Pierre a fait don de graines pour ces funérailles. Chacune et chacun d'entre vous repartirez avec un échantillon en quittant cette église. Vous les planterez à la mémoire de Sylvie, comme si c'était un bout d'elle. Son esprit ira, comme elle le souhaitait, sur nos terres. Et son corps reposera au cimetière de la paroisse, avec nos pairs.

Les *Alléluias* rythmés s'élevèrent en guise de réponse. Père Cala fit un signe de croix et quitta l'autel pour bénir le cercueil. Il appela ensuite les trois enfants pour le bénir à leur tour. Eleanor étala des pétales de rose. Lorsqu'ils eurent fini, ils regagnèrent leur place et l'assemblée prit un temps de silence. Au bout d'un moment, il fut rompu par la chanson *Dust in the wind*, qui s'éleva dans les airs. Ce fut le seul moment où Barney pleura. Il baissa la tête et je lui tendis la main, qu'il serra fort. Les paroles du père Cala répondait en écho à la musique.

I close my eyes
Only for a moment and the moment's gone
— Quel avantage revient-il à l'homme de toute la peine qu'il se donne sous le soleil ?
All my dreams

Pass before my eyes, a curiosity
— Une génération s'en va, une autre vient, et la terre subsiste toujours.

Dust in the wind
All they are is dust in the wind
— Tout va dans un même lieu ; tout a été fait de poussière, et tout retourne à la poussière.

Same old song
Just a drop of water in an endless sea
— Qui sait si le souffle des fils de l'homme monte en haut, et si le souffle de la bête descend en bas dans la terre ?

All we do
Crumbles to the ground, though we refuse to see
— Avant que la poussière retourne à la terre, comme elle y était, et que l'esprit retourne à Dieu qui l'a donné.

Nothin' lasts forever but the earth and sky
It slips away
And all your money won't another minute buy
Dust in the wind
All we are is dust in the wind
— Ne me pleurez pas. Ne m'attachez pas. Rien n'est éternel, excepté la Terre et le ciel.

Au revoir, Sylvie. Tu nous auras bien surpris avec tout ça. Nous danserons ce soir jusqu'au lever du jour. Tes cendres, symbolisées par les graines bénites du père Cala, seront réparties entre tes trois enfants. Timothé feindra de ne pas y accorder d'importance. Mais il les gardera précieusement pour les déverser un jour dans le jardin de son enfance, au pied de la cabane abandonnée.

Barney en répartira une moitié entre le noviciat et le dispensaire près du village de Bakary, pour qui nous avons réussi à livrer quelques kits d'accouchement depuis notre première visite. Trois fois rien, selon nous. De nombreuses vies aux yeux de l'infirmière. À son retour en France dans quelques jours, Barney plantera l'autre moitié dans le jardin de l'hôpital où tu exerçais, là où, toi aussi, tu as sauvé bien des vies. Il les plantera juste en dessous de la fenêtre de la chambre que son père occupait.

Eleanor répartira elle aussi une moitié des graines près de Nicolas, directement sur sa tombe, pour que tu sois près de lui. Son autre moitié, Eleanor la conservera auprès d'elle dans une jolie urne en bois, appelée *boîte des rêves*, que tu as toi-même fabriquée ici. Car, comme elle dira par la suite, il n'existe pas de rêve plus grand que celui qui consiste à préserver ce qui nous a forgés.

Nous quittâmes l'église. Je levai la tête pour voir si tu étais bien là. Un nuage venait juste de prendre la forme de ton sourire.

Zeste

Assis sur le banc à côté du potager, Barney et moi papotions avant que le taxi n'arrive pour nous emmener à l'aéroport. La mort de Sylvie avait précipité le retour de mon ami. Même si elle avait fait le nécessaire pour partir, il y avait quelques parties administratives à régler. Au départ, il avait envisagé de faire l'aller-retour. Mais finalement, il allait rester en France jusqu'au passage de son CAPES. Dans tous les cas, il reviendrait vite. Eleanor avait prévu de rester, et il ne voulait pas s'éloigner de sa sœur une seconde fois. Elle non plus. Ces deux-là s'étaient retrouvés comme s'ils ne s'étaient jamais quittés, avec la maturité en plus.

— Vous avez pu discuter de ce que vous souhaitiez faire de la maison, tous les trois ? demandai-je, à l'ombre du grand arbre.

— Ne t'inquiète pas, le notaire a déjà mis le grappin dessus. Ma mère a laissé tellement d'instructions, tu n'imagines pas. Tant mieux, ça me soulage d'un poids. Toutes les décisions que je n'aurais pas aimé prendre, elle les a anticipées. Et puis, elle a laissé quelques pages... Une sorte de mémoire. Elle me l'a donné à moi. Elle m'a dit que je pourrais le lire quand j'en aurai envie. Tu ne veux pas le lire pour voir ?

— Non ! m'exclamai-je. C'est à toi qu'elle a légué ça. C'est toi qui dois le lire.

— Bon. Je n'ai pas envie de lire ça maintenant. J'ai eu ma dose de surprises pour quelques mois, peut-être quelques années.

— Ta mère était sacrément créative.

Allongée sur le banc, la tête sur les genoux de Barney, j'encadrai de mes mains le soleil.

— Tu es sûr que tu ne veux pas venir habiter chez moi quelque temps ? lui demandai-je.

— Non, il est temps pour moi d'avoir mon propre appartement.

— Je comprends. Je ferais pareil, si je n'avais pas choisi une vie d'écrivain pauvre.

Je relevai la tête, affaiblie par une chaleur dont j'avais perdu l'habitude. Barney me souriait.

— Tu l'as fini, n'est-ce pas ? me demanda-t-il.

Je lui souriais.

— Attends-moi ici !

Le sujet n'avait pas encore été abordé. Jusque-là, on avait d'autres priorités. En un éclair, je fonçai dans ma chambre et revins vers Barney avec une masse de papiers A4 reliée. Pendant ce petit séjour passé à Sokone, j'avais déjà eu le temps de faire pas mal de corrections. Mon livre actuel ne ressemblait déjà plus à celui que je lui tendais. Quoi qu'il advienne, j'étais fière. J'eus l'impression de lui tendre un grimoire précieux, qu'il attrapa avec le même soin.

— C'est fini, alors ?

— Oh non. Je réalise que le plus dur m'attend. Relire est bien plus dur qu'écrire. Mais c'est une belle première étape. La machine est officiellement lancée, maintenant. Tu es le premier relecteur officiel !

Barney ouvrit la première page et rit de bon cœur en lisant le titre.

— *Un Croc dans la Grosse Pomme !* Plutôt cocasse d'avoir écrit un livre avec ce titre ici, j'espère que ton héroïne ne s'appelle pas Ève !

Je regardai une dernière fois le soleil. Le nuage qui souriait était revenu. Sylvie était là, et elle nous regardait sur un transat au soleil, un verre de bissap à la main, parsemé d'un zeste de citron.

À Yvette Grandidier,
ma tata décédée du cancer de la plèvre.
Aux malades et à leurs proches
qui se battent ensemble.
À mes copains qui ont perdu
leurs parents trop jeunes.

À l'humain qui fait de son mieux.

REMERCIEMENTS

À vous, lecteurs contributeurs d'Ulule, sans qui ce livre n'aurait pas vu le jour

Robin Garçon
Camille Nogalo
Annie Garçon
Thierry Garçon
Tristan Bergamini
Pauline Mazurczack
Robin Berge
Charlène Louis Berge
Laura Bernard
François Ponge
Aladin Daghar
Alan Peresse
Camille Brisson
Caroline Lageix
Valentin Joubert
Philippe Bocuze
Julien Puel
Caroline Daudon
Thomas Charier
Pascale Heurtier
Julien Fernandes
Lise Marquette
Vincent Visintainer
Corinne Chastang
Alain Greiner
Angélique Caneparo
Florence Ionni
Sophie Gallais
Laura Louise
Coralie Dougère
Antje Marold
Steven Oliveira
Nathalie Alessandrini
Eric Vanherpen
Elodie Etchebarne
Hermine Girard
Constance Findelli
Sabine Chauvel
Jade Dougère
Christelle Pichereau
Virginie Raquet
Julie Gener
Margot Le Roux
Sabrina Monaghan

Chloé Gallier
Laëtitia Lorenzon
Aurore Findeli
Ambre Diet
Adrien Lainé
Sandrine Garçon
Christiane Garçon
Floriane Toutain
Sabrina Kouahli
Jean Baptiste Taine
Alissa Auquier
Cécile Brugère
Gabriela Miranda
Lorraine Miton
Valérie Vulcain
Maxime Grézanlé
Aurélie Marignol
Clémence Mabire
Sophie Gomez
Yves Vandeberg
David Besse
Louis Canet
Francine Bernier
Clémence Martin
Pauline Bodin
Hugo Malinverni
Alain Fior
Louis Malard
Adrien Monfort
Amine Boumaaz
Alexandre Thibault
Antoine Claret
Fabien Baradel
Mathieu Carvalho
Jessica Daragon
Clémentine Lindon
Cécile Escallier
Stella Gaziello
Chloé Couturier
Manuel Saint-Lu
Léa Gilbert
Claire Gérome
Hugo Filliette
Marvin Marcelino

Claire Tillie
Marine Desvaux
Sarah Griggs
Nicolas Girodin
Thibault Raquet
Benjamin Raquet
Pauline Gerardin
Maëlle Duchaussoy
Virginie Boullier
Annick Grammont
Mathilde Vittecoq
Ludivine Rougier
Amandine Raoul
Antoine Auger
Marina Da Costa
Anthony Houdinet
Tanguy Villiame
Quentin Halbout
Olivier Hécart
Alex Palazzi
Julien Huberdeau
Ingrid Van Loocke
Muriel Favre
Karen Hesnard
Etienne Morichaud
Cassandra Berthelot
Chantal Daudon
Maela Haq
Antoine Couvreux
Natacha Lamarca
Thibault Laloye
Floriane Bourguin
Sami Haimiche
Fabienne Paillé
Justine Melisse
Salomé Hubin
Jean-Yves Bouge
Jean-Charles Delaye
Lucille Delbet
Laurie Heyme
Azaël Jhelil
Quentin Raquet
Yohann Thomas
Corinne Khayat